An Béal Beo

Tomás Ó Máille (1880-1938)

An Béal Beo

Tomás Ó Máille

Ruairí Ó hUiginn
a chóirigh an t-eagrán nua seo

 AN GÚM
Baile Átha Cliath

An chéad eagrán 1936
An dara heagrán 1937
An t-eagrán nua seo:
© Foras na Gaeilge, 2002
Athchló 2003

ISBN 1-85791-449-X

Printset and Design Ltd a chuir suas an cló
Criterion Press Teo. a chlóbhuail in Éirinn
Clúdach: Graftrónaic
© in íomhá an chlúdaigh: imagefile

Buíochas:
Táthar buíoch den Oifig Logainmneacha as ucht leaganacha údarásacha de
roinnt logainmneacha a sholáthar le haghaidh an leabhair.

Le fáil ar an bpost uathu seo:

An Siopa Leabhar,   *nó*   An Ceathrú Póilí,
6 Sráid Fhearchair,   Cultúrlann Mac Adam-Ó Fiaich,
Baile Átha Cliath 2.   216 Bóthar na bhFál,
ansiopaleabhar@eircom.net   Béal Feirste BT12 6AH.
acpoili@mail.portland.co.uk

Orduithe ó leabhardhíoltóirí chuig:
Áis,
31 Sráid na bhFíníní,
Baile Átha Cliath 2.
eolas@forasnagaeilge.ie

An Gúm, 24-27 Sráid Fhreidric Thuaidh, Baile Átha Cliath 1.

Clár

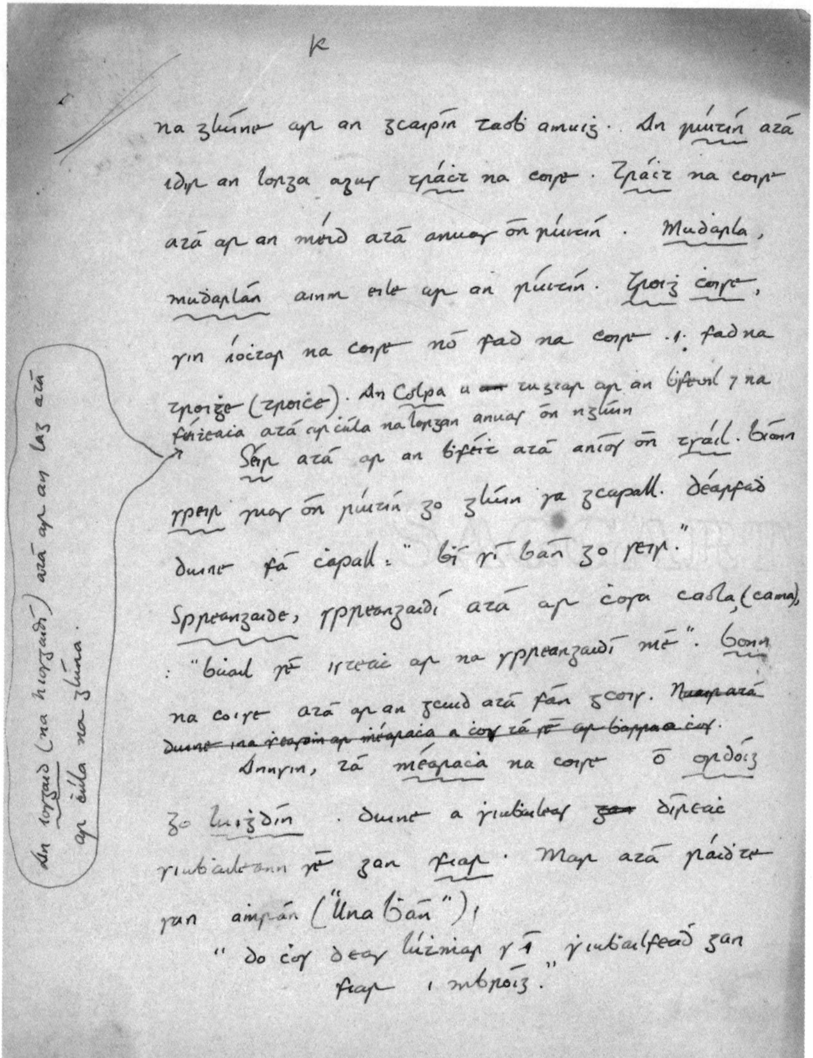

Sliocht as lámhscríbhinn *An Béal Beo*

Réamhrá don Eagrán Nua seo

Foilsíodh *An Béal Beo* den chéad uair in 1936. Tháinig eagrán eile amach a raibh roinnt mionathruithe ann bliain ina dhiaidh sin. Is fada an dá eagrán sin as cló. Eagrán nua den leabhar atá anseo. Ar an dara heagrán (1937) atá sé bunaithe.

Ar ábhar léachtaí a thugadh Tomás Ó Máille dá chuid mac léinn i gColáiste na hOllscoile, Gaillimh, a bunaíodh an leabhar seo. Stór focal agus dul na Gaeilge a leathnú nó a fheabhsú i measc lucht foghlama a bhí mar phríomhaidhm aige le go mbeadh an foghlaimeoir in ann 'an leagan Gaeilge atá go forleathan in úsáid i bpáirt mhór den Ghaeltacht, go háirithe an pháirt di is mó atá ar eolas agam féin' (mar a scríobh sé ina réamhrá) a shealbhú agus a úsáid go cruinn. Le Gaeilge Chúige Chonnacht is mó a chloígh sé mar sin agus dhírigh sé ar fhocail agus ar leaganacha a bhain le réimsí éagsúla den saol, go háirithe le saol na tuaithe agus na Gaeltachta.

Chuige sin tharraing sé as iliomad foinsí agus é ag scríobh an leabhair. Ní hamháin gur úsáid sé an stór focal Gaeilge a bhí aige féin ó dhúchas, ach bhain sé leas freisin as focail agus as cainteanna a bhailigh sé ó Ghaeilgeoirí in áiteanna éagsúla i gConnachta. Údair nó scéalaithe ainmniúla a bhí i roinnt de na daoine sin, e.g. Peadar Mac Thuathaláin, scéalaí *Peadar Chois Fharraige* (1934), Séamus Mac Con Iomaire, údar *Cladaí Chonamara* (1938, eagrán nua, 1985), Peadar Ó Concheanainn, údar *Innismeadhoin* (1931, eagrán nua, 1993), Peadar Ó Direáin údar *Scéalaidhe Leitir Mealláin* (1926) agus *Scéalta na nOileán* (1929), Micheál Mac Ruaidhrí, seanchaí, Tomás Breathnach agus Sean-Tomás Breathnach, ar uathu a

fuarthas cuid de na hamhráin a cuireadh i gcló in
Amhráin Chlainne Gaedheal (1905), agus go leor daoine
eile a d'fhoilsigh ailt in *An Stoc* nó i bhfoilseacháin eile.
Bhain sé earraíocht freisin as focail agus leaganacha
cainte a fuair sé ó chainteoirí maithe eile ar fud an
chúige, cuid díobh sin a bhí ar na cainteoirí deireanacha
Gaeilge sna baill arbh as iad. I measc na gcainteoirí a
thug eolas dó bhí Anna Nic Giolla Ruaidh, Gleann Éada,
Contae Liatroma (a dtagraítear freisin di mar Anna Bean
Uí Fhithcheallaigh, Crompán, Gleann Éada, Contae
Liatroma, 'seanbhean Ghleann Éada'), Pádraig Mac
Meanman, An Cloigeann, Baile Chruaich, Contae
Mhaigh Eo, Proinsias Mac Íontaigh, Rinn na Feirste,
Contae Mhaigh Eo, Pádraig Ó Meadhraigh, Gleann Sála,
Contae Mhaigh Eo, Seán Mac Coinnigh, Coill dá Laogh,
Béal Átha na Muice, Contae Mhaigh Eo, Micheál Mhac
Concheanainn, Eanach Dhúin, Contae na Gaillimhe,
Máirtín Ó Flathartaigh, agus roinnt mhaith eile. Níor
mhiste a lua go bhfuil fianaise chanúna a thug roinnt de
na cainteoirí sin le fáil ina leabhar *Urlabhraidheacht agus
Graiméar na Gaedhilge* (1927), agus tá na cainteoirí féin le
cloisteáil i gcónaí ar na céirníní Gaeilge a rinne an Dr
Wilhelm Doegen, le cabhair Thomáis Uí Mháille, faoi
scéim de chuid Acadamh Ríoga na hÉireann i Meán
Fómhair na bliana 1930. Tá liosta a n-ainmneacha le fáil
in *An Stoc* (Eanáir-Feabhra, 1931, lch 6).

Tharraing an Máilleach go láidir as ábhar a foilsíodh in
An Stoc agus i bhfoilseacháin eile a raibh baint aige leo.
An cur síos atá aige ar an gcéachta, mar shampla
(Caibidil 15), is ar liosta téarmaí a d'fhoilsigh Máirtín Ó
Dubhagáin in *An Stoc* (Meadhon Foghmhair-Deireadh
Foghmhair 1929, lch 2), maille le focail a tharraing sé as
dán de chuid Bhriain Uí Fhearghail agus ar chuir sé féin
eagar air san eagrán céanna de *An Stoc* (lch 8), atá sé
bunaithe. Ar an gcaoi chéanna is ar ábhar a d'fhoilsigh
Séamus Mac Con Iomaire faoin maraíocht agus faoi
ghnóthaí na farraige a bhunaigh sé cuid mhaith dá bhfuil
aige sa chaibidil ar an bhfarraige. As ailt a d'fhoilsigh

Máire Ní Thuathail in *An Stoc* (Meitheamh 1923, lch 5,
Iúil 1923, lgh 4-5) a tógadh cuid den téarmaíocht a
bhaineann le cúrsaí cniotála agus éadaí ban. Cheadaigh
sé daoine eile a raibh saineolas acu ar réimsí ar leith; an
tSiúr Berchmans sa Daingean, Contae Chiarraí, maidir le
téarmaí a bhaineann le líon, agus cé nach luaitear mar
fhoinsí iad, is dóichí ná a mhalairt gur óna bheirt chol
ceathracha féin, Micheál agus Cathal Ó Máille, a bhí ina
n-ollúna leighis in Ollscoil na Gaillimhe, a fuair sé roinnt
den eolas ar ghalair, etc. atá sa leabhar (Caibidil 10).

Ba mhór ag Tomás Ó Máille an Ghaeilge mar a bhí sí
in amhráin, i seanfhocail agus i leaganacha seanbhun-
aithe cainte. Tá tagairtí d'fhoinsí den chineál sin ina
n-orlaí trí *An Beal Beo*. Is as saothair a chuir sé féin in
eagar is mó a tharraing sé, mar atá *Amhráin Chlainne
Gaedheal, Amhráin Chearbhalláin, Micheál Mac Suibhne agus
Filidh an tSléibhe*, agus as amhráin agus rainn a foilsíodh
in *An Stoc*.

Ag trácht dó ar chúrsaí bádóireachta, cuir i gcás, bhain
sé gaisneas as an gcur síos agus as téarmaí atá le fáil in
amhráin mar 'An Caiptín Ó Máille', 'An tSail Chuach',
'An Chríonach', agus 'Neileach'. Nuair ba dhathúlacht a
bhí á phlé aige, is as 'Úna Bhán', 'An Draighneán Donn',
'Mailréad Ní tSuibhne' agus amhráin dá leithéid a bhain
sé cuid mhaith de na focail agus na leaganacha a
bhaineann le háilleacht agus le scéimh.

Tharla léitheoireacht fhairsing a bheith déanta aige ar
an nGaeilge, idir shean agus nua, bhí sé in ann fianaise a
bhaint as seantéacsanna le húsáid nó le stair focal a
léiriú. Ó Aibreán na bliana 1927 go dtí Bealtaine 1927
d'fhoilsigh sé sraith 'Tearmaigheacht na Meadhon-
Ghaedhilge' in *An Stoc*, agus é mar aidhm aige léi seo
seantéarmaí a casadh dó agus é ag léamh téacsanna
Sean-Ghaeilge agus Meán-Ghaeilge a liostú, faoi
cheannfhocail Bhéarla, ionnas go bhféadfaí fóint a bhaint
as cuid díobh arís. Tá roinnt de na seantéarmaí seo in
úsáid in *An Béal Beo*, chomh maith le nuathéarmaí ar
cosúil gur dá dhéantús féin iad. Tá tagairtí in *An Béal Beo*

d'fhocail as *Táin Bó Cuailnge, Féilire Óenguso, Aislinge Meic Con Glinne*, seandlíthe na hÉireann, etc. Cuid eile de na tagairtí do sheanfhoinsí den chineál sin a d'úsáid sé, is i lámhscríbhinní Gaeilge a bhí – agus i gcásanna áirithe atá fós – gan foilsiú a tháinig sé orthu. Mar shampla, is do lámhscríbhinní an dáin 'Riaghail Uí Dhubhagáin' atá riar de na tagairtí aige i dtaobh féilte (Caibidil 3). Ar an gcuma chéanna, is i liosta galar atá i lámhscríbhinn de chuid Sheosaimh Uí Longáin (RIA, 24 b 2, lgh 187-89) a fuair sé cuid de na téarmaí atá aige ar thinnis, etc. (lch 149).

Níor leasc leis tuairimí a thabhairt uaidh féin nó ó scoláirí eile faoi shanasaíocht nó faoi bhunús focal, chomh maith le leaganacha malartacha agus treoir don fhuaimniú nuair a shíl sé gá a bheith lena leithéid.

Dá fheabhas a chuid Gaeilge féin agus a chuid foinsí, ní i gcónaí a thiocfadh an cur síos atá sa leabhar seo leis an tuiscint a bheadh coitianta sa lá atá inniu ann ar bhrí nó ar úsáid focal. Ní maith, mar shampla, a réitíonn an cur síos atá aige ar bháid Chonamara leis an míniú a bheadh ar roinnt de na téarmaí bádóireachta anois. Déanamh na seolta agus ní hé meáchan an bháid an difríocht is mó idir an púcán agus an ghleoiteog, cuir i gcás. Maidir leis an trá, is dóigh go bhfuil an sainmhíniú atá aige ar an bhfocal 'cladach', i.e. 'an tsraith le hais na farraige [...] a mbíonn an féar ag fás air', róchúng. Ná ní réitíonn roinnt de na leaganacha atá aige ar shloinnte Gaeilge leis na leaganacha a gheofar i bhfoinsí eile. Tharlódh go mbeadh pointí eile in *An Béal Beo* a mbeadh an dara tuairim ag daoine fúthu inniu.

Foinse mhór Gaeilge atá in *An Béal Beo* mar sin féin. Is leabhar ar leith í ina nasctar caint bheo na Gaeltachta leis an traidisiún liteartha mar aon le saineolas an údair ar stair na teanga, ar an teangeolaíocht, agus ar an bhfileolaíocht.

Tomás Ó Máille

Ar an 30 Márta, 1880 a rugadh Tomás Ó Máille. Ba é an

t-ochtú duine clainne é ag Sorcha agus Micheál Ó Máille, feirmeoir ionnúsach a raibh cónaí air i Muintir Eoghain, trí mhíle soir ón Líonán, i nGleann an Mháma, i nDúiche Sheoigheach. Bhain beirt eile dá gclann mhac seasamh amach dóibh féin i saol na Gaeilge, mar atá, Micheál ('Diarmuid Donn') údar *Eochaidh, Mac Ríogh 'n Éirinn* (1904), *Naoi nGábhadh an Ghiolla Dhuibh* (1917) agus *Diarmuid Donn* (1936), agus Pádraig, a bhí ar dhuine de na chéad timirí ag Conradh na Gaeilge, agus a chuaigh le polaitíocht ina dhiaidh sin, agus a bhí ina bhall den Chéad Dáil.

Scolaíocht phríobháideach a fuair Tomás, is cosúil, óir ba é an nós a bhí ag teaghlaigh dá n-aicme ag an am máistrí a fhostú le hoideachas a chur ar a gclann. Sheas sé scrúdú an mháithreánaigh sa bhliain 1902 agus chláraigh sé ina mhac léinn san Ollscoil Ríoga i mBaile Átha Cliath. Bhain sé céim *BA* amach sa bhliain 1905. Sa bhliain sin freisin a foilsíodh *Amhráin Chlainne Gaedheal*, bailiúchán amhrán a thiomsaigh sé féin agus a dheartháir Micheál i nDúiche Sheoigheach.

Le linn dó a bheith ina fhochéimí, thosaigh sé ag freastal ar chúrsaí samhraidh Scoil an Ard-Léinn Gaeilge, agus is ansin a tháinig sé faoi thionchar bhunaitheoirí na Scoile, John Strachan agus Kuno Meyer, beirt mhórscoláirí. Bhronn an Scoil scoláireachtaí taistil air féin agus ar Osborn Bergin sa bhliain 1906. Ar Mhanchain, mar a raibh John Strachan, a thug an Máilleach a aghaidh. Bliain a chaith sé ansin ag déanamh staidéir ar na teangacha Ceilteacha agus ar an teangeolaíocht. Bhain sé *MA* amach ar staidéar a rinne sé ar Ghaeilge *Annála Uladh*, saothar a foilsíodh faoin teideal *The Language of the Annals of Ulster* in 1910. Cailleadh Strachan i Meán Fómhair na bliana 1907 agus chuaigh Tomás go Learpholl, mar a raibh Kuno Meyer, agus ina dhiaidh sin go Freiburg na Gearmáine le staidéar a dhéanamh faoi Rudolf Thurneysen. Bhain sé dochtúireacht amach sa bhliain 1909 de bharr an tsaothair *Contributions to a History of the Verbs of Existence in Irish,* a foilsíodh in 1911 mar leabhrán, agus mar alt in imleabhar a sé den iris *Ériu.*

Bunaíodh Ollscoil na hÉireann sa bhliain 1909 agus is é Tomás Ó Máille a ceapadh ar an gcéad Ollamh le Gaeilge i gColáiste na hOllscoile, Gaillimh. Is ann a d'fhan sé go dtí a bhás.

Is iomaí gné den Ghaeilge, idir shean agus nua, a shaothraigh sé. Bhí an-spéis aige sa chaint bheo agus shiúil sé cuid mhaith de Ghaeltachtaí Chonnacht ag cruinniú eolais ar an teanga. Foilsíodh *Amhráin Chearbhalláin* sa bhliain 1916, *Mac Dathó* (cóiriú Nua-Ghaeilge ar sheanscéal) in 1924, *Urlabhraidheacht agus Grairméar na Gaedhilge* in 1927, *Irish in 30 Lessons* (i gcomhar le Mícheál Breathnach) in 1928, *Mícheál Mac Suibhne agus Filidh an tSléibhe* in 1934, agus *An Béal Beo* in 1936. D'fhoilsigh sé, ina gceann sin, eagráin de dhánta agus ailt ar an teanga agus ar ghnéithe den litríocht in irisí scolártha mar *Ériu, Zeitschrift für celtische Philologie, Archivium Hibernicum, Études celtiques,* etc.

Is é a bhí ina eagarthóir ar *An Stoc* (1917-20, 1923-31), tréimhseachán míosúil ina bhfoilsítí scéalta, amhráin, seanfhocail, liostaí téarmaí agus ábhar eile béaloidis, chomh maith le heagráin de sheandánta, litríocht nuachumtha agus ailt ar ghnéithe éagsúla den saol. Spreag sé cuid de na scríbhneoirí a bhí ag soláthar ábhair dó le leabhair a scríobh, ina measc Séamus Mac Con Iomaire, údar *Cladaí Chonamara* (An Gúm, 1938, eagrán nua, 1985), agus Peadar Ó Direáin, a scríobh *Sgéalaidhe Leitir Mealláin* (1926) agus *Sgéalta na n-Oileán* (1929). Scríobh an Máilleach cuid mhaith de na príomhailt san iris agus foilsíodh bailiúchán de na hailt sin in *An Ghaoth Aniar* (1920).

Bhí sé páirteach i gCogadh na Saoirse, agus tá cur síos ar na himeachtaí sin aige sa leabhar *An t-Iomaire Ruadh,* a foilsíodh in 1939, i ndiaidh a bháis. Phós sé Eibhlín Ní Scannláin in 1923 agus saolaíodh seachtar clainne dóibh. Cailleadh Tomás Ó Máille ar an 15 Eanáir, 1938.

Gheofar cuntas níos iomláine ar shaol Thomáis Uí

Mháille i m'aiste 'Tomás Ó Máille', in *Scoláire Gaeilge* (*Léachtaí Cholm Cille*, 27 (1997), lgh 83-122. Tá cuntais ar Thomás, Micheál agus Pádraig Ó Máille ag Diarmuid Breathnach agus Máire Ní Mhurchú in *Beathaisnéis a Trí* (1992), lgh 120-23.

Nóta faoin eagarthóireacht

Cuireadh litriú caighdeánach an lae inniu i bhfeidhm ar an leabhar, ach fágadh roinnt foirmeacha canúnacha ann. Is lú an caighdeanú a rinneadh ar na sleachta as an gcaint bheo, ar sheanfhocail, ranna as amhráin, etc. thar mar a rinneadh ar an téacs tuairisciúil. Coinníodh roinnt leaganacha iolra, leaganacha den ainm briathartha, agus leaganacha briathartha, e.g. foirmeacha leithleacha coibhneasta san aimsir láithreach agus san aimsir fháistineach, foirmeacha táite sa 3ú pearsa iolra den aimsir chaite, etc. Fágadh an t-urú i ndiaidh *sa*, agus coinníodh *t* roimh *s* ar fhocail fhirinscneacha i ndiaidh *den, don*. Géilleadh méid áirithe chomh maith do nósanna an Mháilligh maidir le húsáid an ghinidigh, e.g. ní chuirtear infhilleadh an ghinidigh ar fhocail a leanann 'sórt', ná i gcorrchás eile. Os a choinne sin, níor cloíodh leis an nós a bhí aige infhilleadh an tabharthaigh a dhéanamh ar roinnt ainmfhocal baininscneach.

Maidir leis na foirmeacha canúnacha a fágadh sa téacs, gheofar crostagairtí dóibh in *Foclóir Gaeilge-Béarla* (*FGB*). San áit nach mbeadh teacht go réidh ar an gcrostagairt nó nach mbeadh ceann ann, tugadh foirm *FGB*, nuair ab fhéidir, idir lúibíní cearnacha san innéacs atá leis an eagrán seo. I gcásanna eile, is fearr a d'fheil tagairt do na foinsí canúna, *Liosta Focal as Ros Muc* agus *Foirisiún Focal as Gaillimh*, ná do *FGB*.

Is beag athrú eile a rinneadh ar chorp an téacs féin ach nár bacadh le cuid de na foirmeacha malartacha a chuireann an Máilleach ar fáil, ná cuid de na leideanna don fhuaimniú, a thabhairt anseo. Níor bacadh ach an oiread le réiltíní a chur roimh fhocail a bhí 'seirgthe', de réir Uí Mháille, ná roinnt leaganacha eile, tharla nach go leanúnach a bhain sé úsáid as an gcomhartha sin, agus go bhfuil aitheantas tugtha ag *FGB* do riar maith acu anois mar ghnáthfhocail. Tugtar tagairtí d'fhocail Sean-Ghaeilge agus Meán-Ghaeilge faoin bhfoirm a bhfuil siad cláraithe in *Dictionary of the Irish Language*. An t-alt breise faoi na réaltaí a chuir sé isteach i ndeireadh an leabhair, cuireadh é sin leis an gcur síos ginearálta atá aige ar an ábhar san eagrán seo (lgh 30-31). Ar an taobh eile, cuireadh an t-alt faoin seanairgead, atá as áit ar fad sa chaibidil faoi fhéilte, etc., siar go deireadh an leabhair.

Ós ar a chuid léachtaí atá an leabhar seo bunaithe, tá roinnt athrá ann. Fágadh an chuid is mó de seo gan athrú.

Rinneadh atheagar ar na nótaí. Cuid mhaith de na nótaí, is aistriúchán Béarla atá iontu ar fhocail i gcorp an téacs. Níor bacadh le nótaí den chineál sin a chur san eagrán seo nuair is ionann baileach aistriúchán an Mháilligh agus an t-aistriúchán in *FGB*. Fágadh roinnt nótaí eile ar lár nár ceapadh gá a bheith leo san eagrán seo. Leasaíodh roinnt neamhréire sna tagairtí, agus rinneadh iarracht tagairtí a sholáthar do na heagráin scolártha is deireanaí de théacsanna nó de dhánta, etc. sa chaoi gurb éasca do léitheoirí an lae inniu teacht orthu. I gcás sheandlíthe na hÉireann, áfach, coinníodh na tagairtí do *Ancient Laws of Ireland*, de rogha ar *Corpus Iuris Hibernici* (B.Á.C., 1978) atá níos nua ach atá gan aistriúchán. Cuireadh roinnt tagairtí breise ar fáil ina cheann sin. Idir lúibíní cearnacha a thugtar aon ábhar breise den chineál seo. Bhí roinnt de na tagairtí ag an Máilleach easnamhach, agus san áit nárbh fhéidir an tagairt a bheachtú, síleadh gurbh fhearr í a fhágáil ar lár. Fágadh roinnt tagairtí do lámhscríbhinní, etc. san áit nach raibh eagrán sásúil den téacs ar fáil.

Bhain an Máilleach an-úsáid as seanfhocail agus as línte filíochta agus amhráin le brí nó le húsáid na bhfocal a bhí i gceist aige a léiriú. Tá go leor tagairtí den chineál sin aige i gcorp an leabhair, ach ar an drochuair níor chuir sé foinse ach lena leath, agus tarlaíonn in amanna na tagairtí aige a bheith easnamhach. Ní hamháin sin, ach is minic difríochtaí idir rann filíochta mar atá sé in *An Béal Beo*, agus an leagan atá san fhoinse dá ndéantar tagairt, fiú nuair is téacs a chuir Ó Máille féin in eagar atá i gceist. Ní léir cé acu a bhí údar aige leis an téacs a athrú nó gur ag obair as meathchuimhne a bhí sé. Pé ar bith é, fágtar téacsanna mar seo mar a bhí siad in *An Béal Beo*, ach go leasaítear an litriú, etc. Rinneadh iarracht foinsí a chur le rainn filíochta, etc. nár luadh foinsí leo, ach ní gá gurb ionann, focal ar fhocal, na leaganacha sna foinsí a luaitear anseo agus téacs *An Béal Beo*. Tá roinnt fós fágtha nár éirigh liom foinsí a aimsiú lena n-aghaidh.

In áit an liosta focal neamhchoitianta a bhí ag an Máilleach i ndeireadh an leabhair, cuireadh innéacs cuimsitheach focal leis an eagrán seo.

Buíochas

Táim buíoch den Dr Séamas Ó Murchú a léigh an t-ábhar agus a phléigh liom é, agus a thug comhairle i gcás ceisteanna eagarthóireachta. Táim buíoch freisin den Dr Ríonach uí Ógáin, An Dr N. J. A. Williams, Liam Mac Con Iomaire, Padraic de Bhaldraithe, An Dr Aoibheann Nic Dhonnchadha, Dónall Mac Giolla Easpaig, An Dr P. L. Ó Curraidhin, An Dr Éamann Ó Máille, An Dr Micheál Ó Máille, An tOllamh Fergus Kelly, Máire Bhreathnach, agus Máirtín ó Flathartaigh, as ucht tagairtí, pointí eolais nó cúnamh eile a thabhairt dom.

Táim buíoch de Mháirtín Ó Cadhain a léigh an t-eagrán nua seo go grinn, a mhol leasuithe, agus a réitigh don chló é.

Réamhrá don Chéad Eagrán

Na caibidlí atá inár ndiaidh anseo, is é an chaoi ar chuir mé i dtoll a chéile i dtosach iad i bhfoirm léachtaí, agus ansin iarradh orm a gcur i gcló le go bhféadfadh an saol Fódlach leas a bhaint astu. Is éard atá iontu an leagan Gaeilge atá go forleathan in úsáid i bpáirt mhór den Ghaeltacht, go háirithe an pháirt di is mó atá ar eolas agam féin. Cuirim síos go díreach é mar tá sin ag na céadta agus na mílte. Uair ar bith a bhíos orm aon fhocal seirgthe nach bhfuil anois le cloisteáil a chur síos leis an gcuid eile a mhíniú, cuirim réaltóg roimhe, sin, nó bíonn sé go soiléir ráite gur focal den tsórt sin atá ann. Cuirim cló trom ar go leor de na focail riachtanacha.

Ar an gcuma sin, an té a rachas go dtí an Ghaeltacht leis an teanga a thógáil ní bheidh aon mhoill air an leagan ceart, mar atá sí ansin roimhe, a aimsiú. An té a bhfuil eolas aige ar bhealaí agus gnása na tíre, tá a fhios aige gurb iad na leaganacha céanna a bhíos in úsáid, geall leis, gach uile lá, agus go leanann an chaint ar aghaidh mar a chéile faoi gach aon ní ar feadh ceathrú uaire, nó leathuaire, go minic, gan mórán athruithe. Tá a fhios aige freisin gur soiléire a chuirtear fírinne an scéil in iúl sa nGaeilge ná ina lán teangacha eile. Is féidir é seo a rá i gcoitinn, i.e. go luíonn an Ghaeilge le ciall agus le réasún agus má bhíonn seafóid, nó pleidhceáil ar bith ag baint leis an leagan nach leagan ceart snoite Gaeilge é.

Cuir i gcás, bhí mé uair ag éisteacht le múinteoir a bhí ag múineadh Gaeilge do rang ag rá leo: 'cuireann an feilméara na barraí san earrach.' Is éard a bhí i gceist aige gur san earrach a chuireas an feilméara an síol. Ba é an dall ag treorú an daill é. Duine ar bith a bhfuil eolas dá laghad aige ar bharra cheapfadh sé gur saobhnós céille a bheadh ar dhuine a déarfadh a leithéid sin de chaint. Is ionann an barr agus an méid den phlanda atá os cionn na talún, agus cheapfadh feilméara ar bith gurb éard a bheadh i gceist leis an gcaint, i.e. na barraí a rómhar agus a gcur faoin talamh arís. Is é an síol a chuirtear.

Bíonn, scaití, caint neamhchruinn mar sin sa mBéarla. Má chuireann duine leagan Béarla mar 'make the bed' agus an leagan Gaeilge mar 'cóirigh an leaba', nó 'make the tea' agus 'fliuch an tae' i gcomórtas, is fearr a luíos an Ghaeilge le réasún nó le brí an fhocail, ar chaoi ar bith. Tá ciall chruinn leis an bhfocal Gaeilge agus ciall neamhchruinn, nó leathan leis an bhfocal Béarla.

Tá súil agam go mbeidh an leabhar seo fóinteach do scoltacha, ní hé amháin sna páirteanna den tír a bhfuil an Ghaeilge imithe astu, ach freisin sa mBreac-Ghaeltacht, an áit a bhfuil meath ag tíocht ar an teanga. Beidh na seandaoine ansin in ann cúnamh a thabhairt don aos óg leis na leaganacha seo a mhíniú dóibh agus tuilleadh mar iad a chur ar fáil dóibh. Ní lia tír ná gnás, agus níl aon pharóiste ná leathpharóiste in Éirinn a bhfuil Gaeilge á labhairt ann nach bhfuil roinnt focal agus leaganacha dá chuid féin ann atá seirgthe nó imithe i léig in áiteanna eile.

Tá súil agam go bhfuil gach focal agus gach leagan riachtanach le fáil sa leabhar seo, maidir leis na nithe agus na gnása atá i dtrácht. Níorbh fhéidir gach uile fhocal ag baint leo a chur síos gan méid rómhór a chur sa leabhar. Nuair a bhí an leabhar ag dul tríd an gcló, bhí tuilleadh eile ag madhmadh isteach i mo chloigeann, ach ba dona liom nár fhéad mé spás a fháil dóibh. Duine ar bith a bhfuil spéis mhór aige sa scéal agus a bhfuil tuilleadh leaganacha eile den chineál seo aige, beidh mé buíoch de as a gcur chugam, má cheapann sé go bhfuil siad riachtanach.

Tá cuid den leabhar seo nach bhfuil an-éasca, b'fhéidir, ag páistí baile mhóir. Cuirim i gcás, an mioneolas ag baint le cur fataí agus leis an gcéachta, ní bheadh sé soiléir ag daoine nach bhfaca fata riamh á chur. Féadfaidh siadsan scinneadh tharstu den chéad iarraidh, ar chaoi ar bith. Cuirim, go hiondúil, réaltóg roimh an gcuid seo. Ar an gcuma chéanna, ní fhéadfadh aon duine tuiscint iomlán a bheith aige ar sheol an fhíodóra nach bhfaca ceann ag obair, ach ba cheart dó eolas a bheith aige ar na focail is mó brí atá ag baint leis.

Ar bhealach eile, níl aon duine nach gcuireann spéis sa bhfarraige, i gcnámha an duine, ina thinneas agus ina shláinte, i gcaitheamh aimsire, i ngnóthaí tí, cnocadóireacht, etc.

Is é an litriú a leanaim go hiondúil sa leabhar seo an ceann a bhfuil údarás na seanleabhar agus na litríochta leis, e.g. is é 'domhain' agus ní hé 'doimhin', 'imighthe' agus ní hé 'imithe', 'fagháil' agus ní hé 'fagháilt', 'tháinig' agus ní hé 'tháinic', 'dá fhichead' agus ní hé 'dachad', 'tarraing' agus ní hé 'tarraingt' (as *to-sreng*), 'uirnis,' 'uirnís' agus ní hé 'úirlis' (féach lch 155), 'airde' agus ní hé 'aoirde' (Sean-Ghaeilge *arddu*, Meán-Ghaeilge *airdiu*, *airde*), 'éigin' agus ní hé 'eicín', 'eicíneach' an ceart – agus dá réir. Ar an gcuma chéanna, is é 'de na', 'do na' an ceart agus ní hé 'guna', 'dosna,' 'de sna'. Níor scríobh aon údar ná scríbhneoir Gaeilge an chuid deiridh seo ón gcéad fhocal Gaeilge atá le fáil scríofa, i.e. tuilleadh is 1,200 bliain ó shin go dtí an bhliain 1900, nó b'fhéidir bliain nó dhó roimhe sin.

Is í an stiúir a bhí agam: an áit a bhfuil údarás na litríochta agus eolas na seanchainteoirí maithe Gaeilge ar aon fhocal, leanúint dóibh, mar sin é an áit a dtagann an dá shnáithe le chéile. Is don tseanfhoirm is ceart tús a thabhairt má bhíonn rogha ann, agus údarás beo, nó fianaise, nó 'cuimhne shin' leis. Is fearr aon Ghaeilge amháin rathúil ná fiche mangarae Gaeilge, mar a bheas ann má bhíonn a litriú féin ag gach duine, agus an duine sin, b'fhéidir, gan údarás ná eolas aige ar sheanchas na bhfocal ná tuiscint, scaití móra, ar urlabhraíocht féin. Ach nuair a bhíos gach uile cheard den tír ar aon fhocal, mar 'a' rá,' in áit 'ag rá', 'a' cóiriú' in áit 'ag cóiriughadh', b'fhéidir nach miste an t-athrú a dhéanamh. Mar a chéile é ag 'ach' in áit 'acht', atá athraithe le hos cionn dhá chéad bliain, le 'olla' in áit 'olna', atá athraithe le hos cionn míle bliain. Nuair a bhíos athrú mór sa gcaint ar shon nó fuaim an fhocail seachas mar a bhíos sin sa litríocht, cuirim in iúl son an fhocail faoi lúibíní mar seo: urdhubhadh nó uirrdhioghadh (:orú), geadán (:giodán), céadfadha (:céataí), srl.

Ach más í gnáthfhuaim na cainte a chuirim síos in aon áit cuirim an focal liteartha, nó malairt leagain faoi lúibíní – gan aon phointe scartha – mar seo, iogán (eagán), dionnóid (deannóid), fuinín (foichnín), lorgain (lorga), das (dos), ceannachóir (ceannaitheoir, i.e. malairt focail), binn (beann), cáraid (córaid), srl.

Maidir le heolas cruinn ar bhlas nó son na cainte atá sa leabhar, tá sin le fáil sa leabhar úd *Urlabhraidhreacht agus Graiméar na Gaedhilge*, agus tá an chaint í féin, idir amhráin agus eile, le clos ar na céirníní a rinneadh anseo cúig bliana ó shin agus a bheas go luath ar fáil.

Is iomaí cuid de shaol na Gaeltachta agus de shaol an duine nach bhfuil i dtrácht sa leabhar seo. Is éard is cionsiocair leis sin go raibh an leabhar ag dul as compás le méid, ach le cúnamh Dé, faoi mo bheith slán, fillfidh mé orthu arís. Maidir le lusra agus bláthanna, tá na céadta focal agus leagan scríofa síos agam agus bhí dúil agam a gcur isteach, dá ligfeadh an spás dom, ach níor lig. Is é an scéal céanna é maidir le liosta focal Béarla agus Gaeilge a chur leis an leabhar. Níl aon trácht – ná mórán – ar éanlaith sa leabhar seo. Tá an trácht sin déanta ar fheabhas cheana ag Seán Mac Giollarnáth in *Saoghal Éanacha* agus in *Ríoghacht na nÉan*, agus beidh cur síos éifeachtach ar chineálacha feamainne agus éisc na farraige sa leabhar úd Shéamuis Mhic Con Iomaire *Cladaigh Chonamara*, ach go mbí sí ar fáil. Ach rinne mé cur síos gearr ar bhric na habhann agus an locha.

Is maith liom mo bhuíochas a ghabháil le Tomás Ó Raghallaigh agus Máire Ní Thuathail a léigh profa an leabhair seo agus a mheabhraigh cuid mhaith pointí agus focal dom. Bheirim mo bhuíochas freisin do Phádraig Ó Meadhraigh, seanchaí, a chuir slám mór focal agus leaganacha in iúl dom, agus do Shéamus Mhac Con Iomaire a thug cead dom leas a bhaint as rud ar bith dá bhfuil scríofa ar an bhfarraige aige. Tá mé fíorbhuíoch freisin de Phádhraic Ó hAllmhuráin, Barr an Chalaidh, Gaillimh, as roinnt mhaith téarmaí faoin tsiúinéireacht a thabhairt dom.

An té a léifeas an leabhar seo go cúramach agus a thógfas do mheabhair riar maith de na focail agus de na leaganacha atá ann, tá súil agam, nuair a rachas sé i láthair comhluadair daoine a mbeidh an Ghaeilge á spreagadh acu, nach béal marbh a bheas air ach béal beo.

Tomás Ó Máille
Gaillimh
Eanáir 1936

Noda

aid.	aidiacht
ainm.	ainmfhocal
aistr.	aistreach
br.	briathar
fíod.	fíodóireacht
GA	Gaeilge na hAlban
iasc.	iascaireacht
n.	nóta
neamh-aistr.	neamh-aistreach
ÓM	Tomás Ó Máille
réamh.	réamhfhocal
siúin.	siúinéireacht
s.v.	*sub verbo* (féach faoi)

* * *

Acall.	*Acallam na Senórach*, eag. W. Stokes, in *Irische Texte* (Leipzig, 1900), Iml. 4.
ACh	*Amhráin Chearbhalláin*, eag. Tomás Ó Máille, *Irish Texts Society*, 17 (Londain, 1916).
AChG	*Amhráin Chlainne Gael*, Micheál agus Tomás Ó Máille, eag. nua le William Mahon (Indreabhán, 1991).
ADCC	*Amhráin Diadha Chúige Connacht*, 1 & 2, Dubhglas de h-Íde (An Craoibhín) (Londain, 1906; athchló 1972).
ADR	*Abhráin agus Dánta an Reachtabhraigh*, eag. Dubhglas de h-Íde (Baile Átha Cliath, 1933; athchló 1974).
AGCC	*Abhráin Ghrádha Chúige Chonnacht*, Dubhglas de h-Íde (Baile Átha Cliath, 1933).
AGI	*Amhráin Ghaeilge an Iarthair*, Micheál Ó Tiománaidhe, eag. nua le William Mahon (Indreabhán, 1992).
ALI	*Ancient Laws and Institutes of Ireland* (Baile Átha Cliath, 1865-1901), 1-6.
AMC	*Aislinge Meic Con Glinne*, eag. Kenneth H. Jackson (Baile Átha Cliath, 1990).
AMS	*Amhráin Mhuighe Seola*, Eibhlín Bean Mhic Choisdealbha (Indreabhán, 1990, an dara cló).
Ann. Ul.	*Annála Uladh*, II, eag. B. McCarthy, (Baile Átha Cliath, 1893).
AU	*The Annals of Ulster*, eag. Seán Mac Airt & Gearóid Mac Niocaill (Baile Átha Cliath, 1983).

Auraic.   *Auraicept na n-Éces*, eag. George Calder (Dún Éideann, 1917).
CBM   *Catalogue of Irish manuscripts in the British Museum*, eag.
             Standish H. O'Grady & Robin Flower (Londain, 1926; athchló
             Baile Átha Cliath, 1992) 1 & 2.
CC   *Cladaí Chonamara*, Séamas Mac an Iomaire, eag. nua (Baile
             Átha Cliath, 1985).
CCath.   *In Cath Catharda*, eag. Whitley Stokes in *Irische Texte* (Leipzig,
             1900) 1 & 2.
CO   *Ceol na nOileán*, eag. Tomás Ó Ceallaigh, eag. nua le William
             Mahon (Indreabhán, 1990).
Cóir A.   *Cóir Anmann*, eag. Whitley Stokes in *Irische Texte*, 3 (Leipzig,
             1897).
Corm. Y   *Sanas Cormac*, An Old Irish Glossary compiled by Cormac Úa
             Cuilennáin, eag. Kuno Meyer, *Anecdota from Irish Manuscripts*,
             4. (1912).
DIL   *Dictionary of the Irish Language*, (Baile Átha Cliath, 1913-76).
Dwelly   *The Illustrated Gaelic-English Dictionary*, eag. Edward Dwelly
             (Glaschú, 1901-11).
Féineachas   Seandlíthe na hÉireann mar atá in *ALI*.
Fél.   *Félire Óengusso Céli Dé*, eag. Whitley Stokes (Londain, 1905).
FFG   *Foirisiún Focal as Gaillimh*, Tomás de Bhaldraithe (Baile Átha
             Cliath, 1985).
FGB   *Foclóir Gaeilge-Béarla*, eag. Niall Ó Dónaill (Baile Átha Cliath,
             1977).
Fil. Cais.   *Na Caisidigh agus a gCuid Filidheachta*, Mairghréad Níc Philibín
             (Baile Átha Cliath, 1937).
GEIL   *A Guide to Early Irish Law*, Fergus Kelly (Baile Átha Cliath,
             1988).
Hail Brigit. *An Old Irish Poem on the Hill of Allen*, eag. Kuno Meyer (Halle,
             1912).
Heldensage   *Die irische Helden- und Königsage*, Rudolf Thurneysen (Halle,
             1921).
Ir. Gloss.   *Irish Glosses*, eag. Whitley Stokes, Irish Archaelogical and
             Celtic Society (1860).
Ir. Texte   *Irische Texte*, eag. Whitley Stokes agus E. Windisch, 4 iml.
             (Leipzig, 1880-1909).
ISP   *Irish Syllabic Poetry*, Eleanor Knott (Baile Átha Cliath, 1966).
LAU   *The Language of the Annals of Ulster*, Tomás Ó Máille
             (Manchain, 1910).
LFRM   *Liosta Focal as Ros Muc*, Tomás S. Ó Máille (Baile Átha Cliath,
             1974).
LL   *An Leabhar Laighneach / The Book of Leinster*, eag. R. I. Best, O. J.
             Bergin, M. A. O'Brien (Baile Átha Cliath, 1954-67).
MMhS   *Micheál Mhac Suibhne agus Filidh an tSléibhe*, Tomás Ó Máille
             (Baile Átha Cliath, 1934).
NDh   *Nua-Dhuanaire*, eag. T. Ó Concheanainn, P. de Brún, B. Ó
             Buachalla, 3 iml. (Baile Átha Cliath, 1971-78).
O'Cl.   Mícheál Ó Cléirigh, *Sanasan Nua* (O'Clerys' Irish Glossary),
             eag. A. Miller, *Revue Celtique*, 4, (1880), lgh 349-428; 5 (1883),
             lgh 1-69.

O'Dav.	*O'Davoren's Glossary,* eag. W. Stokes & K. Meyer, in *Archiv für Celtische Lexikographie,* Iml. 2 (Halle, 1904).
Ó Duinnín	*Foclóir Gaedhilge agus Béarla,* Patrick Dineen (Baile Átha Cliath, 1927).
O'R.	*An Irish-English Dictionary,* Edward O'Reilly (Baile Átha Cliath, 1864; eag. nua 1877).
RAD	*Raiftearaí: Amhráin agus Dánta,* eag. Ciarán Ó Coigligh (Baile Átha Cliath, 1987).
RBÉ	Roinn Bhéaloideas Éireann.
RIA	Acadamh Ríoga na hÉireann (is do lámhscríbhinní an Acadaimh a thagraíonn na huimhreacha a leanann).
RIA Cat.	*Catalogue of Irish Manuscripts in the Royal Irish Academy* (Baile Átha Cliath, 1926-70).
SCh	*Sean-fhocla Chonnacht,* Tomás S. Ó Máille, 2 iml. (Baile Átha Cliath 1948 agus 1952).
SÉUC	*Stair Éamuinn Uí Chléire,* Seán Ó Neachtain a chum; eag. Eoghan Ó Neachtain (Baile Átha Cliath, 1918).
Sg.	Glosses on Priscian (St.Gall) *Thes.* 2, 49-224.
SG	*Silva Gadelica, a Collection of Tales in Irish,* eag. Standish Hayes O'Grady, 1 Téacs, 2 Aistriúchán (Londain, 1892).
SGeimh.	*Siamsa an Gheimhridh,* Domhnall Ó Fotharta (Baile Átha Cliath, 1892).
SR	*Saltair na Rann,* eag. Whitley Stokes (Oxford, 1883).
Táin1	*Táin Bó Cuailnge,* Recension I, eag. Cecile O'Rahilly (Baile Átha Cliath, 1976).
TBFr.	*Táin Bó Fraích,* eag. W. Meid (Baile Átha Cliath, 1967).
TEmire	*Tochmarc Emire,* eag. A.G. Van Hamel in *Compert Con Culainn and other stories* (Baile Átha Cliath, 1933), lch 16-68.
Thes.	*Thesaurus Paleohibernicus,* eag. Whitley Stokes & John Strachan, 2 iml., I (Londain, 1901), II (Londain, 1903).
Urlabh.	*Urlabhraidheacht agus Graiméar na Gaedhilge,* Tomás Ó Máille (Baile Átha Cliath, 1927).
VGK	*Vergleichende Grammatik der keltischen Sprachen,* Holger Pedersen, 2 iml. (Göttingen, 1909).
ZCP	*Zeitschrift für celtische Philologie* (Halle, 1899-)

1 Beannachtaí

Is é an chaoi a raibh sé ráite in *Suirí Fhinn go Crích Lochlann*:

Bíonn an beannú suáilceach, sáimh,
Agus is aighneas breá é is gach uile chéin,
Agus an té a thigeas gan chaint i measc cáich,
Go mba chóir an dorn a leathnú ar chnáimh a ghéill.

Agus, mar a deireadh na seanscéalta, nuair a chastaí beirt dá chéile, bheannaídís dá chéile 'de na briathra foisteanacha faisteanacha, róghlic de réir na haimsire a bhí ann'. Ní miste a bheith lách, aighneasach[1] le gach uile dhuine, agus níl aon chaint dá bhfuil eolas againn uirthi is mó a bhfuil beannachtaí inti ná an Ghaeilge. Ní dóigh go bhfuil sin in Iarthar Domhain ar chuma ar bith.

Cuirim i gcás, *good day* atá ag an Sasanach, *bonjour* ag an bhFrancach, *buon giorno* ag an Iodálach, *guten Tag* ag an nGearmánach. In Albain féin, 'lá maith' a chuala mé acu san Oileán Sciathanach. Tá aon chúige amháin sa nGearmáin a bhfuil beannú acu mar atá in Éirinn, i.e. An Bhaváir. Is é an beannú atá ansin acu *Grüss Gott*. Tá an focal céanna san Ostair, an taobh eile den teorainn.

Sa tSean-Ghaeilge féin bhí focail mar *for fóesam nDé*, i.e. ar choimirce nó coimrí Dé, agus is dócha go raibh a macasamhail ann in aimsir na págántachta féin.[2]

Nuair a chuireas duine **forrán** cainte ort, is é an beannú is mó a bhíos i gceist **go mbeannaí Dia dhuit**. Is é a fhreagra sin **go mbeannaí Dia is Muire dhuit**. Déantar é sin a ghiorrú anuas in áiteacha go dtí **Dia dhuit**, **Dia is Muire dhuit**, ach is deise ar an mbealach iomlán é. Duine a chuireas forrán cainte ar an té atá ag dul thairis is é an chaoi a gcuireann sé **taerthó** ann nó buaileann sé **bleid** air.

Naoi Dia dhuit, i.e. (go mbean)naí Dia dhuit, a bhí ag Seán Ó Neachtain[3] a fuair bás sa mbliain 1728. D'fhág sin gurb é sin an leagan a bhí ar an bhfocal i ndeisceart Ros Comáin[4] agus i lár na hÉireann timpeall is dhá chéad bliain ó shin.

Tá leaganacha eile freisin in úsáid mar **go mbeannaíthear dhuit.** Bhí sin freisin in *Suirí Fhinn go Crích Lochlann* **go mbeannaíthear dhuit, a Ghuill,** mar dhóigh de nach bhfeilfeadh sé 'go mbeannaí **Dia** dhuit' a rá san am nach raibh creideamh in Éirinn. Tá leagan eile freisin a bhíos in áiteacha (oileáin Chonamara, etc.) i.e. **Dia don fhear sin.**[5]

Go mbeannaí Dia anseo a deirtear ag dul isteach i dteach do dhuine, nó in áiteacha: **Dia ann,** nó 'go mbeannaí Dia san áras seo.'

Daoine nach mbeannaíonn dá chéile ar chor ar bith, ní chuireann siad **fosadh ar a chéile.** Duine nach ligfeadh air go n-aithneodh sé thú **ní bhreathnódh sé sa taobh a mbeifeá.** Daoine lácha a bheadh ar a mhalairt, ní **dhúnfaidís súil** ar dhuine.

Mora dhuit beannú eile atá coiteann in áiteacha (i gConnachta, etc.). **Mór is Muire dhuit** ceann eile. Mar atá ráite san amhrán:

Mór is Muire dhuit a shocairbhean álainn, chiúin.[6]

Is dócha gurb as *(good) morrow to you* a d'fhás an chéad fhocal acu seo. Go moch ar maidin is mó a tháinig sé in úsáid. Nuair a thagas comharsa isteach chugat is gnách a bheith fáilí lúcháireach roimhe: **'Sé do bheatha** a deirtear i gcás den tsórt sin. **Go maire tú** a fhreagra nó **go raibh míle maith agat.** Dá gcastaí strainséir duit ar an mbóthar, 'go mbeannaí Dia dhuit' nó ''sé do bheatha' a déarfá.

Má thagann duine is faide as baile ná sin deirtear **céad fáilte romhat** leis má bhíonn aithne air. Má bhíonn an-fháilte⁷ ar fad roimhe, 'muise, céad míle fáilte romhat' a deirtear nó 'do mhíle fáilte'. **Go maire tú** nó **go míle maire tú** a fhreagra. Focal eile: 'Ná mba liachta sop ar an teach ná fáilte romhat.' 'Do chéad fáilte' focal eile.

Dá gcastaí fear duit nach bhfaca tú le fada roimhe, 'Céad fáilte romhat aniar (anoir) anseo' a déarfá. Nó déarfadh an dara duine 'ní mó a thuillimse fáilte ná thú féin'. Ó Mhám Trasna go Gleann Sála i gContae Mhaigh Eo, cuireann daoine fáilte roimh dhuine nach n-aithníonn siad.

Nuair a thagas duine de mhuintir an tí nó den chomhluadar abhaile tar éis lá nó cúpla lá a chaitheamh imithe, **fear slán** (bean shlán) a deirtear, nó 'céad fáilte abhaile slán'. 'Go gcuire Dia slán abhaile thú' a déarfá le duine a bheadh ag imeacht.

Nuair a chastar beirt daoine le chéile in Éirinn is é an chéad ábhar cainte a bhíos acu trácht ar an aimsir, agus níl aon tír eile is mó a mbíonn sin i gceist inti. 'Lá breá' nó 'lá álainn' nó 'drochlá' nó 'drochaimsir' an chéad chaint a deirtear go hiondúil nuair a chastar beirt le chéile. 'Lá breá, **míle buíochas le Dia**' nó 'lá breá, **míle, altú le Dia (mac Dé)**' nó 'lá breá, **céad glóir do Dhia**' a fhreagra.

Ní thugtar, go hiondúil, buíochas ar bith do Dhia má bhíonn drochlá ann, ach amháin 'is iontach an lá é, míle buíochas le Dia', nó 'dá mba é toil Dé é, tá sé in am aige stopadh', nó 'drochaimsir, ní ag ceasacht ar Dhia é'.

Aithne: nuair a chuirtear beirt in aithne dá chéile, **céad fáilte romhat** a deir an fear is gaire do bhaile. **Go maire tú** a fhreagra. Más mian leis ómós speisialta a thabhairt dó, 'ní féidir gurb é seo (ainm agus sloinne)' a deirtear. 'Fáilte mhór 's céad romhaibh' a dúirt Mac Suibhne leis an lánúin phósta, 'fáilte uilig go léir romhaibh' leis an slua eile agus arís leis an lánúin, 'go bhfeice mé in bhur gcóiste sibh agus mórán de bhur gclainn.' **Cé leis thú?** a deirtear le malrach.

Má thugann strainséir fios a ainm agus a shloinne duit, **lig sé a aithne liom** (nó **chugam**) a déarfá, nó 'chuir sé é féin in aithne dhom.' Má **bhuaileann** strainséir **bleid ort** féadfaidh tú fiafraí de **cér díobh é.** 'Cér díobh thú?' nó 'cá hainm nó sloinne thú?'[8] freisin a deirtear. **Cé dhár díobh thú?** a deirtear in áiteacha, i.e. an de ráite faoi dhó. **De mhuintir**[9] Mhurchú, de mhuintir Chonchúir, etc., nó **de na** Flaitheartaigh, de na Brianaigh, de na Súilleabhánaigh mé, etc. a deirtear mar fhreagra.

Mura mbí ach an t-ainm baiste i gceist, **cá hainm thú?** a deirtear. Más é an sloinne: 'cá sloinne thú?' nó 'cér díobh thú?' Nó, leis an dá chuid a chur ar fáil, 'cá hainm nó sloinne thú?'[10]

Cérb as thú? a deirtear ag fiafraí de dhuine cén áit arb as é. Nó, bealach is múinte ná sin, **cáide a ghluais tú, cáide a tháinig tú?** Nó, 'an miste (dochar) dom fiafraí cérb as thú, le do thoil?' nó 'cé as a dtáinig tú?' ('cérb as a dtáinig tú?') nó 'cé as ar thriall tú?', 'an bhfuil dochar dom fiafraí cé as ar ghluais tú?'

Más maith leat fiafraí de dhuine cá bhfuil sé ag dul: 'cá bhfuil do thriall inniu?', nó 'cá bhfuil t'imirce inniu?' a déarfá dá mbeadh duine ag dul i bhfad. Má bhíonn duine ag dul amach an doras, 'cá ngabhfaidh tú?' 'cá rachaidh tú?' a deirtear go minic.

Má bhíonn duine ag imeacht le deifir, nó le driopás, 'cá bhfuil do dheifir?' 'cá bhfuil do dhriopás?' a deirtear. Nó 'cén choimhlint sin ort?', 'cén driopás sin ort?' nó 'cén **fíbín** sin ort?' i.e. dá mbeadh cosúlacht feirge ort. Duine a bhfuil deifir mhór air, 'seo é anois é agus é faoi ghaiseite' a déarfá faoi. Nó 'd'imigh sé agus gaiseite leis', i.e. imeacht le fearg agus deifir.

Má bhíonn ort imeacht as comhluadar, **maithfidh sibh dhom** a déarfas tú. Má chuireann tú isteach ar dhuine, **glacaim pardún agat** is gnách a rá. Má bhíonn tú ag iarraidh maiteanais ar dhuine, 'ná tóg orm é' a déarfas tú.

Más maith leat comhghairdeas a dhéanamh le duine ar ócáid a phósta, nó má tá sé tar éis post nua, nó bua éigin, a fháil, **go maire tú do nuaíocht** a deirtear. **Go maire tú**[11] **(tusa) do shláinte** a fhreagra. Is é freisin a deirtear i nGaeilge na hAlban ar ócáid phósta: *meall do naigheachd* (nuacht), *chuir mi meallan naigheachd orra* (Liam Munrodhach, Bréachais, an tÁth Leathan, an tOileán Sciathanach). Má fhaigheann duine culaith nua, 'go maire tú is go gcaithe tú í is céad ceann is fhearr ná í' a deirtear. Nuair a chloistear dea-scéal, 'dea-scéal ó Dhia againn' nó 'dea-scéal ó mhuir agus ó thír chugainn' a deirtear. Má bhíonn tú ag fiafraí duine nach bhfuil sa láthair (i.e. le suim ann), 'abair le t'athair (Seán, etc.) **go raibh mé á fhiafraí'** a déarfá. Maidir le 'ag cur a thuairisce', tá ciall eile leis sin. Is éard a chiallaíos sé sin ó cheart: cá raibh sé, nó cá bhfuil sé? Mar atá ráite: 'is fearr lá ag cur tuairisce ná dhá lá ag tóraíocht.' 'Ní raibh sé ag cur fiafraí ar bith uirthi' a deirtear ag trácht ar fhear nach raibh aon tóir aige ar chailín áirithe dá mbeadh i gceist.

Dá gcluinteá drochscéal agus dá mbeifeá á aistriú, 'go mba slán gach duine dá gcluinfidh é' a déarfá. 'Cailleadh bó ar an bhfear seo thiar, go mba dhó féin a insítear é' leagan eile. **Ní á roinnt leo é** leagan eile ar an rud céanna, i.e. nuair a bheas tú ag trácht ar dhrochrud a tharla. 'Go mba slán an scéalaí' a deirtear freisin nuair a chloistear dea-scéal. Ní ceart an anachain a chomhaireamh, mar a déarfá, 'chaill mé trí cinn de chaoirigh le mí, ní ag comhaireamh na hanachana é, ní ag ceasacht ar Dhia é', etc.

Má bhíonn tú ag cur síos ar ghortú, nó drochlot a bhain do dhuine agus má thaispeánann tú an geadán ar do chois nó ar do láimh féin, **'slán an tsamhail'** a déarfá; 'fuair sé drochiarraidh anseo sa lorga, slán an tsamhail.' Má bhíonn tú ag trácht ar thimpiste a tharlaíos, 'i bhfad uainn an anachain' a déarfas tú, nó 'go sábhála Dia sinn', nó a leithéid.

Seo focail a deirtear maidir le fiafraí sláinte: 'cén chaoi a bhfuil tú, cad é (goidé) mar atá tú, cé mar atá tú, cén nós a bhfuil tú, cén chaoi a bhfuil do cholainn uasal, cén chaoi a bhfuil 'chuile bhlas díot, cén bláth atá ort?', etc. 'Tá mé go maith, slán a bheas tú', nó 'tá mé go maith, slán an té a fhiafraíos' a bhfreagra. 'Is maith an mhaise dhuit é' leagan eile a deirtear le duine atá ag breathnú go maith. 'Tá mé go hiomchuí',[12] i.e. go measartha, a deiridís i gContae Liatroma.

Má bhíonn tú ag fiafraí cén chaoi a bhfuil duine ag dul ar aghaidh sa saol, 'cén chaoi a bhfuil tú ag déanamh amach, an bhfuil tú ag gnóthachan, cén chaoi a bhfuil ag éirí leat, an bhfuil tú ag dul 'un tosaigh?', etc. a deirtear. Má abraíonn sé leat go bhfuil, nó go bhfuil bua nó biseach faighte aige, 'muise, **a chonách sin ort'** a déarfas tú leis, 'go mba fearr amárach thú.'

An bhfuil rath mar atá sé? – sin fiafraí eile a bhíodh go tréan i gceist, go mór mór i gContae Mhaigh Eo, i.e. an bhfuil sé ag déanamh go maith? Duine a bhíos ag fiafraí scéala mar sin, deirtear faoi go bhfuil sé **an-fhiaf- raitheach faoi gach uile dhuine,** i.e. mar mholadh air. Duine **caidéiseach** duine nach rachadh tharat gan labhairt leat, nó duine a chuirfeadh an iomarca ceisteanna ort. Is ionann **caidéis,** uaireanta, agus caint a bhaint as duine faoi rud nach mbaineann duit. Duine **fiosrach** freisin é.

Obair: má fheiceann tú duine ag obair, **bail ó Dhia ort** a déarfas tú leis, agus ní 'bail ó Dhia ar an obair.' **Bail ó Dhia agus ó Mhuire ort** nó 'go mba hé dhuit' a fhreagra. Cuirtear bail ó Dhia freisin ar dhuine a bheas ag ithe, agus má bhíonn tú ag imeacht as teach, 'bail ó Dhia oraibh' a déarfas tú.

Sin iad na focail atá in úsáid ach amháin nuair a bhíos duine ag iascaireacht nó ag fiach – **marbhfháisc ar an iasc** a deirtear ansin.

Ní mholfaidh tú duine in am ar bith gan 'bail ó Dhia' a chur air, 'le faitíos don drochshúil',[13] e.g. 'is breá an fear é sin, bail ó Dhia air, nár fheice súil drochdhuine é.' Cuirfidh tú 'bail ó Dhia **fliuch'** air má chaitheann tú smugairle air ina cheann sin. Is cosúil go gciallaíonn an smugairle beagán aithise.

Nuair atá duine ag imeacht nó ag fágáil slán agat, **go soirbhí Dia dhuit** a déarfas tú leis. Is iondúil gurb é an té atá ag imeacht a labhraíos i dtosach: **beannacht leat** nó **slán agat** (slán leat) a deir sé. **Go soirbhí Dia dhuit, go ngnóthaí Dia dhuit** a fhreagra, nó 'go mba slán 'un t'aistir thú', nó **go gcumhdaí Dia thú**, nó 'Dia ag gnóthachan duit', nó **ar choimrí Dé thú**, 'cuirim do choimrí ar Dhia', nó 'go gcuire Dia slán abhaile thú', a deirtear. **Mo sheacht míle beannacht leat** a déarfadh duine nach raibh súil aige le d'fheiceáil ar feadh i bhfad. **Go seacht soirbhí Dia dhuit** a fhreagra. Má bhíonn daoine ag scaradh le chéile in aimsir chodlata, **slán codlata agat** (agaibh) a déarfas siad le chéile.

Más é an fear atá ag fanacht a labhrós i dtosach agus go n-abróidh sé 'go soirbhí Dia dhuit', tá sé mall an uair sin 'slán agat' nó 'beannacht leat' a rá; **go mba hé dhuit** ansin a fhreagra. 'Go n-éirí t'aistir leat' leagan eile. Tá an focal **soirbh** freisin sa gcaint, mar atá ráite: **is duine soirbh é**, i.e. duine croíúil, nó suairc, nó suáilceach.

Má bhíonn an duine imithe as an tír, **céad slán dó** a deirtear nuair a bhítear ag caint air, e.g. 'Seán Ó Seachnasaigh, céad slán dó, ba lách é' nó 'slán iomlán leis.'

Má chastar an duine céanna athuair, an lá céanna duit, 'mar sin é', 'an mar sin é?' a déarfá leis. 'Is amhlaidh' nó 'sin é an bealach' a fhreagra. Má chastar duine duit nach bhfaca tú le deich mbliana nó tuilleadh, **an é seo fós thú?** a déarfá, mar dhóigh de nach dtáinig aois ná athrú air.

Buíochas: is é an focal is simplí agus is coitinne ag gabháil buíochais **go raibh maith agat**, nuair a dhéantar gar beag do dhuine. **Tá mé buíoch díot** focal eile a deirtear, nó 'go han-bhuíoch'. An té a dhéanas an gar, nuair a ghabhfar buíochas leis, tig leis a leithéid seo a rá: 'dhéanfainn a sheacht n-oiread duit agus míle fáilte.'

Ach má dhéantar gar mór duit ní mór an buíochas a ghabháil rud beag níos láidre ná sin, cuir i gcás, **go gcúití Dia leat é**, i.e. má dhéantar rud duit a bhfuil tú go mór ina chall. Focail eile arís: 'cúiteoidh mé leat é', 'níor cailleadh go fóill mé', 'beidh lá eile ann.' Duine a dhéanas an rud atá sé a dhéanamh go maith, 'ná hiarrtar

i do dhiaidh é' a deirtear leis. Má dhéanann sé go
místuama é, 'is tú féin a dhéanfadh é' a déarfas tú leis.
Seo arís tuilleadh focal buíochais: 'go mba seacht fearr
a bheas tú bliain ó inniu', 'go bhfága Dia an tsláinte agat'
'aghaidh do shaoil agus do shláinte leat', etc.

Má dhéanann duine gníomh le gar a dhéanamh duit,
cuirim i gcás mála nó ualach a iompar duit, nó a leithéid,
'ná raibh an fhad sin de luí na bliana ort' a déarfá, nó 'go
lige Dia do shláinte dhuit', nó 'fiche bliain ó inniu go
raibh tú i do shláinte', nó 'go gcuire Dia an t-ádh agus an
t-amhantar ort', 'go mba seacht fearr a bheas tú bliain ó
inniu i saol agus i sláinte, i gcuid agus i maoin', nó
'beannacht dílis Dé le hanam t'athar agus do mháthar
agus ar imigh uait ar shlua na marbh.'

Má thugann duine marcaíocht duit, **go lige Dia slán
thú**, nó 'go lige Dia slán saolach thú', nó 'go dté tú slán'
a déarfá. Má dhéanann tú píosa siúil ar mhaithe le duine,
'nár bhaine Dia an choisíocht díot' a deir sé.

Má thugann duine **airgead** duit, bíodh sé saothraithe
agat nó ná bíodh, **go méadaí Dia do chuid airgid** a
déarfas tú, nó 'go méadaí Dia **do stór**.' Má thugann tú
bronntanas uait, **nár fheice Dia lá bocht choíche thú** a
deirtear. An duine bocht a fhaigheas déirc, **altaíonn** sé an
déirc mar a altaíos duine bia atá sé ag brath a ithe.

Le **deoch** deirtear go minic **sonas ort**. An té a ghlacas
an deoch deir sé sin, nó **bheirim do shláinte; sláinte
agus saol agat** a fhreagra. Cuirtear fad air sin, uaireanta:
'sláinte agus saol agat, bean ar do mhian agat, talamh
gan chíos agat ó Bhealtaine amach.' Deirtear freisin **siúd
ort**; 'síoda ort nuair a bheas daoine eile ag caitheamh
barraigh' a fhreagra. 'Sláinte an bhradáin agat, croí
folláin agus gob fliuch' a deirtear mar sheanfhocal.
'Sonas ort agus séan agus an oiread eile orm féin.' Seo
sláintí eile:

Seo sláinte a bhfuil in Éirinn,
Is i gContae Mhaigh Eo,

Is an té nach maith leis go maith sinn,
Ná raibh sé i bhfad beo.[14]

Siúd ort! Sról ort!
Tá mé ag ól **ort,**
Ná raibh brón ort,
Is mór mo ghean ort.
Aithním sin ort.

Bheirim bhur sláinte ó bhalla go balla,
Ó mhullach an tí go leic an teallaigh,
Is má tá aon duine sna coirnéil.[15]

Sláinte an fhir seo a rinne ar an nós seo an bhraich,
Sláinte an fhir a d'athraigh ar an nós seo an dath,
Sláinte na bhfear is go maire na mná i bhfad,
Agus sláinte gach duine nach molfaidh go deo ach an ceart.

Bheirim do shláinte ó sháil go hioscaid,
Ólamaid é seo in áit an uisce.

Má thugann duine deoch bhainne duit, 'go lige Dia
slán a mháithreach agus bean a roinnte' a déarfas tú, nó
'go sábhála Dia a mháithreach', nó 'go méadaí Dia a
mháithreach (an mháithreach) agus a chinnire.' Dá
dtugtá píosa de mhart nó d'fheoil ar bith do dhuine, 'go
méadaí Dia feoil bheo agus daoine slána' a déarfas sé.
Má abraíonn duine leat 'an ólfaidh tú deoch?' agus
nach maith leat an dea-thairiscint a eiteach, **is cara a
thabharfadh dhom í** a déarfas tú, nó 'is é mo chara a
bhéarfadh dhom í.' Más maith leat deoch bhiotáille a
eiteach, **tá mise uaidh** a déarfas tú, nó **níl mé á
chaitheamh.** Sna ceantair Ghaeltachta is **ar a bhlas** nó **ar
a aghaidh** a óltar an t-uisce beatha. **Fuisce poitín** a
thugtar ar an déantús Gaelach. I dteach ósta nó i **dteach
síbín** a dhíoltar uisce beatha, etc.

Má dhéanann duine gníomh grádiaúil, **go dtuga Dia
trócaire dhuit** a deirtear i ngach aon áit. Nuair a bheas
obair an earraigh déanta, 'beannacht Dé le hanam na
marbh, agus athbhliain slán go raibh na daoine' a
deirtear.

Más maith le duine ionadh a ligean air féin faoi rud ar bith, 'deile, 'deile, 'deile a déarfas sé, i.e. cad eile.

Dea-chríoch[16] **ort** a déarfas tú le duine ar mhaith leat go n-éireodh léi (nó leis) go maith sa saol.

Má dhéanann duine gníomh éifeachtúil maidir le rith, léim, caitheamh meáchain, etc., **gairim thú**, 'gairim ansin thú, mo laichtín thú, gairim aniar thú', a deirtear leis. Nó 'mo ghrá thú, tá an teacht aniar ionat, ba dual duit é, nár laga Dia do chnáimh', etc.

Ar an gcuma chéanna, nuair a deirtear amhrán maith: **nár laga Dia thú**, nó **mo mhíle gairm thú**, nó **nár lagtar thú**, nó **Dia leat, Dia go deo leat, mo ghrá ansin thú**, 'croch suas é', etc. Ní dúirt aon duine 'arís' ar ócáid den tsórt sin riamh sa nGaeltacht.

Má dhéanann duine coiscéim mhaith damhsa, **faoi do chois é** a déarfá, nó 'is tú atá in ann an chos a leagan air.' Má thiteann páiste, 'gairim agus coisricim thú' a déarfas a mháthair. Mar atá san amhrán:

Gairim thú, a shiúr, gairim thú, a ruain,
Gairim do chum seang, uasal.[17]

Osna: má ligeann duine osna, **m'anam do Dhia is do Mhuire** a deirtear. Déarfadh duine an rud céanna le himní agus faitíos mór, i.e. le gaoth mhór, nó toirneach, nó a leithéid.

Sraoth: má ligeann duine sraoth, i.e. a bheith ag sraothartach, **Dia linn** is gnách a rá, sin nó **deiseal**.[18] Is cosúil gurb é 'deiseal' an focal págánach a bhí ag obair sular tháinig an Chríostaíocht. Deirtear **deiseal** le bó a bheadh á tachtadh. Dá mbaintí leagan as duine, 'Dia is Muire linn' a déarfaí.

Contúirt: má bhíonn contúirt ann, 'seachain, a Dhia a aithníthear' a deirtear, nó 'fainic[19] thú féin', etc.

Dá mbeifeá ag breathnú ar dhuine a bhí tinn, 'go mba slán éirí dhuit' is ceart duit a rá. Má bhíonn tú ag caint lena dhuine muintreach, **go dtuga Dia dea-scéal duit** a déarfá.

Má fhaigheann duine bás, 'ní maith liom do thrioblóid', nó 'ní maith liom do bhris ná do thrioblóid', nó 'is mór a ghoill do lear orm', nó 'go dtuga Dia sólás duit' a déarfá lena dhuine muintreach. 'Tá a fhios agam sin', 'ní dhéanfainn amhras ort', etc. a fhreagra. Dá gcailltí bó ar dhuine, 'ní maith liom do bhris' a déarfá freisin leis.

Cuireann duine **beannacht Dé** le hanam na marbh; nó 'beannacht dílis Dé lena anam', nó 'go ndéana Dia trócaire air', 'go ndéana Dia grásta air', 'suaimhneas síoraí na bhflaitheas go bhfaighe a anam geal', etc. a déarfas siad ag trácht ar dhuine a fuair bás.

Nuair a bheirtear páiste, 'duine eile oraibh agus gan duine ar bith dhíbh' a deirtear. Nuair a d'fheicfeadh daoine piseogacha fiach dubh in aice na háite, 'iasc agus uisce in do bhéal agus gan tada dár gcuid sinne in do bhéal' a déarfaidís.

Má bhíonn ionadh mór ort, nó má bhíonn tú ag ól i dteach a bhfuair duine bás tamall roimhe sin ann, nó nuair a bhítear ag cur deiridh le hobair an lae, is é an focal is gnách a rá: **beannacht Dé le hanam na marbh.** Deirtear freisin é nuair a chaitear píopa ag tórramh. Cuirtear aifreann **le hanam** an duine a fhaigheas bás agus déantar guí **ar** a anam.

Nach lá dár saol é a deir daoine óga a bhíos ag aer nó ag déanamh spraoi. Má bhíonn tú féin ag glaoch ar dhuine atá tamall uait, '**hóra**,[20] a Sheáin (a Mháire, etc.)' a déarfas tú. **Hóigh** a bhéarfas sé mar fhreagra.

Má bhíonn tú ag caint le duine nach bhfeiceann tú i ndorchadas na hoíche (nó sa lá féin), **an tú Seán, Máire?**, etc. a déarfas tú. Más strainséir a bheas ann, 'cé thú féin?' a déarfas tú, 'cé atá agam ann?'

Má bhíonn scanradh ar dhuine, nó fearg, nó ionadh, 'Dia dhár réiteach' a déarfas sé; 'Dia dhár réiteach, na ba is na plandaí.' Má bhíonn uafás ar dhuine, 'go bhféacha Dia orainn', nó 'sábháil Dé orainn', a déarfas sé. Má bhíonn duine i gcontúirt, 'a Dhia a aithníthear'[21] a deirtear. Má bhíonn neamhshuim agat sa rud a déarfas malrach, 'anois, b'fhéidir' a déarfas tú leis.

Má bhíonn duine ag dearbhú ruda, 'dar fia, tá'; 'tá a fhios ag Dia go bhfuil'; 'tá a fhios ag mo chroí'; 'tá a mh'anam'; 'dar m'anam, tá'; '(i) nDomhnach', 'is cuma liom', etc. a deir sé. Seo focail eile: 'fágaim le m'ais'; 'fágaim le huacht (go)'; 'dar a leabhar-se, tá'; 'dar mo choinsias', 'dar láimh mo chara as Críost'; 'ná raibh rath orm, murar dóighiúil an fear é'; 'ag Dia go raibh m'anam, má chaillim níos mó le mná.' 'Ar ndóigh, beidh sé réidh.' 'Cad chuige nach mbeadh?'

Le **brón**: 'ochón, ochón go deo', mar atá san amhrán: 'dhá mh'och arsa an chearc is í ag dul ar an bhfara'; 'mo bhrón, mo chreach mhaidne chasta, chráite', etc. a deirtear.

Dá mbeadh spré ag an gcat is lách deas a pósfaí é,
Níl, mo chreach! ná ag an té ar chóir dhósan é.[22]

Nuair a bhíos duine ag cur in iúl duit go bhfuil cion mór aige ort, **níl agat ach malairt** a déarfas tú leis. Más duine é nach bhfuil a ghníomh de réir a chainte, déanfaidh tú é sin a **chasadh** leis, nó a **iomardú** air: 'cuirfidh mise an carthanas abhaile chuige' a déarfas tú.

Dá gceaptá nach raibh aon fháilte romhat in áit a mbeifeá ag dul, 'níor mhaith liom a bheith ag brú ar an doicheall' a déarfá arís ag trácht air.

Dá mbeadh duine ag déanamh gaisce as rud ar chóir dó náire a bheith air faoi, 'is duit féin is mó náire' a déarfá leis.

Má mholann duine an bia nó an deoch atá sé féin a chaitheamh, gan roinnt de a thabhairt do dhaoine eile, 'is gar do do bhéal a mholas tú é' a déarfá leis.

2 Sloinnte

Sa bhfíor-sheanaimsir in Éirinn – agus b'fhéidir ina lán áiteacha eile – ní bhíodh i gceist ach an t-ainm, nó mar a déarfaí uaireanta anois, an t-ainm baiste gan aon sloinne. Níor tháinig na sloinnte, mar atá eolas anois orthu, isteach go dtí an deichiú céad. Féach, mar shampla, Muirchertach mac Domnaill [uí] Néill, (*AU* 977), Ualgarc [ua] Ruairc, 970, Murchadh [ua] Flaithbertaigh, 973. Bhí sé ráite gurb é Brian Bóramha, nó Brian Bán mac Cinnéide a thúsaigh na sloinnte. Ní fíor é sin,[1] ach b'fhéidir gurbh fhíor a rá gur lena linn, nó scaitheamh beag roimhe a tháinigeadar isteach, agus is cosúil gur lena linn a rinneadh iad a fhorleathnú.

Is éard a bhíodh ann ainm an duine agus ainm an athar, nó na máthar,[2] nó an athar mhóir. Cuir i gcás, Cathal mac Tuathail, Flann aue (i.e. ó) Congaile, Cathal m[ac] Diarmata (*AU* 755), Muirchertach mac Néill. Sin, nó aidiacht a chur leis an ainm: Failbhe Flann, Aedh Dubh, nó ainm áite, Conall Gulban.

Is éard a chiallaigh 'sloinneadh' an t-ainm a chur ar eolas don té nach raibh an t-eolas sin aige; Féach *intí no-d(n)-sloinn*, i.e. an té a thugas a ainm.

Is éard a chiallaigh an t-*ó* (*aue, ua, oa*), ó cheart, mac an mhic, agus san uimhir iolra, an bunadh. Bhíodh ainmneacha mar Donnchadh oa Maelsechnaill (*AU* 913, 919, 921, 938) agus b'ionann(?) é agus Donnchadh mac Flaind mic Mailtseachlaind 944, Aedh oa Mael Sechnaill 919, Domhnall h. Mael Sechlainn 921, 927, Gothbrith oa Imair 921, 920, La hAmhlaibh h(ua) nImair 935, 938 agus b'ionann an tAmhlaibh seo agus Amhlaiph m[ac] Gothfrith 937.

13

D'fhág sin gurb é an 'sloinne' céanna[3] a bhí ar Amhlaibh, duine de bhunadh Lochlannach, agus a bhí ar a athair, Gothfrith. Taispeánann sé sin go raibh an gnás tosaithe seacht mbliana sular rugadh Brian Bóramha. Ina dhiaidh sin, ní hé an rud céanna, b'fhéidir, an t-*ó* sin agus an t-*ó* mar a bhí sé de ghnás sna sloinnte.

Timpeall is lár an 10ú céad a tháinig an t-athrú[4] *oa* go dtí *ó* sna focail sin, i.e. **oa** le béim ghutha, **ó** gan béim láidir ghutha. Nuair a bhí an t-athrú úd tagtha, is dócha gur féidir a rá go raibh leagan le haghaidh na sloinnte ar fáil.

Maidir le fiafraí cén t-ainm a bheadh ar dhuine, ba é leagan na Sean-Ghaeilge *cia atotchomnaic?*,[5] i.e. 'céard a tharla (mar ainm) duit?' *Sétanta atomchomnaic* a dúirt Cú Chulainn.

Agus anois is éard is gnách a rá le duine nach bhfuil aon aithne agat air: **cér díobh thú?** Féach thuas lch 4.

Maidir leis an bhfreagra is cóir a thabhairt ar an gceist, 'cér díobh thú?', 'cá sloinne thú?', déantar trí treana de na sloinnte, (1) an chuid a gcuirtear **muintir** rompu, (2) an chuid a gcuirtear **-ach** ina ndeireadh, (3) an chuid a gcuirtear **mac** nó **maol** rompu.

1. Muintir: Muintir Néill, muintir Loideáin, muintir Mhurchú, muintir Chaodháin, muintir Éineacháin, muintir Chionnragáin [Cinndeargáin], muintir Dhonncha(dha), muintir Éimhrín, muintir Mhuireáin, muintir Fhloinn, muintir Dhúithche, muintir Chríocháin,[6] etc. a deirtear.

Agus dá n-abraíteá le duine acu siúd: 'cér díobh thú?' nó 'cén sloinne thú?', is é an freagra a bheadh ar an gceist: 'de mhuintir Néill mé, de mhuintir Mhurchú, Chorcráin, Chonchúir, Loideáin, Ghábháin, (etc.) mé.' I gcuid de na sloinnte deirtear mar seo é: 'de mhuintir Dhuagáin', nó 'de na Duagáin é, de na hÉineacháin', etc. Ar an gcuma chéanna, 'fear de mhuintir Néill é, fear de mhuintir Chonchúir', etc., a deirtear. I gcás na sloinnte sin, déarfá: 'bhí mé ag caint le Mac Uí Néill, le Mac Uí Mhurchú, Mac Uí Chonchúir, Mac Uí Mhuireáin', etc., agus ní hé 'an Niallach' ná 'leis an Niallach', etc., a deirtear.

Sa meánaimsir, nuair a bhí ruireacha agus flatha agus ríthe sa tír, bhíodh teideal speisialta ag an bhflaith nó ag taoiseach an chine. Cuirim i gcás, **Ó Néill** a bhí ar Sheán Ó Néill, agus 'mise Ua Néill' a chuireadh sé i ndeireadh na litreach. Ar an gcuma chéanna, Ó Cochláin (= Ó Cochalláin), Ó Briain, etc. Mar atá ráite san amhrán:

Tá gleann ag Ó Cochalláin ar cholbh an bhóthair,
Ní bhíonn aon duine ar straiféid ann lá saoire ná Domhnaigh.[7]

Sampla eile: Máire Ní Ainmreach (Ainmireach) [Ainmhire].[8]

2. Is é an **dara cineál**, sloinnte nach bhfuil an-sean i gcomórtas le cuid den uimhir atá ráite thuas, sloinnte a gcuirtear **-ach** leo, mar an Brianach, an Dálach, an Dochartach, an Súilleabhánach, an Clochartach, an Cathánach, an Flaitheartach, an Cathasach, an Croichíneach,[9] etc.

Orthu sin freisin tá sloinnte na Sean-Ghall, mar an Búrcach, an Breatnach, an Coistealach, an Seoigheach, an Róisteach, an Blácach, etc. Ní chuirtear **Mac** ná **Ní** rompu: Máire a [de] Búrca,[10] Bríd a [de] Bláca, Máire Bhreatnach, Seán Breatnach, Seán a [de] Búrca.

Ar an gcuma chéanna, má fhiafraítear de dhuine acu siúd 'cér díobh thú?', 'de Bhrianach, de Fhlaitheartach, de Bhreatnach, de Sheoigheach, de Chathánach mé', etc., a déarfas sé, nó 'de na Brianaigh, de na Cathánaigh, de na Flaitheartaigh, de na Búrcaigh', etc. Ar an nós céanna, fear de Sheoigheach, de Chathánach, de Shúilleabhánach, bean de Bhreatnach, Bhúrcach, etc.

Má fhiafraíonn duine de bhean phósta cér díobh í, déarfaidh sí: 'de Shúilleabhánach, de Fhlaitheartach, de Sheoigheach, de mhuintir Néill (etc.) **ó cheart mé**, ach de mhuintir Chonchúir, Loideáin (etc.) m'fhear pósta.' Nó d'fhéadfadh duine an cheist a chur mar seo uirthi: 'cér díobh **ó cheart** thú?'

3. Clann: Na sloinnte a bhfuil **mac** agus **maol** rompu, is é an chaoi a n-abraítear iad sin má chuirtear an cheist 'cér díobh é?', **fear (bean) de Chlann mhic Con Fhaola** [Conaola]; 'de Chlann (mh)ac Con Fhaola mé' is gnách a rá.

Ar an gcuma chéanna, fear (bean) de **Chlann** (mh)ac Conmara, de Chlann (mh)ac an Bhaird, de Chlann (mh)ac Conraoi, Clann (mh)ac Dhuarcáin,[11] Clann (mh)ac Con [an] Fhailigh, de Chlann Mhag Fhinn, de Chlann Mhag Fhloinn, etc. Féach freisin, Pádraig Mhac Con Léana,[12] Máire Nic Fhrancaigh,[13] Cathal Mhac Connámha,[14] Dónall Mhac Giollaráin.[15]

Tá cuid de na sloinnte nach ngabhann **mac** leo ar chor ar bith scaití le *clann*: Clann Donnchadha (Clann nDonnchadha), Clann Dónaill, etc.

Maidir le Clann Dónaill, Síol nDálaigh a seanainm:

Síol nDálaigh más áil leat
A bheith séimh leat ná socair,
Tabhair dóibh gach a n-iarrfaidh
Agus ná hiarr tada orthu.[16]

Sin é an rann a bhí ag muintir Chontae Mhaigh Eo[17] faoin gcuid acu a tháinig chomh fada leo féin. Tá, measaim, an focal **síol** imithe as an gcaint ach amháin sa sloinne sin. Ach dá mbeadh na sean-Ghaeilgeoirí maithe beo i gContae Shligigh agus i gContae Fhear Manach bheadh Síol gCéin acu ar mhuintir Eára agus Síol gColla ar Chlann Mhag Uidhir.

Is dócha gur foshloinnte a bhí i gcuid acu sin sa gcéad dul síos, i.e. an chuid a bhfuil *clann* ag dul leis an sloinne iontu. Ag trácht ar dhuine den uimhir sin a deirtear Mac Con Fhaola [Conaola], Mac an Bhaird, Mac Con Iomaire, Mac an Tuile (Mac Contuile),[18] etc., nó, Mac Uí Con Iomaire, Mac Uí Con Fhaola [Conaola]. I gcás den tsórt sin, ní bhíonn séimhiú ar an *Con* mar is focal nach bhfuil faoi bhéim iomlán gutha é.

Seo samplaí eile a dtagann **an chlann** díreach roimh an sloinne iontu gan aon 'mac' a bheith eatarthu: Clann tSuibhne: Mac Suibhne; Clann tSeoinín: Mac Sheoinín,[19] freisin na Ceoiníní, Clann tSaeil,[20] Clann Ghiobúin, na Ciobúnaigh. Is dócha gurb é Clann Ghiobúin an seanleagan.

Maol: Téann **clann** freisin roimh 'maol': **Clann Uí Maolrua, Clann (Clainn) Uí Maoildhia**, Clann Uí Maoldomhnaigh[21] (:Mulamhna). Ar an gcuma chéanna, Mac Uí Maoildhia (:Muilia), Mac Uí Maolrua.

Ní bhíonn béim ghutha ach oiread ar an **maol**; **mul**, **muil** a dhéantar de. Téaltaíonn an guta uaireanta agus ní bhíonn fágtha[22] ach an **m-l**, **b-l**, e.g. **Maoilsheachlainn > Mleachlainn, Bleachlainn**. Féach **Briartach** as Muircheartach. Ní bhíonn séimhiú ar **Maol** le **Mac uí** ná **Ní**, e.g. Máire Ní Maoil Eoin, Bríd Ní Maoil Dhia, Mac Uí Con Iomaire. Is é an fáth atá leis sin, mar atá ráite, gan aon bhéim ghutha a bheith ar an **maol**. Féach freisin Cill Mo-Bhí, ach Cill Bhríde.

Tá sloinnte a deirtear uaireanta sa nua-aimsir gan **ó** ná **mac**. Féach Cearbhallán [Cearúllán] na n-amhrán; Cadhan in áit Mac Uí Chadhain; Cionnragán, etc. Níl amhras nach bhfuil an Béarla ag cuidiú leis sin.

Nuair a thagas **mac** roimh *l, n, r*, nó guta, déantar **mag** den *mac*. Is ionann, sa gcás seo, *fh + l, n, r* agus *l, n, r* a bheith i dtús. Samplaí: Mac Riada > Mag Riada, (Mhi)g Riada, Clann (Mh)ig Riada; Mac Ruairc > Mag Ruairc; Mac Ruairí > Mag Ruairí; Mac Néill[23] > Mag Néill. Tagann Mag Neachtain as Mac Neachtain, Mag Fhloinn as Mac Fhloinn, Mag Fhlannchaidh as Mac Fhlannchaidh, Mag Eochagáin as Mac Eochagáin, Mag Uidhir as Mac Uidhir. As Mag Riada déantar Griada i gContae Mhaigh Eo – *Grady* i mBéarla. Níl aon ghaol aige seo leis an sloinne Ó Gráda atá i gContae an Chláir. Mar atá ráite san amhrán:

Is Aodh Dubh Mhag Riada bheith ina choirnéal i gCliara,
Ní feicfear mé go dtí sin i gContae Mhaigh Eo.[24]

Sa tseanaimsir, d'fhan an *mac* gan athrú, féach Lugh mac Eithnenn, Lugh mac Eithlenn, Fionn mac Umhaill,[25] agus fós i roinnt sloinnte a raibh guta fada iontu: Mac Aodhagáin, Mac Eoghain, Mac Aodha, etc., ach uaireanta, Mhag Aodha.

Níon: In áit **ní** as **iníon uí,** bíonn **níon** (= iníon) mar a bhíos *mac.* De Mháire Iníon Taidhg déantar Máire **Ní Taidhg** (gan séimhiú). Féach Mairghréad **Ní tShuibhne.**

Bíonn an chéad chonsan sa sloinne séimhithe sa tabharthach tar éis *do, de,* etc., e.g. 'thug mé do Shéan Ó Bhriain é', 'tabhair do Phádraig Ó Fhloinn é.' Ní bhíonn an *h* sa gcás céanna: 'do Mháirtín Ó Allúráin a sheachaid sé é.'

Tá sé le tabhairt faoi deara, freisin, go bhfuil a lán de na consain shéimhithe nach sontar sna sloinnte: Ó Cloichbheartaigh: Ó Clocharta; Ó Flaithbheartaigh: Ó Flatharta; Ó Dálaigh: Ó Dála.

Bíonn séimhiú le 'mac', e.g. Seán Mhac Dhiarmada. Ní bhíonn le cloisteáil go hiondúil sna sloinnte sin ach 'ac, mar Seán 'ac Dhónaill (:a cúnaill). Sa 19ú céad bhíodh nuashloinnte mar Sheán 'ac Pádraig, i.e. gan aon séimhiú.

Sna focail Fearghus, Aonghus, etc., déantar *í* den *gh* tar éis *r, n, l* (Fearaos, Unaos). Féach *éirghe > éirí,* etc.

3   Na Féilte

Bhíodh dream sa seansaol a mbíodh sé de nós acu eolas a bheith acu ar na féilte[1] agus ar rith taoille, agus athrú, nó **cruthanna** na gealaí. **Féilí, féilithe**, a thugtaí ar a leithéidí sin, mar atá sa seanfhocal 'is maith an féilí an aimsir'. 'Is maith an scéalaí an aimsir' a deirtear in áiteacha. Sin leagan nua ar an seanfhocal san áit a bhfuil *féilí* imithe as an gcaint. An té a bhíos ag **maraíocht** freisin bíonn sé ag faire ar an aimsir. Dá gcuirtí go leor de na féilte seo i dtoll a chéile le haghaidh na bliana, **féilire** a bheadh ar a leithéid sin.

Bhí fear arb ainm dó Oengus[2], nó Aonghus Mac Aonghabhann, san ochtú céad. D'fheicfeadh sé ealtaí éan ag tuirlingt ar uaigh seanduine nach ndearna de mhaith ach naoimh an domhain, an méid ba chuimhin leis díobh, a ríomh ag dul i luí agus ag éirí dó. Chonacthas dó gur mhór an luaíocht dá anam rann filíochta a cheapadh do naoimh an domhain ar fad. Agus chum sé féilire ansin agus chuir sé féilte na naomh ar fad, nó an méid acu a bhí ar eolas aige féin, i dtoll a chéile ann. *Féilire Aonghusa (Féilire Oénguso)* atá ar an leabhar. I bhfoirm filíochta (rionnard) a rinne sé é, i.e. sé shiolla a bheith sa líne agus dhá shiolla sa bhfocal deiridh acu (6^2+6^2).

Tá féilte na naomh, ó thosach go deireadh na bliana, tugtha síos sa leabhar úd (RIA) 23 a 1, agus tá cuid mhaith seaneolais sa bpíosa úd *Riaghail Uí Dhubhagáin* (RIA)[3] dar tosach 'Bliadhain so solus a dath'.

Is é **Lá Nollag**, nó Lá Nollag Mór, an ceann féile is mó sa mbliain agus **troscadh Lae Nollag** atá ar an lá atá roimhe, mar bíonn troscadh agus bigil i gcónaí ar an lá sin. Nuair a bhíos an Nollaig taca a bheith istigh, déantar slacht a chur ar na tithe le heidheann, cuileann agus bláthanna faoina comhair, agus tagann aos óg an tí abhaile ag **déanamh na Nollag.** 'Go gcaithe tú an Nollaig' an focal a deir duine lena chomharsa ag teacht na Nollag. 'Go mba hé dhuit' a fhreagra. 'Go dtuga Dia Nollaig mhaith dhuit' leagan eile a deirtear le gairid anuas. Bíonn **Aifreann na Gine** ar a dó dhéag a chlog Oíche Nollag agus coinnle ar lasadh i ngach teach.

Lá Fhéile (lá 'il') Stiofáin atá ar an lá ina dhiaidh, i.e. lá an dreoilín. Bíonn dreoilín ag gasúir in áiteacha ag dul thart le pinginí a mhealladh ó dhaoine. Bíonn rann ar siúl acu:

> Dreoilín, dreoilín, rí na n-éan,
> Is mór é a mhuirín, is beag é féin.[4]

Lá Fhéile Eoin[5] an 27ú lá de Mhí na Nollag. Ar an ochtú lá fichead de Mhí na Nollag a bhíos **lá na leanbh,** mar is ar an lá sin a mharaigh Hearód na leanaí. **Lá chrosta na bliana** ainm eile air, nó **Déardaoin dearg,** mar tá sé ráite nach ceart rud ar bith a thosú an lá sin agus gur Déardaoin a rinneadh an gníomh i dtosach.

Lá Nollag Beag[6] an chéad lá den bhliain úr. **Lá cinn** (nó chinn) **bhliana**[7] ainm eile air, nó **Nollaig na mBan. Oíche chinn bhliana** atá ar an oíche atá roimhe. 'Go mbeirimid beo ar an am seo arís', nó, scaití, 'bliain nua mhaith agat',[8] a deir daoine le chéile ar an ócáid sin. Déarfá 'go mbeirimid beo ar an am seo arís' freisin nuair a d'fheicfeá rud ar bith an chéad uair an bhliain sin, agus deirtear le teacht na cuaiche é, etc. **Lá cinn an dá lá dhéag** atá ar an 6ú lá d'Eanáir, agus **oíche chinn** an dá lá dhéag ar an oíche atá roimhe. Sin í an oíche ar tharla an ghaoth mhór sa mbliain 1839:

> Ar oíche chinn an dá lá dhéag
> Beidh cuimhne ghrinn go héag.[9]

Nollaig Stéille i.e. Nollaig na Réalta, a bhí uirthi sa tSean-Ghaeilge. Trí lá dhéag a bhí comhairthe sa Nollaig i gConamara, mar tá sin tugtha síos ag Máire Ní Thuathail.[10] Lá Fhéile Bríde atá ar an gcéad lá d'Fheabhra. 'Bhí sé anseo faoi Fhéile Bríde' a déarfá ag trácht ar rud a tharlódh san am sin. Déantar **Cros Bhríde** (crois, crosóg) in onóir do Bhríd an oíche roimhe. Déanann malraigh **Brídeog**, i.e. íomhá nó dealbh de Bhríd an tráth céanna. Lá **Fhéile Muire na gCoinneal**[11] atá ar an dara lá den mhí. Lá Fhéile Muire na Féile Bríde, nó Lá Fhéile Muire Beag san Earrach a thugtar ar an lá céanna.

An **Inid** atá ar thosach **an Charghais, Domhnach Inide** ar an gcéad Domhnach de. 'Oíche Inide gan feoil, nó Oíche Nollag Mhór gan im' a deirtear. **Domhnach na Smut** atá ar an lá céanna, mar dhóigh de go mbíonn 'smut' ar dhaoine inphósta nach bhfuil pósta nó gealladh pósta orthu roimh an lá sin. Bíonn rabharta faoin am sin a dtugtar **rabharta rua** na hInide air. **Máirt Inide**[12] atá ar an Máirt ina dhiaidh.

Saoirí **aistritheacha** a thugtar ar na laethanta saoire, nó na **cinn fhéile** a athraíos ó bhliain go bliain.

Bíonn **troscadh** agus **bigil** (nó bigile) sa gCarghas. Is ionann bigil agus gan cead a bheith ann feoil a chaitheamh. Sin leagan eile ar an bhfocal *vigilia*. Is ionann **tréanas** ó cheart agus *tré-dhenus*, nó a bheith achar trí lá i do throscadh. Is ionann *denus* agus scaitheamh nó atha.

Céadaoin an Luaithrigh atá ar an gcéad Chéadaoin den Charghas. Is ionann Céadaoin agus céad-aoine,[13] nó an chéad troscadh. Dé hAoine (i.e. *Dia hAíne Didine* sa tSean-Ghaeilge): is ionann sin agus an troscadh deiridh nó déanach atá sa tseachtain. Is ionann Déardaoin agus *Dia-eadar-dá-aoin*,[14] i.e. an lá idir an dá throscadh. Maidir le Dé Luain, Dé Máirt agus Dé Sathairn, seanainmneacha págánacha atá iontu (as an Laidin).

Níl lá ar bith den bhliain gan ceann féile éigin, cuir i gcás, an 7ú lá d'Fheabhra Lá Fhéile Meldáin, nó

Mealláin, easpag Loch Oirbsean, i.e. Loch Coirib; an 5ú de Mhárta Lá Fhéile Ciaráin Saighre, an 8ú de Mhárta Lá Fhéile Seanáin Inse Cathaigh, ach ní thagann aon cheann mór féile go dtí **Lá Fhéile Pádraig** (an 17ú de Mhárta), lá na seamróige.

Lá Fhéile Muire na Féile Pádraig, nó Lá Fhéile Muire Mór san earrach atá ar an 25ú lá de Mhárta. **Lá Fhéile Muire na Sanaise** an seanainm a bhí air. Is ionann *sanas*, nó *sanais* agus cogar (i.e. sain-fhios).

Domhnach an Iúir atá ar an lá a bhíos an t-iúr á bheannú. **Céadaoin an Bhraith** an Chéadaoin deiridh den Charghas. **Déardaoin an Bhraith** ar an Déardaoin ina dhiaidh, nó **Déardaoin ceannlá**, nó *caplaid* a ainm ceart sa tSean-Ghaeilge.

Aoine an Chéasta atá ar chothrom an lae a crochadh Críost. Ansin tá **an Cháisc, Domhnach Cásca** agus **Luan Cásca**. **Mioncháisc** atá ar an Domhnach agus ar an Luan ina dhiaidh. Aimsir chadaireach[15] atá ar thrátha áirithe den bhliain.

Féile phágánach a bhí i Lá Bealtaine, agus bhí nósanna speisialta ag baint léi. Bhíodh tinte (cnámh) ar bun an lá sin freisin sa tseanaimsir ón díle, mar tá a chosúlacht sa seanfhocal: 'idir dhá thine Lá Bealtaine', i.e. nach measa an mí-ádh seo ná an ceann eile.

Domhnach na **Rogáide** lá a deirtear liodáin ag guí ratha ar thorthaí na talún, **Lá na Croiche** ar an 3ú lá de Bhealtaine. Ansin tá **Déardaoin Deascabhála, Déardaoin Chorp Chríost** agus **Domhnach Cincíse, Luan Cincíse**, etc. Ní bhearrtar caoirigh go dtí tar éis na Cincíse. Mac Cincíse a thugtar ar dhrochmhac. Deirtí go mbíonn marú duine, nó beithígh ar an té a bheirtear sa gCincís. Deirtear nach ceart deargadh a dhéanamh ar thalamh Luan Cincíse.

An 9ú lá de Mheitheamh Lá Fhéile Colm Cille, nó Lá an Tobair mar a thugas muintir Dheisceart Chonamara air.

Lá Fhéile Eoin[16] an seanainm ceart a bhí ar an 24ú lá de Mheitheamh. Lá Fhéile tSin Seáin a ainm coiteann anois. Nó b'fhéidir gurb é Lá Fhéile Eoin ó cheart an 27ú lá de Mhí na Nollag, i.e. Eoin Aspal (féach thuas lch 20). Bíonn tinte cnámh an oíche roimh Lá Fhéile tSin Seáin ar fud na tíre. Chuirtí beithígh ag siúl tríd an tine, nó lena hais, agus chaití splancacha dearga isteach sna goirt. An 29ú lá de Mheitheamh Lá Fhéile Peadar is Pól. Lá Fhéile Mhic Dara atá ar an 16ú lá de Mhí Dheireadh an tSamhraidh. Lá Fhéile San Suitín an lá roimhe, i.e. **lá chaochta na gcnó** a thugtar ar an lá seo.

Maidir le hainmneacha na naomh, ní deirtear go hiondúil i gcás an naoimh Ghaelaigh focal ar bith ach amháin a ainm. Cuir i gcás, Lá Fhéile Pádraig, Cill Bhríde, Tobar Feichín, Leaba Phádraig, Tobar Pádraig, Pobal Pádraig (i.e. muintir na hÉireann), etc.

Deirtear, uaireanta, freisin, Naomh Pádraig (Pádhraic), Naomh Bríd, Naomh Feichín, etc., ach is dócha gurb é an Béarla a chuidigh leis sin a thabhairt isteach. Bhí leaganacha sa tseanaimsir mar naoimh-Fheichín, naomh-Cholm, etc. in úsáid, i.e. 'naomh' mar aidiacht roimh 'Feichín'. Sampla coiteann de sin san *Ávé Mária*: 'A naomh-Muire, a Mháthair Dé'. Níl séimhiú ar bith ar an *m* sa bhfocal Muire mar gheall ar chomhghaol na gconsan.

Ar bhealach eile, cuirtear *San, Sant, Santa* le hainm an naoimh, nó ban-naoimh choigríochaigh, cuir i gcás: Tobar Sant Aibhistín, agus an *sant-* (*sint-*) gan béim ghutha: Sanrut = St Ruth, Sain Léighear, nó Sailnéara do St Leger. Santa Bairbre, e.g. 'Santa Bairbre in aghaidh na toirní'.

Maidir leis na seanainmneacha, Tobar Feichín, Tobar Peadair, Cill Bhríde, 'caoirigh Chille Bríde', is éard atá ansin gramadach na Sean- agus na Meán-Ghaeilge, i.e. séimhiú le focal baininscne agus consan lom i ndiaidh firinscne agus ginideach baininscne. Mar seo a dúirt Tomás Láidir Mhac Coisdealbha faoi Una Bhán Nic Dhiarmada é:

Dhá mbeadh píopa fada díreach agam agus tobac ina cheann,
Gloine fíona a bheith líonta agus *jug* ar an gclár,

Is maith a d'aithreosainn daoibh, a dhaoine, cé gcodlaíonn an
t-uan bán,
Ar chaoirigh Chille Bríde, mo chreach agus mo chrá.[17]

Sna hainmneacha coimhthíocha mar Sant Aibhistín, is
ar an ainm agus ní ar an *sant* a bhíos béim an ghutha. I
gcás den tsórt sin, ní bheadh séimhiú ar fhocal gan béim
ghutha (féach thuas lch 16). Cuireadh, in áiteacha, béim
ghutha ar an *San-* in *San-Rut* ag ceapadh gur focal as a
chéile a bhí ann.

Maidir le Caiptín mar theideal, tá sé ar aon imeacht le
hainm baiste; tá comhaisnéis idir é agus an sloinne: 'A
Chaiptín Uí Mháille, ba mhaith do chúnamh ag loscadh
púdair agus ag scuabadh laoch', 'bád Chaiptín Uí
Mháille', 'ag an gCoirnéal Ó Dhomhnaill',[18] etc.

Tá meabhair fós ar fhéile phágánach, i.e. Domhnach
Chroim Duibh (nó Chrom Dubh), i.e. an Domhnach
deiridh d'Iúil. Domhnach na Cruaiche is mó a thugtar
anois air. Domhnach na bhFear a thugtar in áiteacha air.
Ceann eile de na féilte céanna, **Lá Bealtaine**, nó **Lá Buí**
Bealtaine, mar a thugtar uaireanta air, e.g. 'Lá buí
Bealtaine, gan saoire, gan sollúnacha'.

Ainm eile ar Chrom Dubh, Crom Cruaich, nó Ceann
Cruaich. Sin é an t-ainm a bhí ar an ard-íol i Maigh
Sléacht. Nuair a shroich Pádraig Naofa é, leag sé le hord
é.

Ord don Chrumm,
Ro-gab ó bathis co a bund.[19]

i.e. gur thosaigh sé ag gabháil d'ord ar Chrom Dubh ó
bhaithis go bonn, i.e. ar an íol.

Is ionann crú-ach (cró-ach) agus fuilteach, i.e. an neach
fuilteach. Is ionann Crom Cruaich agus an t-íol crom a
bhí ann in onóir do Chruach, nó don Chruach.
Domhnach an Logha[20] (:Labha) a bhíodh ar an gcéad
Domhnach de Lúnasa.

Ansin tá **Lá Fhéile Muire Beag**, i.e. an 15ú de Lúnasa,
nó Lá Fhéile Chéid Fhéile Muire. **Lá Fhéile Muire Mór**

an 8ú de Mhí Mheán an Fhómhair. Lá Fhéile San Bairtliméid, nó Lá Fhéile Pairtliméid atá ar an ochtú lá fichead de Lúnasa. Lá Fhéile Míchíl an 29ú lá de Mhí Mheán an Fhómhair. 'Tháinig sé faoi Fhéile Mhíchíl' an leagan a chuirtear sa gcaint air. Deirtear Lá Fhéile Muire Mór freisin.

Féile na nUile Naomh an chéad lá de Shamhain agus **Féile na Marbh** an lá ina dhiaidh. Is iomaí seanghnás a bhíos nó a bhíodh ar bun **Oíche Shamhna**, nó **Lá Samhna** in onóir d'imeacht na huaire breá. Bhíodh a leithéidí eile Lá Fhéile Bríde i dtús an earraigh, Lá Bealtaine i dtús an tsamhraidh agus an chéad lá de Lúnasa. Gnásanna págánacha a bhí ina mbunáite i dtosach. An 11ú lá de Shamhain a bhíos **Lá Fhéile Mártain**. Déantar gé nó caora nó muc a mharú in onóir do Mhártan. 'Muc a mharú do Mhártan' a deirtear. Féach *Lá Fhéile muc-mharbh Márta(i)n*.[21] Déantar lao a ghearradh do Mhártan, i.e. a chluas a ghearradh dá mbeadh sé tinn, agus dá maireadh sé mharófaí Lá Fhéile Mártain é.

Naoi n-oíche agus oíche gan áireamh,
Ó oíche Shamhna go hoíche Fhéile Mártain.[22]

An 13ú lá de Shamhain a bhíos **Lá Fhéile Caillín**.[23]
Tarraingt ar dheireadh na bliana, deirtear go ndéanfar rud áirithe 'i gcomhair na gCrud', nó Aidbhint na gCrud.[24]
Ó sheachtain ghlan go dtí coicís roimh Nollaig a bhíos **Domhnach na bPutóg**. Ar an 21ú lá de Mhí na Nollag a bhíos **Lá Fhéile Fionáin**. Oíche Fhéile Fionáin atá ar an oíche roimhe. 'Oíche Fhéile Fionáin a chuireas mír[25] ar an bhfuacht' a deirtear. Is ionann sin agus gurb in í an uair a thosaíos an fuacht ag neartú i gceart. Ó Nollaig go Féile Bríde a bhíos **dúluachair na bliana** ann. Gearróga dubha na Nollag na laethanta gearra a bhíos ann roimh Nollaig.

Na Trátha

Sa tseanaimsir, mar a bhíos fós, bhíodh trátha[26] ag daoine naofa le paidreacha a rá. 'Dúirt sé a thrátha agus duaidh[27] sé a bhricfeasta' a deirtí sna seanscéalta. An chéad tráth a bhí ann **an mhaidin** (Laid. *matutina*), timpeall is a sé a chlog. Trí huaire ina diaidh bhí an **teirt** (Laid. *tertia hora*), timpeall a naoi a chlog. Idir sin agus an meán lae bhí **an t-eadra**:

Ina chodladh go dtí eadra is as sin go meán lae.

Duine a chodlódh an mhaidin, 'chodail tú na headartha' a déarfá leis. Agus freisin, bhí 'eadra bó Chliara ó thuaidh de mheán lae'. Timpeall is a deich, nó leathuair tar éis a deich, atá an t-eadra.

Tar éis an mheáin lae tagann an **tráthnóna** (tráth-nóna = *nōna hōra*, Laid.), i.e. an naoú huair tar éis a sé. Ionann sin ó cheart agus a trí a chlog. Trí huaire ina dhiaidh sin bhí **easparta** ag an sé a chlog. **Feasgar**[28] an focal atá in Albain air; 'bia an fheasgair' atá acu ar bhia deireadh lae.

Trí huaire ina dhiaidh sin arís bhí **coimpléid**[29], i.e. ag a naoi a chlog. Ina dhiaidh sin bhí **iarmhéirí** ag a dó dhéag san oíche. *Midnocht* ainm eile a bhí ar an tráth céanna. Bhíodh ar na manaigh éirí arís ar a trí a chlog ar maidin. **Tiughnáir** a bhí ar an tráth sin, i.e. an tráth deiridh(?).

Trátha an Lae

Maidir le trátha an lae, is fearr tosú le **fochraí an lae**, i.e. nuair atá sé ag tarraingt ar a bheith ina lá, mar dhóigh de, i bhfochair an lae. Bíonn sé **ina ghairm na gcoileach** in am éigin roimhe sin.

Ina dhiaidh sin a thagas **glasú an lae**, nuair a bhíos an solas glas le feiceáil, gan aon dath a bheith ar aon rud. Ach bíonn **aithne an lae air**. 'Ní raibh ann ach go raibh aithne an lae go díreach air' a deirtear. Bíonn sé ansin, nó go gearr ina dhiaidh sin ag **gealadh** an lae.

Le **breacadh** an lae bíonn beagán datha ar an saol. Le **fáinniú** an lae, bíonn a dhath iomlán féin ar gach rud. Is é 'fáinniú an lae' an focal agus ní hé 'fáinne an lae'. Mar atá ráite ag an bhfile:

Ó thiocfas réalt' go bhfáinní an lá.[30]

Maidir le glasú agus breacadh an lae, deirtear 'bhí sé ag déanamh lae go díreach'. Dúirt an file:

Le héirí lae ba trua mo scéal.

Is beag nach ionann 'ag déanamh lae' agus bhí sé ag **maidneachan** nó ag **maidneachan lae.** Is beag nach ionann arís ag **bánú** lae agus ag **fáinniú** lae. Nuair atá **bán** an lae ann, nó solas iomlán an lae, **tá sé ina lá.** Mar seo a dúirt an tArdeaspag Mac Héil san amhrán é:

Nuair a dhúisigh bán an lae.

Is cosúil go bhfuil gaol ag an bhfocal 'bán' anseo agus *bhánus*, i.e. an ghrian, sa tSean-Indis. Is ionann dá réir seo, 'bán an lae' agus solas geal nó bán an lae. Dúirt file eile: 'éireoidh mé amárach le bán an lae ghléigil.'

Tá an focal 'bán' freisin sa leagan 'bánsoilse'; 'níl aige ach an bhánsoilse'; 'níl ann ach go bhfuil an bhánsoilse aige' a deirtear faoi dhuine nach léir dó ach an solas a bheith ann. In áiteacha tugtar bánsoilse ar sholas bán na maidine. **Fáir**[31] a bhí fadó ar fháinniú an lae. Deirtear freisin 'leis an g**camhaoireach**' (camhaoineach) le fáinniú an lae.

Duine a éiríos go moch ar maidin, le **giolcadh an éin** a éiríos sé. 'Is maith an **mochóir** thú' a déarfá leis. Nuair a bhíos an ghrian ina suí, bíonn sí ag **scaladh** nó ag **scairteadh** nó ag **taitneamh** nó ag soilsiú ar chnoc agus gleann, ar 'fhéar, fiodh agus fíoruisce', agus bíonn uachtar locha ag drithliú faoina **dealramh**.

Anmhaidin a thugtar ar am ar maidin go moch le héirí gréine nuair a bhíos an drúcht ina luí. 'Théidís amach san anmhaidin' a deirtear. **Adhmhaidin** atá ar an gcuid deiridh den mhaidin; *forenoon* é, is cosúil. Nuair a bhíos sé ina mheán lae bíonn an ghrian thuas i mbuaic na spéire.

Tugtar **bolg an lae**, ó thimpeall a dó go dtí a sé a chlog, ar lá samhraidh. **Tráthnóna**: timpeall is a trí a chlog. Féach thuas. **Ardtráthnóna** a thugtar ar an am timpeall is a sé a chlog (lá samhraidh). Is cosúil gurb é 'iardtráthnóna' a cheart[32] seo. Bíonn an ghrian ag maolú siar ardtráthnóna. **Tráthnóinín deireanach** a thugtar ar an tráth céanna, nó beagán níos deireanaí.

Nóin agus deireadh lae atá ar dheireadh lae le coim na gréine a bheith ag dul faoi. **Deireadh lae**, sin deireadh an lae. Is ionann é sa samhradh agus an Béarla *evening*.[33] Is ionann **tús oíche** agus *evening* sa ngeimhreadh. 'D'imigh sé deireadh lae', nó 'd'imigh sé tús oíche', a deirtear. Ar an gcuma chéanna, déarfá 'd'imigh sé deireadh oíche', i.e. roimh mhaidin.

Is ionann an **ceann deireanach** den lá agus deireadh lae, nó tamall de dheireadh an lae. Cuir i gcás, 'ceann deireanach den tSatharn', 'ceann deireanach den Aoine'.

I gcomórtas leis an maidin deirtear 'ó mhaidin go faoithin' (nó 'go faoin'). Mar a dúirt an Dr Mac Héil 'le linn solais lae a bheith ag faoineadh'. 'Bhí mé leis ó mhoch go deireanach' leagan eile a deirtear, nó 'moch is nóin', nó 'ó réalta go réalta'. **Luí gréine** atá ar dhul faoi don ghrian. Fuineadh gréine a bhí air seo sa tSean-Ghaeilge.

Clapsholas: Le **coim** na hoíche, ionann is, bíonn an clapsholas tamall ann. San am sin, nó rud beag níos deireanaí ná sin, bíonn an **coimheascar**, nó **contráth** (= comhthráth) **na hoíche**. Tugtar **crónachan dubh na hoíche** nó **coim dhubh** na hoíche ar thitim na hoíche nuair a bhíos an lá **ag diúltú dá sholas**. Rud ar bith a tharlaíos ó thiteas an oíche is **tar éis na hoíche** a thiteas sé amach.

Má bhíonn an oíche ag tarraingt ort ag dul in aon áit déarfaidh duine leat 'beidh tú ann **ó ló**, beidh tú ann **ó sholas**.' Más í an oíche a bheas ann, is **de shiúl oíche** a rachas tú ann. Más le solas na gealaí a théas duine in áit, **ar an ngealach** a théas sé ann.

Sa ngeimhreadh, nuair nach mbíonn fad mór ar an lá, bhítí ag obair, ag sníomh, nó ag cardáil olla, etc., tar éis thitim na hoíche. B'in **airneán**. Sa samhradh, nuair a bhíos daoine ag comhrá cois teallaigh deireadh lae, nó tús oíche, déarfadh fear nó bean an tí 'ní tráth airneáin ar bith é'. Is ionann **airne**[34] agus fanacht i do shuí san oíche. Má bhítear le hól nó le drabhlás, **ragairne**[35] a thugtar air: bíonn daoine ag ragairne agus ag ól go mbí sé **domhain** san oíche. Nuair a bhíos níos mó ná leath na hoíche caite, bíonn an oíche thar a **droim**. **Oíche rédhorcha** a thugtar ar oíche gan aon ghealach. **Oíche ghealaí** í má bhíonn gealach ann. Oíche **spéirghealaí** oíche gheal gan aon ghealach, i.e. oíche a mbíonn réaltaí ann. Má bhíonn an dá chuid ann, bíonn, mar a dúirt an file:

Réalta na hoíche ag dul ag lasadh
Is an ghealach ag scaladh os cionn gach gleann'.[36]

Éiríonn an ghealach agus bíonn sí tamall **ina suí** agus téann sí **faoi** mar a éiríos an ghrian is mar a théas sí faoi.

Maidir le **hathrú** nó **cruthanna** na gealaí, nuair a thagas sí gach mí bíonn **gealach úr** ann. Faoi cheann sé lá, nó seachtaine, bíonn sí i m**béal ceathrún**, nó bíonn **ceathrú den ghealach** (ceathrú gealaí) ann. Ina dhiaidh sin, bíonn leathghealach (leath gealaí) ann, faoi cheann coicíse bíonn **gealach lán** nó **lán gealaí** ann. Ina dhiaidh sin, go mbí sí caite, bíonn **urú** ar an ngealach agus bíonn **ag dul di** go dtí nach mbíonn fágtha ach **tóinghealach**.

Gealach na gcoinleach, nó gealach na gcoinliní a thugtar ar an ngealach a bhíos sa bhfómhar ann. **Coinré an earraigh** a bhíos i lár an earraigh ann. Bíonn **gealach phreabach** ann ag tarraingt ar aimsir bháistí, i.e. í a bheith caite ar chúl a cinn. Bíonn luí an bháid sa gcaladh ar an ngealach nua (úr). Bíonn gealach **dheirceach** ann nuair a bhíos sí ag méadú, nó nuair a d'fheicfeá i dtosach í. 'Tá sí deirceach go maith anocht' a déarfá. Gealach aibithe an choirce, gealach fómhair eile.

Bíonn **fáinne** thart ar an ngealach nuair a bhíos sé ag tarraingt ar bháisteach. **Cosa** faoin ngrian, nó **rása** faoin ngealach, sin cosúlacht ghaoithe. Bíonn gealach **lonrach** ann nuair a bhíos sí soilseach. I dteannta na gealaí tá **pláinéid** agus **réaltaí ar** an spéir. Is réalta, nó réaltóg, í **an ghrian** freisin, ach gur gaire dúinn í ná na réaltaí eile. Sin é an fáth a bhfuil méid, nó cosúlacht méide, inti seachas na réaltaí, tar éis gur mó na céadta agus na mílte uair cuid acu ná í. Tá ceann amháin acu[37] a rachadh ón domhan seo go dtí an ghrian agus an fad eile ar an taobh thall di. Is **ar** an spéir a bhíos an ghrian (i gcosúlacht), e.g. 'chomh dearfa is tá an ghrian **ar** an spéir'. Níl sa ngrian ach réaltóg den 'mheánmhéid' i gcomórtas leis na réaltaí eile. Maidir leis na pláinéid, is ceann acu an domhan, nó an chruinne seo, agus ní thugann siad solas ná loinnir uathu féin ach is ón ngrian a thagas an solas chucu.

Thugaidís **rinn, reanna** ar mheallta soilseacha na spéire idir phláinéid agus réaltaí, e.g. Rí na reann, i.e. Dia. *Rétglu* a bhí sa tSean-Ghaeilge ar réalta. **Réaltóg** a thugtar go hiondúil ar cheann aonraic, sin, nó **réalta**; réaltaí a bhí ar chnuasach acu agus réaltra ar an saol deiridh seo. 'A réalta thríd an gceo' a dúirt an file ag trácht ar dhuine a thabharfadh treoir dó.

Bealach (nó bóthar) **na Bó Finne** a thugtar ar an bhfáinne mór réaltaí atá ar an spéir, a bhfuil na mílte milliún réaltóg ann agus a bhfuil an ghrian mar cheann acu. **Buaile an Bhodaigh**[38] atá ar réalta eile acu. Tá ansin **an tSlat is an Bhanlámh**:[39] is éard atá inti trí réalta ar gach aon bhealach agus is faide an tSlat ná an Bhanlámh. Tá ceann eile, an **Streoillín**, a bhfuil go leor réaltóg beag inti i gcosúlacht. Na **mionnáin** ceann eile.

Seo réalta eile:[40] an **taltún**. Is mó í ná na réaltaí eile agus tá dhá réalta inti. An **béimidín**: réalta chasta í agus taispeánann sí go leor solais. **Slat an cheannaí**: tagann sí amach ionann is chomh luath le réalta an tráthnóna. **Réalta na gceithre bhfeirsead**: tá ceithre réalta inti. Is cosúil gach ceann acu le fearsaid. Tá cheithre bharr amach uirthi mar fhearsaid. **An chiarsóg:** bíonn sí in aice an chamchéachta.

Réalta na Scuaibe a thugtar ar réalta sheachránach a thugas í féin chun taispeána scaití agus a imíos arís. Mar gheall ar an eireaball fada a bhíos uirthi atá an t-ainm sin uirthi. An *rétglu mhongach* a bhí uirthi sa tSean-Ghaeilge.[41]

An **réalta ó thuaidh** atá ar an réalta atá ar aghaidh an Mhoil ó Thuaidh, nó i ngar dó. An **camchéachta**, nó an **camchéachtach** a taispeánas an bealach go dtí é. Tá sé sin ar dhéanamh céachta – seacht réaltóg atá ann. Deir daoine go bhfuil dhá chamchéachta ann – ceann ar aghaidh an chinn eile. Réalta an mhol(?) ceann eile. Maidir leis an **gcaor aduaidh,** sin é an solas a thagas in áiteacha san oíche ón tuaisceart, i.e. *aurora borealis.*

Ní réalta i gceart atá i **réalta na maidine** ach pláinéad, i.e. Véineas. Nuair a éiríos sí roimh an ngrian is í réalta na maidine í. Nuair a théas sí faoi i ndiaidh na gréine is í réalta an tráthnóna í: 'chomh lasúnta le réalta an tráthnóna',[42] a thugtar mar shamhail ar rud soilseach.

Rud ar bith atá íseal ag **bun na spéire** tá sé **idir thú agus léas.** Dá bhfeicteá duine ar bharr cnoic, gan aon chnoc is airde ná é a bheith ar a chúla, bheadh sé **idir thú agus léas** freisin.

Is iontach a lán eolais atá ar na réaltaí ar an saol deiridh seo. Níl comhaireamh ná insint scéil ar na milliúin agus na mílte milliún acu atá ann ná ar an achar uainn atá siad, ná an méid ná an meáchan atá i gcuid acu. Tá cuid acu chomh fada sin uainn go mbíonn an solas féin na milliúin blianta ar an mbealach chugainn uathu, tar éis go dtéann sé os cionn aon mhilliún déag mílte sa nóiméad. Tá an t-ábhar chomh dlúth, chomh pacáilte i gcuid eile is go bhfuil tonna meáchain in oiread silín de cheann amháin acu, i.e. réaltóg Mhannín.

Brod nó **ala** a bhí ar an bpointe is lú ama, i.e. an soicind. **Nóiméad** atá ar thrí scór ceann acu agus uair ar thrí scór nóiméad. 'Ní bheidh mé pointe ar bith leis', 'ní bheidh mé nóiméad an chloig leis', a déarfá. Bíonn dhá **shnáthaid** ar an gclog, snáthaid na n-uaireanta agus snáthaid na nóiméad. Méar an chloig a thugtar in áiteacha uirthi.

Ní mór an clog a thochras gach uile lá nó gach aon ochtú lá le heochair an chloig.

Ceithre huaire fichead a bhíos sa ló. Maidir le lá aonraic, **an lá inniu** a deirtear, mar 'beidh an lá inniu go breá', 'beidh an **lá amárach** fliuch', 'bhí an **lá inné** go maith.' Ach nuair nach bhfuil i gceist ach an t-am: 'inniu a thiocfas sé', 'tiocfaidh sé inniu', 'imeoidh sé amárach', 'amárach a imeos sé.' Ar an gcuma chéanna: 'chuaigh sé abhaile Dé Domhnaigh', 'bhí an Domhnach fliuch.'

Más mian le duine fios a bheith aige cén t-am den ló é, 'cén t-am é?' a déarfas sé, nó 'cé mhéad a chlog anois é?' 'Tá sé a sé (seacht, ocht, naoi, etc.) a chlog go díreach.' 'Tá sé cúig nóiméad tar éis a sé', 'tá sé ceathrú tar éis a sé', 'tá sé leathuair tar éis a sé, a ceathair, a cúig', etc., 'tá sé i bhfoisceacht fiche nóiméad don seacht', 'tá sé fiche nóiméad don seacht', 'tá sé i bhfoisceacht ceathrú don ocht', 'tá sé ar phointí a naoi', etc. Má thagann duine pointeáilte, is ar bhuille an chloig, i.e. nuair atá an clog ag bualadh, a thagas sé.

Maidir leis an athlá, **lá arna mhárach** a thugtar air má tá sé thart, **maidin amárach** má tá sé romhainn amach. An lá tar éis an lae amáraigh[43], **arú amárach** atá air. **Lá na n-aortha,** nó **lá anóirthear** ar an lá ina dhiaidh.

Maidir le hachar is faide ná lá, tá seachtain, **coicís**, mí, ráithe, leathbhliain, trí ráithe agus bliain. Trí chéad, trí scór agus cúig lá a bhíos sa mbliain agus lá le cois sa m**bliain bhisigh.**

Nuair a bhíos duine ag comhaireamh na míonna is mar seo a déarfas sé é: mí, dhá mhí, ráithe, ceithre mhí, cúig mhí, leathbhliain, seacht mí, ocht mí, trí ráithe, bliain, bliain agus ráithe, etc. Seo iad na míonna: Eanáir[44], nó Mí Dheireadh an Gheimhridh, Feabhra, nó Mí na bhFaoillí, an Márta, an tAibreán, an Bhealtaine, Meitheamh, nó Mí Mheán an tSamhraidh, Iúil, nó Mí Dheireadh an tSamhraidh[45], Lúnasa, Mí Mheán an

Fhómhair, Mí Dheireadh an Fhómhair, Samhain, Mí na Nollag.

An **tseachtain seo caite**, an tseachtain a **caitheadh**, an tseachtain seo **a chaith tú**, atá ar an tseachtain atá imithe thart nó an tseachtain seo a chuaigh tharainn; an tseachtain seo **chugainn**, nó **chugat**, nó an tseachtain atá ag tíocht, ar an tseachtain atá romhainn amach.

Má bhíonn duine ag caint ar an rud a thit amach san am atá i bhfad caite, 'tháinig sé arís an tseachtain dár gcionn' a déarfas sé. Ar an gcuma chéanna, 'd'imigh sé an bhliain dár gcionn.' Is ionann an **athbhliain** agus **an bhliain seo chugainn**: 'go mba seacht fearr a bheas tú an tráth seo athbhliain', 'athbhliain go ndéana tú é.'

Is ionann **seachtain is an lá inniu** agus an lá seo, i.e. an lá céanna den tseachtain, seachtain ó shin, **seachtain ón lá inniu** an lá céanna faoi cheann seachtaine. Seachtain **gus** an lá inniu a bhí sa gcéad cheann, mar a déarfadh duine, 'tháinig sé anseo seachtain go Luan seo a chaith tú.' Ar an gcuma chéanna, **bliain is an lá inniu** (am a caitheadh), bliain **ón lá inniu** (am atá le teacht).

Beidh sé ar bun **ar feadh na seachtaine** a deirtear faoi rud a bheas ar bun gach uile lá i ndiaidh a chéile **go gcaitear** an tseachtain. 'Bhí sé ag obair **i gcaitheamh an lae'**, i.e. an lá ar fad, **i gcaitheamh na seachtaine**, i.e. an tseachtain ar fad; 'bhí sé ag caoineadh **in imeacht an lae'**, i.e. scaitheamh mór den lá, nó an lá ar fad.

Ach 'tiocfaidh sé anseo **i rith na seachtaine'**, nó 'déanfaidh mé i rith na seachtaine duit é', i.e. lá éigin sa tseachtain nó '**ar fud** na seachtaine'.

'Ó sheachtain go seachtain' nó 'ón tseachtain **go chéile'** a deirtear le go leor seachtainí i ndiaidh a chéile. Ar an gcuma chéanna: 'ó lá go lá' nó 'ó ló[46] go lá' an seancheart. Ach 'bhí mé ag súil leis **lá ar lá.'**

Nuair a chaitheas duine tamall in áit déarfaidh sé: 'tá mé anseo **le** huair', nó 'tá sé ansin le dhá lá', nó le seachtain, nó le bliain. Má bhíonn rud ó thosach na bliana in áit, 'tá sé ansin **ó tháinig an bhliain'** a deirtear. Le hachar an-fhada a rá: 'tá sé ansin ó bhliain Sheoirse',[47] 'tá sé ann ón díle', 'ó Éabha anall', 'leis na cianta cairbreacha', etc. Bhí ainm ar leith ar bhlianta áirithe, mar bhliain na bhFrancach (1798), bliain an drochshaoil (1847) nó bliain an Ghorta. Féach freisin 'beidh sé anseo go lá Philib an Chleite.'

Ar an gcuma chéanna: 'fanfaidh sé ansin **go gcaitear** an tseachtain, nó an bhliain', nó 'go gcaitear an Nollaig', nó 'beidh mé ag súil leis ach go gcaitear an t-earrach.'

Nuair a bhíos duine ag trácht ar an am atá caite, 'bliain is an lá inniu' a deir sé, i.e. bliain ó shin go díreach. Is ionann bliain **go ham seo** agus timpeall is bliain ó shin. Ciallaíonn bliain **an taca seo** an rud céanna. **An tráth seo** de bhliain, sin an tráth den bhliain atá anois ann de bhliain eile atá i gceist. '**Cothrom an lae inniu** go díreach', sin ag trácht ar rud a thit amach an lá seo bliain éigin eile.

Tá ceithre shéasúr sa mbliain: an t-earrach, an samhradh, an fómhar, agus an geimhreadh, mar atá ceithre ráithe. *Ionam*[48] a thugtaí sa Meán-Ghaeilge ar shéasúr. Bíonn **fad** ag tíocht ar an lá ó Lá Fhéile Fionáin amach. Bíonn fad coiscéim coiligh ar charn aoiligh tagtha air Lá Fhéile Stiofáin. Ó Lá Fhéile tSin Seáin amach bíonn an lá ag dul **i ngiorra**, nó ag giorrú.

4 An Aimsir

Bíonn aimsir mhaith nó aimsir bhreá ann gach uile thráth
den bhliain. Tugtar **uair** bhreá freisin uirthi agus droch-
uair. Mar atá ráite san amhrán:

> Nach trua anois mé ag scarúint leat,
> A' teacht na huaire breá,
> Ó thosaigh an chuach ag goiriúint,
> Is an duilliúr glas ag fás.[1]

Ní as ucht nach maireann an uair bhreá i bhfad a
thugtar an t-ainm sin uirthi ach is é an focal a bhí i
dtosach ann 'uain[2] bhreá', i.e. aimsir bhreá. Aimsir
shamhraidh a bhí i gceist san amhrán sin.

Má bhíonn scaitheamh maith d'aimsir thirim i ndiaidh
a chéile, **triomach,** nó **triomach mór** a thugtar air, e.g.
'shábháil siad an mhóin ar an triomach mór.' Dá
n-ardaíodh triomach sa samhradh thiocfadh scaitheamh
d'**aimsir mheirbh,** nó **bhrothallach** ann; **teaspach**
(teasbhach)[3] nó **teaspach mór** a thugtar air. 'Uair
theaspaigh', 'tá sé ag caitheamh teaspaigh (teasbhaigh)',
nó 'tá sé ina theaspach', a deirtear freisin. Nuair a bhíos
sé ag caitheamh teaspaigh bíonn sórt lonrú san aer.
Bíonn **triomú** maith ar an teaspach mór mar gheall ar an
teas. Tugtar aimsir mheirbh, aimsir bhrothallach, nó
brothall an tsamhraidh uirthi freisin. Is ionann meirbh
freisin agus lag, e.g. mná meirbhe, i.e. mná laga. Ón
mbruth, i.e. teas, a tháinig an focal brothall.[4] Lá **croíúil** lá
a mbeadh friota deas gaoithe ann. Lá **tromaithe** lá nach
mbeadh aon fhriota ann – lá meirbh. Bíonn na beithígh
ag rith **le teaspach** ar aimsir mheirbh agus ó na creabhair

go dté siad san abhainn, faoina bruacha, nó faoi scáil na gcrann.

Lá breá, ciúin, soilsiúil, bíonn sé **soineanta**. Tugtar duine soineanta ar dhuine lách, ciallmhar, staidéarach. Le scaitheamh d'aimsir mhaith, tagann **duifean** nó **smúit** ar an aer leis an deannach a chruinníos ann. Sin cosúlacht mhaith; nó tagann smúit le rabharta, i.e. smúit rabharta.

D'fhéadfadh drochuair a theacht tráth ar bith den bhliain, mar a déarfadh duine 'is millteach an uair í le gaoth mhór agus le báisteach agus le 'chuile ropadh.' Lá nach mbíonn rómheirbh sa samhradh, **lá fionnuar** a thugtar air. Lá a bheadh rud beag rófhuar deireadh lae, bíonn sé **féithfhuar**, i.e. roinnt fuar.

Tiocfaidh aimsir bhreá 'nuair a éireos na treanaí', sin focal a bhíodh ag seandaoine, ach níl a fhios i gceart anois céard iad na treanaí[5] ach ceaptar gurb iad tonnta na farraige iad. 'Ní ceart a dhul ag snámh go n-éirí na treanaí' caint eile a deirtear.

Maidir leis an drochuair, is é an **ceo** a thosach, mar a deirtear 'tosach ceatha ceo'. Is é an **ró samh**, i.e. ceo a thagas isteach ón bhfarraige, an ceo is lú. Is troime de rud beag **ceobhrán** ná an ceo. Oíche **cheobhránach** a deirtear nuair a bhíos a leithéid san oíche. Tugtar **ceobhrántacht** agus **ceobháisteach** ar a leithéid freisin.

Is troime an **brádán**, i.e. an brádán báistí ná an ceobhrán agus is troime arís an **sriabhán**, nó an sriabhán báistí. 'Tá brádán, nó sriabhán báistí ann' a déarfadh duine, i.e. mionbháisteach. Tugann daoine brádán ar chith éadrom nach bhfuil an-bhuan. 'Bíonn sé ag **síobráil** bháistí' ar uair den tsórt sin. **Scraibleacha** a thugas siad i gContae Mhaigh Eo[6] ar cheathanna éadroma, gearra.

Nuair a thosaíos an sriabhán ag neartú, bíonn sé ag imeacht ina **riascacha**. Sin cosúlacht go hiondúil go mbeidh sé fliuch ar feadh an lae. Is ón mbá a thagas **báisteach**.[7] **Fearthainn** atá ina lán áiteacha, cuir i gcás, sé mhíle soir ó Thuaim agus in oirthear Chontae Mhaigh Eo. Báisteach an focal is mó a deirtear i gConamara.

Tugtar fearthainn ar ghaoth agus báisteach i gcuideachta. Cuir i gcás, 'tá sé ag **síobadh** fearthainne.' Nuair a bhíos drochaimsir ann, 'is millteach an uair í le fearthainn agus **fearadh gráin'** a deirtear. Is ionann, is cosúil, fearadh gráin agus **ag cur sceana gréasaí**, nó ag cur **sceana dearga**, ag cur **sceana beaga**. 'Tá sé ag cur go daingean' leagan eile. Is é an focal céanna 'fearadh' anseo agus 'ag fearadh na fáilte', 'bhí fearadh na fáilte roimhe.' Cuir ina chomórtas freisin 'nár fheara do mhallacht air', 'mo sheacht mallacht go bhfeara air', etc. *Fras*, i.e. cith, an t-ainm a rinneadh as *fearaim* sa tSean-Ghaeilge. Tá sé fós sa bhfocal 'tá sé cóir **frasach** i dteach an óil', i.e. an fear a bhíos ag mámáil an airgid ina chith uaidh.

Uair fhliuch, nó aimsir fhliuch a thugtar ar aimsir bháistí. 'Tá báisteach **air'**, 'tá fearthainn **air'** nó **cuirfidh sé** an leagan a deirtear nuair atá sé ag tarraingt ar bháisteach. *We shall have rain* a deirtear sa mBéarla, ach ní thagann 'againn' i gceist sa nGaeilge. In aimsir fhuar déarfaí 'tá cur eicín air', i.e. déanfaidh sé báisteach, nó cuirfidh sé sneachta. Nuair nach mbíonn aon bháisteach throm air, 'ní dhéanfaidh sé brí', nó 'brí bháistí', a deirtear. Nuair a bhíos sé ag bagairt báistí lá gaoithe, bíonn braon **i mbéal** na gaoithe. Bíonn báisteach as gaoth anoir an-bhuan.

Is ionann **lá mór** agus lá báistí. 'Is é an lá mór a thóg amach thú' a deirtear le duine a thagas lá fliuch. 'Is mór a bheas an lá nó rachaimid ann'; 'lá breá do do phósadh is lá mór do do chur.'

Gairfean a thugtar ar dhrochaimsir, i.e. gaoth agus báisteach i gcuideachta. Nuair a bhíos scaitheamh maith d'aimsir bháistí ann, bíonn sé ar **aon táirim amháin** ar feadh coicíse, b'fhéidir, nó tuilleadh, i.e. ar an imeacht céanna. Aimsir **luaineach** aimsir a bhíos ag athrú go minic. Bíonn **claochmú**[8] ar an aimsir nuair a bhíos an aimsir ag brath athrú. Deirtear claochlú chun breátha, nó claochlú chun gairfin. **Breaclaethanta** a thugtar ar laethanta ceathacha, **brocaimsir** ar aimsir bhriste, nó

breacaimsir. Bíonn **gothaí** dubha agus gothaí geala ann ar aimsir luaineach, i.e. drochghotha agus gotha maith. Nuair a bhíos an ghaoth san **aird ó thuaidh** bíonn aimsir réasúnta seasta ann.

Tagann gairfean go minic an chéad nó an dara seachtain de Bhealtaine, nó, scaití, an tseachtain deiridh den Aibreán. **Gairbhshíon na gcuach** a ainm sin. Ar an gcuma chéanna bíonn laethanta fuara **feannta** i dtús an Aibreáin. **Trí lá na seanbhó** atá ar na trí lá sin, nó 'trí lá na riabhaí',[9] i.e. na bó riabhaí. Tá sé de scéal go bhfuair an Márta trí lá ar iasacht ón Aibreán leis an tseanbhó a chríochnú.

Nuair a bhíos aimsir chrua, thirim gan aon fhás san earrach bíonn **ruathriomach** ann. **Ruaghaoth** a thugtar ar an ngaoth a chuireas dath rua ar an duilliúr. Tugtar **gíotálach** ar aimsir chrua ghaofar sa Márta nuair nach mbíonn aon fhás faoin bhféar, e.g. 'ar an ngíotálach seo'.

Bíonn, go minic, aimsir chrua, thirim i mbrollach na Samhna. An aimsir bhreá a thagas i nDeireadh an Fhómhair nó faoi Shamhain,[10] **samhradh beag na ngéanna** atá ar an aimsir sin, nó **fómhar** beag na ngéanna, nó **triomach géar** na Samhna. Sin é an t-am, is cosúil, a ligtear na géanna ar an gcoinleach. Seo leaganacha eile ar an rud céanna: samhradh beag na Féile Míchíl, nó ana bheag na bhfeochadán, nó ana[11] bheag na Samhna.

Dúluachair na bliana idir Nollaig is Féile Bríde, sin é ceartlár an gheimhridh, an tamall is fuaire sa mbliain. 'Oíche Fhéile Fionáin a chuireas mír ar an bhfuacht' focal eile a deirtear, mar is ansin a thosaíos an fuacht ag neartú i gceart. Mír, sin rud beag. Nuair a bhíos fuacht mór, nó réasúnta mór ann, bíonn **an-ghoimh** san uair. Baintear an ghoimh as uisce le huisce te a chur tríd. Deirtear freisin 'tá **gangaid** insan uair', nó 'tá **nimh** ar an aimsir.'

An oíche a ardaíos an **bodachán**, sin Oíche Nollag Beag. Is ionann an bodachán agus na haibhneacha a líonadh. Deirtear, má ardaíonn an bodachán Oíche

Nollag Beag i dtús na hoíche, go mbeidh earraí daor i dtús na bliana. Nuair a bhíos athrú aimsire air bíonn na carraigeacha in aice na farraige ag déanamh sondaí, i.e. bíonn cuma aisteach orthu[12] mar a bheadh soithí seoil, nó coillte, nó bailte móra. 'Tá sondaí ar na cnoic' focal eile a deirtear. Is é an chaoi a dtuigeann daoine in áiteacha é sin go dtagann méid sna cnoic, nó a chosúlacht nuair a bhíos aimsir bháistí air.

Flechud (i.e. fliuchadh) a bhí ar bháisteach sa tSean-Ghaeilge mar a déarfadh duine anois 'bhí sé amuigh ar an bhfliuchán', nó 'amuigh sa bhfliuchán'. **Cith**, sin tamall báistí; ceathanna móra báistí. 'Tá sé ceathannach' a deirtear. **Múr** a thugtar ar chith sa taobh ó dheas de Chonamara agus Cois Fharraige, e.g. tá sé ag **múraíl**. **Ráig**, sin cith mór a thiocfadh go tobann; ráig mhór bháistí, e.g. 'tháinig ráigeanna móra báistí', nó 'chuir sé ráig mhór ar maidin inniu.'

Nuair a bhíos grian agus báisteach éadrom i gcuideachta ann, **múirín gréine** é sin. **Cith gréine** ainm eile a thugtar air. Má bhíonn cith beag ar aimsir bhreá, nó mheirbh, **cith teaspaigh** é. **Searrach** atá ar an gcith beag a bhíos tar éis an cheatha. Bíonn **tua cheatha**, nó **bogha ceatha**, nó **tuar** ceatha le feiceáil ar aimsir bháistí.

Craobhmhúr atá ar mhúr a chuirfeadh sé in áit nuair a bheadh sé tirim in áiteacha eile congarach dó, i.e. cith 'áitiúil'. 'Éireoidh an teas as an gcraobhmhúr sin' a deirtear. **Barrchith** a thugtar air sin sna cnoic, i.e. cith a bhíos ag imeacht ar bharra na gcnoc. Bíonn sé ag **téaltú** as na ceathanna ar aimsir den tsórt sin.

Nuair a ghlanas an aimsir suas, tagann **aghaidh** ar an aimsir. Mar a déarfadh duine: 'bainfimid an féar amárach má bhíonn aghaidh ar an aimsir.' Tugtar **aimsir sheasta** ar an rud céanna, nó 'tá sé ina theasbhach.'[13]

Ar a mhalairt, nuair a bhíos drochaimsir air, 'tá an aimsir ag tarraingt' a deirtear, i.e. ag tarraingt ar bháisteach. Nuair a bhíos aimsir fhuar, fhliuch sa ngeimhreadh, nó san earrach, **aimsir ghlas**, nó glasaimsir í. **Lá glas**, a déarfadh duine, lá acu sin. Aimsir **phréachúil** aimsir an-fhuar, cheathach. Aimsir **scréachta** a thugtar ar aimsir fhuar a mbeadh ceathanna garbha flichshneachta ann, nó dubhoighear. Aimsir fhabhrúil aimsir chrua, thirim a mbeadh an spéir glan.

Nuair a bhíos báisteach mhór ann, 'tá sé ag doirteadh báistí' a deirtear, nó ag **dallcairt** báistí, nó ag **clagairt** nó ag **clascairt**, nó ag **radadh** báistí, nó 'tá sé ag **rilleadh** báistí.' 'Tá sé ina **dhíle** bháistí' leagan eile a deirtear, nó 'tá sé ag **díbliú** fearthainne', mar atá san amhrán:

> Dhá mbeadh sé ag báistigh go dtí an díle,
> Nó an oíche a bheith ag cur shneachta aduaidh.[14]

'An múr é nó báisteach go deo' leagan eile a deirtear. 'An lá a bhíos ag báistigh bíonn sé fliuch' a deirtear, ag magadh, le duine a thagas isteach lá fliuch. Nuair a bhíos fíor-dhrochuair ann, bíonn an aimsir ina **caithréabacha**.[15]

Le han-drochlá, 'tá an lá inniu sa gclaí agus ní fearrde an claí' a deirtear. Is dócha gurb é 'cladh', i.e. díog nó trinse nó clais atá i gceist,[16] i.e. go líonfaí an díog le báisteach. Is iomaí lá, in áit feabhas a theacht air, gurb é an chaoi a dtosódh sé ag **neartú**, i.e. ag dul chun donachta. Nuair a bhíos fíor-dhrochlá ann le sneachta agus sioc nó le gaoth mhór agus báisteach bíonn sé 'chomh dona le lá na **seacht síon**'.

Tuile liag, sin tuile mhór, mhillteach. Bheadh gach uile áit sceite. Is dócha gur tuile í a thugas liagáin chloiche agus bruacha le fána. **Tuile shí**:[17] sin ceathanna a dhéanas sé sna cnoic agus gan cith ar bith in íochtar, agus d'fheicfeá an tuile ag dul le fána.

Nuair a bhíos an lá ag feabhsú, nó an ghaoth ag suaimhniú nó ag maolú anuas, bíonn an lá ag **ligean faoi**. Nuair a thagas scaitheamh tirim, lá fliuch, bíonn **aiteall** ann, nó nuair a bheifeá ag súil leis, 'tá **aiteall aige**' a déarfá; 'tá sé ina aiteall', 'má níonn sé aiteall', 'tá sé ag déanamh aiteallaidh' leaganacha eile. Is beag nach ionann 'tá **fábhall**[18] triomaigh aige' agus an rud céanna, i.e. gotha feabhais a bheith air. Lá a bhíos go breá bíonn sé in **araíocht** a dhul amach, mar a bheadh an fharraige in araíocht seolta. Má thagann lá breá idir dhá dhrochlá, sin **lá idir dhá shíon**. An **coileach gaoithe** a thugadh Seán Ó Neachtain ar an gcoileach a thaispeánas cén cheard a séideann an ghaoth. **Madra feothain** ainm eile air.

'Is borb an lá é' a déarfaí lá crua gaoithe, nó lá fuar feannta. Le gaoth chrua sa Márta, bheadh **lá tollta** ann, sin nó lá **toillsceanta** gaoithe, nó bheadh **feannadh** gaoithe ann, sin mar dhóigh de go d**tollfadh** an ghaoth thú.

Má bhíonn duine tamall amuigh lá fuar, feannta den tsórt sin bíonn sé **dallraithe** leis an bhfuacht. Duine nó beithíoch a bhíos amuigh **faoi fhuacht** agus **deardan** agus go mbíonn sé ag goilleadh air, faigheann sé an iomarca **fuaraíochta**.

Toirneach agus Tintreach

Toirneach bhodhar atá ar thoirneach i bhfad uait. Cith toirní an bháisteach a thagas léi.

Nuair a bhíos an **tintreach** i ngar duit, bíonn sí ag déanamh **corrán** is **crosóga**. **Caor thintrí** freisin atá ar ghealán atá le feiceáil leis an tintreach ar an ócáid sin. 'Is geall le caor thintrí í' a déarfá le rud a imíos an-sciobtha. Nuair a bhíos an tintreach i bhfad uait, ní fheicfeá ach **tine ghealáin**, nó **lasóga** nó **lasracha**. 'Tá sé ag caitheamh lasóga', nó 'ag caitheamh tine ghealáin', a deirtear. Ní bhíonn torann ar bith le cloisteáil leis na lasóga a bhíos idir na néalta. Bíonn tine ghealáin freisin ar adhmad rodta, i.e. **tine shionnaigh**.[19] D'fheicfeá uait san oíche í.

An Ghaoth

Is í an ghaoth is lú **téigle**.[20] Is ionann sin agus **calm**, is é sin, gan gaoth ar bith a bheith ann, e.g. 'ba chuma léi báisteach ná téigle' (i.e. an bád).

Nuair a bhíos lá den tsórt sin ann, ní bhíonn **smeámh** sa ngaoth nó ní bhíonn smeámh as aer nó puth as aer. 'Ní raibh fleaim as aer' focal eile a deirtear. Lá ciúin den tsórt sin, ní bhíonn **deannóid** ghaoithe ann, i.e. an oiread is a thógfadh an **deannach** den bhóthar is dócha. Nuair a bhíos gaoth éadrom ann, bíonn **geoladh** gaoithe ann. Is as an bhfocal sin 'geoladh', is cosúil, a rinneadh **geolán**, gléas le fionnuaire bheag gaoithe, nó anála a chur ar fáil i seomra plúchta, te.

Nuair a bhíos luas beag sa ngaoth, bíonn **seadadh** gaoithe ann. Nó bheadh seadadh gaoithe i seomra dá mbeadh an doras nó an fhuinneog nó an dá chuid acu oscailte. Ar an gcuma chéanna déarfadh duine 'tá **iomghaoth** ann', i.e. sa seomra, nó **seoladh** gaoithe. Duine atá ina shuí idir dhá dhoras, 'tá tú idir dhá dhoras na gaoithe' a déarfaí leis.

Nuair a bhíos an ghaoth go maith le n-aireachtáil, bíonn **friota** gaoithe ann. Lá **croíúil** a thugtar uaireanta ar a leithéid. **Sinneán** a thugtar ar an séideadh aonraic gaoithe mar a bhíos sí ag 'seinm' ag tíocht agus a fuaim le clos. 'Tháinig sinneán mór gaoithe' a deirtear. Nuair a bhíos friota deas gaoithe ann bíonn **siolla** maith gaoithe ann. **Siollántacht** na gaoithe a thugtar ar fhuaim na gaoithe nuair a bhíos sí ag tíocht trí na crainn. Bíonn **fuamán** ag abhainn ar aimsir bhriste.

Nuair a bhíos an ghaoth ag séideadh go crua ina leathghála, **feochan** a thugtar air sin. 'Bhí feochan ar an loch', nó 'bhí feochan ar an bhfarraige', nó 'd'ardaigh sé 'un feochain agus as sin 'un gaoithe móire.' Is ar loch nó farraige go hiondúil a bhíos feochan. Tá an focal **scuaill**[21] in úsáid thiar faoi Chonamara.

Lá a mbíonn gaoth an-mhór ann, bíonn sé ina **stoirm**. Nuair a bhíos tonnta bána ar an bhfarraige de bharr gaoithe, 'tá sé **ina ghealstoirm**' a déarfadh muintir na farraige.[22] **Anfa** an focal ceart Gaeilge atá ar stoirm. Cuir i gcás: 'is mairg a chaillfí ar uair an anfa.' **Deardan** nó **deartan** focal eile. Tá sé seo gaolmhar ag 'dord', i.e. an tromthéad sa ngléas ceoil. **Dordsanacht** atá ar an bhfuaim a bheadh i gcluasa duine nuair a bheadh a chluas leath-thachta. Nuair a bhíos an ghaoth ag casadh

thart, **cuaifeach** a thugtar uirthi: 'b'in cuaifeach mór.'
Sin, nó **gaoth thimpill**.[23] Is faide a mhairfeadh an ghaoth
thimpill. Tugtar cuaifeach ar shinneán i gConamara.
Maidir le gaoth agus fuacht[24] i gcuideachta, 'bhí
seoideadh mór fuaicht ann' a deirtear. Cuir ina chomór-
tas freisin: 'lá tollta é', agus lá toillsceanta gaoithe, i.e.
'toll' agus 'sceanadh' is cosúil. **Síobadh** a thugtar ar
ghaoth agus báisteach. Féach 'a chréatúir bhoicht atá
faoin síobadh', 'ag síobadh fearthainne'.

An Sneachta

Ní tír í Éire a luíonn an sneachta i bhfad uirthi ach
amháin ar bharra cnoc. Mar sin féin, tagann an sneachta
i gceist go minic sa bhfilíocht agus sa litríocht i gcoitinne.
Mar a dúirt an Caisideach Bán:

Amuigh san oíche gan fascadh ná dídean,
Agus sneachta dhá shíorchur faoi íochtar gleann'.[25]

Agus freisin mar atá sé ráite ag file eile:

Bhí an sneachta ar gach craoibh
Is mo chroí dhá leathadh le fuacht.

Cuirtear craiceann geal i gcosúlacht leis an sneachta:

Ná don tsneachta i gclár t'éadain
Is é dhá charnadh le gaoithí.

Dúirt Tomás Mac Coisdealbha faoi Úna Bhán (i.e. Úna
Nic Dhiarmada) agus é geall leis ag imeacht as a chiall:

Bhí an sneachta ar lár agus barr air chomh dearg le fuil,
Agus samhail mo ghrá ní fhaca mé in áit ar bith.[26]

Agus tá roinnt mhaith giotaí faoin sneachta sa
tSean-Ghaeilge.[27] An té a bhfuil amhrán maith binn aige,
sheasfá sa sneachta ag éisteacht leis. Sin é an moladh is
mó a d'fhéadfá a thabhairt dó.

Nuair a bhíos sé tamall ag **cur sneachta** bíonn **brat** sneachta ar an talamh. Sin í an uair a bhíos gasúir ag caitheamh **meall** (nó meallta) sneachta, nó **cnapán** sneachta le chéile, e.g. 'chaith sé meall sneachta liom', nó 'cnapán sneachta'. Mura gcuire sé ach beagán sneachta, deirtear go mbíonn **scráib** shneachta ar an talamh. Nuair nach mbíonn an sneachta ach ar bharra na gcnoc, 'chuir sé **barraíl** sneachta aréir' a déarfadh duine. Le sneachta éadrom, bíonn **breacshneachta** ann.

Dá mbeadh sneachta ar an talamh is nach mbeadh seamaide ar bith féir le fáil ag beithígh ná ag caoirigh, déarfadh duine go bhfuil an talamh **faoi shneachta**, i.e. nuair is ar na beithígh a bhíos sé ag cuimhneamh. Bíonn **síorshneachta** ar chuid de na cnoic sna réigiúin eile agus in Albain féin. An ghaoth fhuar, fheannta a bhíos ann le linn sneachta a bheith ar na cnoic, is **de dhroim** sneachta a bhíos sí ag éirí.

Nuair a bhíos lá sneachta ann bíonn sé ag cur sneachta. Má bhíonn an sneachta leathfhliuch, **flichshneachta** a bhíos sé a chur. **Calóg** shneachta (calóga sneachta) a thugtar ar an ngiota beag aonraic den tsneachta a bhíos ag titim. Féach an focal *caladh*, i.e. crua. **Cáiltheoga** a thugtar in áiteacha orthu. Sneachta **garbh** a thugtar ar **chlocha** sneachta.

Nuair a bhíos an sneachta tirim ag éirí den talamh leis an ngaoth, bíonn an sneachta á **cháitheadh**. Bíonn sé ag **gleadhradh** sneachta freisin le gaoth láidir. Nuair a bhíos gaoth láidir ann agus é ag cur sneachta, bíonn **sneachta séidte** ann, nó é ag cur sneachta séidte, nó ina shneachta séidte:

Sneachta séidte is é dhá shíorchur ar Shliabh Uí Fhloinn.[28]

Nuair a bhíos gaoth thimpill ann, agus sneachta trom á chur, bíonn sé ag **caidhleadh** sneachta, i.e. nuair a bheadh sé ag titim chomh tiubh is nach bhféadfá tada a fheiceáil tríd. Nuair a bhíos sneachta tirim á shéideadh le gaoth, bíonn an sneachta á **charnadh**. Nuair a bhíos an sneachta á charnadh tamall mar sin, bíonn sé **ina phlóchtaí**, mar atá san amhrán:

An sneachta a bheadh ina phlóchtaí fó shléibhte.[29]

Bíonn sórt droim ardaithe suas ar an sneachta de bharr a shéidte; **muc shneachta** a thugtar ar a leithéid sin. Nuair a bhíos an sneachta á shéideadh agus á charnadh tamall mar sin, bíonn sé **bord ar bhord** le sconsaí agus le claíocha.

Ansin nuair a thagas boige bheag san aimsir, déanann sé an sneachta a leá, nó a **choscairt**. 'Lá choscartha an tsneachta an lá is fuaire ar bith' a deirtear. Nuair a bhíos an sneachta tamall á choscairt, bíonn an talamh **leis**, i.e. le feiceáil.

An Sioc

Nuair a bhíos aimsir sheaca ag tarraingt, deirtear go mbíonn **cruas** air, nó go **rachaidh sé ar cruas**. Ansin deirtear go bhfuil sé **ag cur seaca**, nó **ag sioc**, nó go bhfuil sé **ag reo**.

Le sioc crua bíonn an t-uisce ag reo. Agus bíonn an talamh freisin **reoite** lá arna mhárach agus bíonn **reothalach** ar bhóithre. agus **leac oighir** ar aibhneacha.

Bíonn, ansin, ar fhear an chapaill **tairní seaca** a chur isteach i gcrúite an chapaill, nó sciorrfadh an capall ar an reothalach a bhíos ar an mbóthar. Bíonn gasúir ag **sleamhnú** ar an leac oighir nuair a bhíos sí sin lena aghaidh.

Nuair a bhíos sé ag reo thar cion den tsaol, bíonn an oíche **ag cur cuisne**. Tá trí ainm ar an sioc éadrom: **sioc liath**, **glasreo** seaca, **drúcht reo**. **Dubhoighear** agus **cuisne** atá ar an **sioc dubh**. Le linn dubhoighir bheadh **maidí seaca** ar crochadh as bunsop tí, nó d'fheicfeá **cuisní seaca** ar bharra na gcnoc ar crochadh as na bruacha.

Deireadh an tseanmhuintir nár imigh an sioc liath riamh gan a bhuidéilín a bheith leis, i.e. go mbeadh báisteach lena shála. Má imíonn duine nach dtaitníonn leat, 'go n-imí an sioc leis' a d'fhéadfá a rá. 'Le sioc i dtús oíche a dhíol Fionn na bróga' a deirtear, i.e. go raibh a fhios aige go mbeadh báisteach ann sula dtí maidin.

Nuair a bhíos an fharraige ar fad reoite, mar a bhíos sa gceard ó thuaidh den domhan, **an mhuir théachta** a thugtar uirthi. Is ionann téachtadh ó cheart agus ag tiúchan, nó ag reo os cionn 'teas' (fuacht) reoite an uisce, e.g.

Nuair a thiocfas an samhradh gléigeal,
Beidh mil ag téachtadh ar bharra cranna.[30]

5   An Féar agus an tArbhar

Is seanfhocal é 'go bhfuil an ghrian ag dul siar agus nach
bhfuil an féar á shábháil'. Is ó Mheitheamh go Meán
Fómhair a bhaintear agus a shábháiltear an féar, agus is
álainn cumhra an boladh a bhíos ar fhéar, luibheanna
agus lusra tar éis a mbainte. Innleán bainte, nó innleán
buana is mó a bhíos anois in úsáid, ach sa seansaol, is í
an **speal** is mó a bhí i gceist. Maidir leis an speal, tá **crann**
na speile inti agus an **lann**. Bíonn **doirnín** (stoirnín)[1] ar
chrann na speile le láimh an spealadóra a bheith i ngreim
ann. Bíonn dhá dhoirnín ar chuid de na speala agus
bíonn a dhá láimh ag an spealadóir i ngreim iontu. **Bacán**
i bhfoirm fáinne thart ar chrann na speile agus bior
amach tríd an doirnín a choinníos ar an speal é. Bíonn
doirníní freisin ar choirb na srathrach.

Leis an lann a cheangal go láidir de chrann na speile,
bíonn **tairne féir** uirthi. Cruinníonn sé an féar sa **tsraith**
le gach **sracadh** den speal. Sracadh a thugtar ar gach
buille, nó iarraidh de speal ag gearradh. 'Is áibhéil an
sracadh oibre atá ann' a déarfá faoi scafaire d'fhear
láidir.

An giota den speal atá siar as an lann, sin é **sáil** na
speile. Bíonn iompú uirthi sin a dtugtar an **smigín** air,
agus cuirtear isteach i sáil an chrainn é. An píosa de sháil
na speile atá casta aníos le greamú den chrann is é **cró** na
speile é. Fadó bhíodh slat iarainn greamaithe de chúl na
speile lena déanamh láidir. **Slat** na speile a thugtaí uirthi
sin. An féar a bhíos ag fás ar na colbhaí, is le **corrán** a
bhaintear é, i.e. **féar corráin.**

Ní mór **cloch fhaobhair** nó **cláirín speile** a bheith ag
an spealadóir le faobhar a chur ar an speal. 'Faobhar a

bhaineas féar' a dúirt an Chailleach Bhéarrach.[2] 'Ní hea,'
a dúirt an fear, 'ach fear maith láidir agus speal ghéar.'
Is é an **móinéar** an féar atá le baint agus le sábháil.
Nuair a bhíos an féar bainte agus gan a chorraí, sa **tsraith**
a bhíos sé. 'Is trua liom do shraith a bheith ar lár' a
dúradh faoi Aodh Óg Ó Ruairc[3] tar éis a mharaithe, nó
deirtear uaireanta é faoi fhear a bhfuil a ghnóthaí trína
chéile gan déanamh aige. Mar a dúirt an Seoigheach:

Fáth mo ghola is níorbh é a thráth
Mo shrath ar lár ag dul faoi don ghréin.[4]

Is éard a dhéantar le féar nuair a thagas lá maith lena
aghaidh, baintear **as an mbuille** (nó as a bhuille) é agus
croitear amach é. Ní mór aghaidh na gréine agus na
gaoithe a bheith san áit a **ligtear** amach é. Má bhíonn **cúl
le gréin** in áit ní bheidh aon rath triomaigh ann. Áit a
bhfuil a haghaidh ar an ngrian, tá **deisiúr na gréine** ann
nó tá sé **ar dheisiúr** na gréine, nó is áit bhreá dheisiúrach
é. **Buaile gréine** a thabharfaí ar áit dheisiúrach sna
seanscéalta. Mar atá sa duan:

Álainn a fiodh iar n-éirí,
Buaile gréine Gleann Eitche.[5]

An áit a mbíonn cúl le gréin nó tuaghabhar, ní bhíonn
aon triomú rathúil ann.
Nuair a bhíos an féar tamall ligthe amach, baintear
iompú (iontú) as, nó déantar a iompú agus a athiompú
(athiontú) le **racán**, nó **píce féir**. Má bhíonn an lá go
maith ní mór é a thapú agus má bhíonn **triomú** nó
triomach maith ann déantar an féar a athiompú go
minic. Lá tirim a mbíonn an-teas ann, bíonn **stolladh
triomaigh** ann. Is ionann **scéith-thriomach** agus triomú
réasúnta maith. Tráthnóna deireanach nuair a bhíos an
ghrian ag maolú siar, déantar síoga nó rollaí den fhéar
agus ansin déantar **gráinneoga**, nó **cocaí uicht** de.
An dara lá a ligtear amach é is iondúil go mbíonn

triomú is fearr ná sin air, agus tráthnóna arís, déantar é a **chocadh** ina chocaí móra. **Racán** an gléas a bhíos ann leis an bhféar a **rácáil**. **Cocaí láimhe** a thugtar orthu sin a bhféadfadh duine dó nó trí de chéadta féir a chur i gcuideachta iontu.

Má bhíonn aimsir bhriste ann is go mbeadh faitíos ar dhuine an féar a ligean amach, is féidir é a **athdhéanamh** agus na cocaí láimhe a dhúbailt. Nuair a bhíos an féar ionann is a bheith sábháilte, mura mbí am ag duine a chur isteach san **iothlainn** nó san **agard** déantar **síogáin** de agus cuirtear tuí ar a mullach le **díon** a thabhairt dóibh ar an mbáisteach. Málaí a chuirtear in áiteacha ar na cocaí mar a bhíos an-díon iontu.

Nuair nach mbíonn féar ach cúpla lá bainte agus gan aon triomú rathúil ann bíonn sé **craobhghlas**. Nuair a bhíos sé tamall faoin ngrian bíonn sé ag **seargadh** agus ag laghdú nó ag stálú. Ní bhíonn an féar **luibheannach** éasca ar a thriomú mar bíonn an sú agus an meáchan ann.

Nuair a bhíos an féar á chur isteach san iothlainn nó san agard ní mór an talamh a rácáil agus gach uile **thiomsachán** a chur i dtoll a chéile. Ní mór féar a bheith ionann is 'chomh tirim le snaoisín', mar a deirtear, sula bhféada tú **cruach** a dhéanamh de. Má chuirtear féar isteach i gcruach gan é a bheith sách tirim **téifidh**[6] **sé** agus beidh an féar ó rath.

Féar den tsórt sin, bíonn sé ag **dreo** (greo) nó **dreoite** (greoite)[7] agus ní bhíonn sé folláin. **Féar tirim** é ó bheas sé sábháilte. Rud a bhfuil balachtáil chinnte agat as is **féar tirim duit féin** é. An té nach bhfuil **bráicín**, nó **seid** aige lena chuid féir a chur isteach inti caithfidh sé é a chruachadh san iothlainn (agard). Ní mór don fhéar é a bheith tirim faoina bhun. Leis sin a bheith amhlaidh caithfear **farrúch** (nó **foradh**) a chur faoi de **mhuineacha** nó de chlocha, nó de chlocha agus de mhuineacha i gcuideachta. Is éard a bhíos sna **muineacha** slata láidre **saileoige**. Coinníonn siad an féar aníos as an bh**fliuchán** agus ó lobhadh agus ligeann siad beagán den aer isteach faoi. **Bearúch** a thugtar in áiteacha ar an bhfarrúch. Ní mór déanamh cothrom de réir a chéile thart faoi gcuairt a thabhairt ar chruach (nó coca) le nach mbeidh **dronn** nó **leathmhaing** uirthi. Má bhíonn sí rómhór mar sin titfidh sí i ndiaidh a leataoibh. Ar an gcuma chéanna, ní ceart **boilsc** nó bolg amach a fhágáil uirthi. Nuair a bhíos an coca déanta i gceart ní bhíonn boilsc ná dronn air. Nuair a bhítear ag déanamh coca nó cruaiche, déantar bonn nó **cos** fúithi. Nuair a bhíos an chos a trí nó a ceathair de throithe ar airde déantar **sceimhil** amach uirthi, agus sileann sé sin an t-uisce di. Déantar í a bhiorú ansin isteach ina barr agus cuirtear **súgán mullaigh** uirthi.

Nuair a bhíos an chruach nó an síogán déanta, cuirtear **tuí** uirthi (i.e. luachair nó a leithéid). Croitear agus tarraingítear an tuí agus cuirtear ar dhá thaobh agus ar mhullach an choca nó na cruaiche í. Coinníonn an sceimhil í ó bheith ag titim le fána. Ansin cuirtear súgán mullaigh uirthi agus **súgáin trasna** – sin iad na **trasnáin**. Fítear súgán isteach tríothu sin agus déantar **mogaill** díobh, mar a dhéantar le líon nó le heangach. Coinníonn siad sin an díon go deas luite agus ní thugann siad cead don ghaoth í a **fhuadach**. Súgáin a bhíos in aice le coirnéil na cruaiche – sin iad na **ceathrúna**. Nuair a bhíos súgán dúbailte ann – déantar é sin lena láidriú – **buarach** a thugtar air. Buarach (i.e. bó-árach) a thugtar freisin ar cheangal an bheithígh (féach lch 72). Cuirtear **ancairí** ar na súgáin.

Cuirtear, uaireanta, **rópa tuí-cháiteach** ar choca féir; sin rópa a dhéanfaí de thuí, nó de **gheatairí**, i.e. fióga móra nuair a bhíos siad bruite, buailte. Maidir leis na geatairí, dhéanaidís na fióga a tharraingt as a mbonn féin agus bhuailtí le slis iad agus dhéantaí iad a bhruith in uisce. Dhéanfadh a **mbá** chomh maith leis an mbruith, ach chaithfidís a bheith i bhfad báite. Dhéanaidís srathair, nó **srathróg** bheag díobh lena gcoinneáil gan scor óna chéile a fhad is a bheidís á mbruith nó á mbá. Maidir le **tuí-shrathar**, déarfadh duine 'bhuailfeadh sé

tuí-shrathar ar chúigear acu', i.e. go mbuailfeadh sé gach
a dtogródh sé orthu, i.e. an-lascadh a thabhairt dóibh.
Dhéantaí mata tuí-cháite freisin le haghaidh na
srathrach. Is cosúil gur as an bhfocal céanna a d'fhás
cáiteog nó mata, nó b'fhéidir gurb é sin an mata a chuirtí
faoin gcoirce, etc., nuair a bhíodh sé á cháitheadh. De
líon a dhéantaí an cháiteog.

Féar a fhaigheas go leor fliucháin nuair a bhítear á
shábháil le go mbíonn sé leathlofa, deirtear go bhfuil
aimliú (nó am(h)lú) faighte aige. Deirtear freisin é le
feamainn a bheith ag lobhadh san **adhairt**. Féar a bhíos i
bhfad ar an talamh gan a thógáil bíonn sé **tuarlofa** nó
breaclofa. Má bhíonn sé go han-dona bíonn sé **rodta**.
Aorthann[8] a thugtar ar chineál maith féir, mar atá ráite
san amhrán: 'Tá aorthann ann go básta.' Nó tugtar é ar
fhéar a fhásas le talamh nó ar bhruach: 'Tá sé chomh
fada le ribe nó seamaide aorthainn' a deirtear. Fásann sé
i dtalamh a bhíos **an-leasaithe** le sú carn aoiligh. Tugtar
féar glúiníneach freisin ar fhéar atá ag fás le talamh a
bhfuil glúin faoi. Ní hionann é seo agus **ar a leathghlúin**,
mar a bhíos coirce ar a leathghlúin nuair a bhíos sé **sínte**,
nó ionann is é, agus is deacair é a bhaint ansin. Fásann
féar glúiníneach go minic i **gcoinleach** (nó i gconlach),
i.e. áit a mbaintear arbhar.

Cuirtear síol féir le cineál maith a chur ag fás. Sa
tráithnín a bhíos an síol. Cuirtear **seamair** (i.e. seamair
chapaill) ag fás le blas a chur ar an bhféar, agus sin
mianach maith. An **tseamair** Mhuire a thugtar ar
'sheamróg na gceithre mbileog', mar a deirtear le duine
ádhúil, nó sona, 'fuair tú an tseamair Mhuire.' Is í an
tseamróg an tseamair aonraic. **Seamaide**[9] a thugtar ar
ribe den fhéar. Tugtar **sprúille** freisin air, nó ar rud beag
ar bith. Mar a dúradh faoi Bhlácach Óráin:

Níl aon ghiorria crúbach ó Ghaillimh go Cill Chonla,
Nó as sin suas go haill Bhaoi Bheárra [...]
A d'íosadh aon sprúille, ar maidin ins an drúchta,
Nach n-íocfadh sé go dúbailte an pháighe.[10]

B'fhéidir go bhfuil gaol aige le **spruán**, i.e. rud beag, mar a déarfaí 'tá sé ina mhionspruánaí.' I dtaobh seamaide, tá an *seam-*[11] céanna ina lán focal, mar atá **seamsóg, seama** na gcaorach, etc.

Tugtar **foithnín** freisin ar sheamaide beag aonraic, mar a deirtear 'níl foithnín ag fás ansin.' Is é an fochann, nó an **lorga** tamhan an bhlátha. **Abhra** a thugtar ar gach mionbhileog den bhláth féin, mar abhra an róis, agus **trilis** nó **ciabh** ar an bhfionnadh beag a bhíos istigh sa gcuachán. Is í **an chnámhach** 'fráma' na bileoige. **Ros** atá ar an síol. *Gaisne*[12] a bhí sa tSean-Ghaeilge ar an ngint úr, nó an **cabhán** a thagas tríd an gcraobh. **Snafach** an fháis an sú.

Maidir le cineálacha féar nó tailte,[13] is féidir ainm a chur orthu seo: **Scéiteach**, i.e. féar agus luachair measctha trína chéile. **Sciúnach**, ie. féar gearr nach bhfuil aon tairbhe ann. Trí **dhearglaoch** nó caonach a fhásas sé. **Múrluachair** – cineál féir ghairbh a mbíonn bláth air mar an luachair. **Ruaiteach** a thabharfaí ar thalamh a mbeadh a leithéid sin ag fás air. Is iondúil go mbíonn an talamh ard go maith. Ní fhásann aon mhóinéar air. **Fiataíl** – sin féar garbh. **Ruán** ainm eile a thugtar ar thalamh móna, agus **réabán** ar dhrochthalamh gan mhaith.

Bíonn fiataíl nó **tuí shúgáin** ag fás ar thalamh bungharbh. Féar tirim, crua é atá éasca ar a thriomú. Is de a dhéantar súgáin. Nuair a bhíos sé á fhuadach le gaoth sa bhfómhar agus dath bán air déanann sé **fiontarnach**. Tá cineál a dtugann siad **ceoltán** air, i.e. féar beag, crua, tirim a fhásas in áit a bhíos bocht agus a mbíonn caonach air. Bíonn torann aige dá siúilteá air. **Féar boilgíneach** ainm eile air.

Bíonn na cineálacha seo ag fás trí fhéara: adhann, ainleog, fóthannáin, fearbán, paoille[14] (in áiteacha fliucha), duán ceannchosach, tae an chnoic (tae maide), seamair chapaill, caisearbhán, slánlus, lasair léana,[15] sobhrach, crúibíní cait (bláth buí), ruabhéil rí (bláth beag dearg), sailín cuach, athair thalún, airgead luachra, etc.

An tArbhar

Croitear an síol ar an talamh treafa nó romhartha. Tá sé ag **gint** nó ag **gineadh** nuair atá sé ag cur amach. Nuair a bhíos sé scaitheamh aníos as an talamh bíonn sé **i ngeamhar**, nó bíonn geamhar air nuair a bhíos sé éirithe go maith aníos as an gcréafóg. As an ngeamhar téann sé **i ndias** nó **i mbuinne**. Bíonn ansin an fómhar ag dul i mbuinne nó tosaíonn an fómhar ag **teacht i mbuinne**, i.e. nuair a bhíos sé ag teacht as an ngeamhar aníos.

Ansin téann sé **i gcraobh**, sin nuair a bhíos an **gráinne** ag teacht ar an dias. 'Tá seagal i gcraobh ann' a dúirt Raiftearaí. Tosaíonn sé ag **aibeachan** ansin agus is gearr uaidh go mbí sé **aibí**. Deirtear go mbrisfeadh an seagal a chroí mura mbeadh sé i gcraobh Lá Fhéile tSin Seáin. Ní bheadh air ach tuí ghearr mura gcuirtí in am é. Sin é an fáth a ndeirtear 'teacht an tseagail an teacht fada, mall nó righin.'[16]

Dias choirce, sin í an **lorga** agus na gráiníní nó an méid a fhásas ar aon dlaoi amháin. **Coinlín** – sin é an lorga atá ar an dias nó píosa den lorga nó **den chonnall**. **Alt** na déise an áit a bhfuil ceangal idir gach dhá chuid de. **Coinleach** nó **conlach** an talamh atá fágtha tar éis an t-arbhar a bhaint. **Fochann** a bhí fadó ar an lorga. Tá sé fós sa gcaint 'níl féar ná fochann ann.' Is dócha gurb é a ghaol atá sa bhfocal **foithnín** nó **foichnín**.

Ní mór coirce a bhaint sula scoire an ghaoth é, i.e. an síol a bhaint de. Nuair a bhíos gaoth ag séideadh bíonn an coirce á chaitheamh an taobh a bhfuil an ghaoth ag dul. Má fhaigheann sé an iomarca báistí bíonn sé **ar a leathghlúin** nó **sínte**.

Más le **corrán** a bhaintear é is **ina dhornáin** a bhaintear é. Bíonn dhá dhornán nó trí i b**punann**. **Crios** a bhíos ag ceangal na punainne. **Punann** is fiche atá sa m**beart**. Déantar **stuca** nó **stucaí** de na punanna. Dúblaítear na stucaí le linn aimsir gharbh a bheith ann, nó má bhíonn sé ag tolgadh báistí.

Nuair a bhíos an coirce sábháilte déantar **cruach** nó **stáca** san iothlainn de. Is mó **an chruach** ná an stáca. Déantar freisin cruach bheag, chaol a dtugtar **síogán** air.

Nuair a bhíos an coirce seargtha go maith sa gcruach, buailtear é. Le hinnleán buailte is mó a dhéantar sin ar an saol deiridh seo. Fadó is le súiste a bhuailtí é. Bíonn an súiste ina dhá chuid, an **buailteán** a dhéanas an bualadh agus an **colpán** a bhíos i láimh an bhuailteora, agus an **iall**, nó an **teanga**, á gceangal. An **cochán** an tuí nuair atá an gráinne bainte di.

Déantar é a cháitheadh ansin, i.e. an lóchán a bhaint de. Baintear **an cháith** de nuair a bhíos sé á mheilt. Is é an **cáithnín** an chuid den ghráinne is gaire don bhia. Nuair a bhítear ag cáitheadh coirce, má bhíonn gaoth láidir ann, déantar **seol foscaidh** nach ligeann dó scaipeadh. Iompraítear an coirce **ar bhodhrán** a dhéantar de chraiceann beithígh. Triomaítear an coirce ar **áith** sula dtugtar chun an mhuilinn[17] é. Deirtear gur 'mairg a chuir sraith na háithe ar a mhuileann'. Ar an tsraith sin a thriomaítear an t-arbhar. Plúr nó min chaiscín agus bronnach agus deannach muilinn atá fágtha nuair atá an chruithneacht meilte.

An t-arbhar atá le meilt, is **bleitheach** é. Tugtar bleitheach freisin ar fhear mór, bríomhar, láidir, i.e. fear a bheadh chomh bríomhar le mála arbhair, ionann is. I d**tornóg** a dhóitear aol.

Na Fataí

Níl tír ar bith is mó a bhfuil tóir ar fhataí inti ná in Éirinn mura bhfuil sa bPomaráin, cúige atá sa gcuid thoir thuaidh den Ghearmáin.[18]

> Fataí tráth agus dhá thráth fataí,
> Agus an lá nach bhfaighimid ár sáith den fheoil,
> Go bhfaighimid ár seacht sáith de na fataí.[19]

Nuair a bhíos fataí á gcur, rómhraítear nó treabhtar an talamh i dtosach. In áit nach ndéantar sin, má tá sé ina **thalamh bán** déantar a **shioscadh** agus tógtar **feirbín** nó fód boird, nó fóidín baic, is é sin, **áit na díge** (na claise) mar is éard atá ann comhartha le haghaidh an iomaire agus na díge.

Bíonn an t-**iomaire** ó thrí troithe go dtí trí troithe go leith ar leithead. Ní mór don díog nó don **chlais** nó don **eitre** a bheith ó throigh go dtí ocht n-orlaí déag. Scartar an leasú ar an iomaire más aoileach nó diúain é, is é sin, más os a gcionn atá tú ag dul á gcur nó ar an bhfód. Is ionann fata a chur **ar an bhfód** agus a chur gan **rómhar** ná treabhadh. Scartar na scealláin agus fágtar ó naoi n-orlaí go dtí troigh idir gach dhá sceallán agus clúdaítear iad leis an gcréafóg as an díog. Mar a dúirt an Spailpín Fánach:

> B'fhaide liom an lá bheinn i dtír gan charaid
> Ná bliain mhór fhada is ráithe
> Ag baint na díogan is dá síorchartadh
> Go dtéadh an ghrian ina háras.[20]

Tugtar **clais** agus **seoch** in áiteacha ar an díog.

Má bhíonn beirt ag obair sa ngort gabhfaidh gach aon duine acu ag obair **ar a dheis**, is é sin, fear **deiseal** agus fear **ciotach**. Gabhfaidh duine acu chun tosaigh agus osclóidh sé an díog agus tiocfaidh an fear eile ina dhiaidh ar an m**boirdín**. Osclóidh sé a leath agus fágfaidh sé an leath eile ina dhiaidh ag an dara fear. An fear atá sa díog colbha (i.e. leathdhíog) gearrfaidh sé **preab** (spreab) agus caithfidh sé isteach ar **a dheis** an phreab agus clúdóidh sé leath an iomaire. Rachaidh an dara fear sa díog dhúbailte agus scoiltfidh sé a leath agus folóidh sé a chion féin den iomaire agus fágfaidh sé an boirdín ina dhiaidh le haghaidh leath an chéad iomaire eile.

An fear atá ag **scoilteadh**, tá dhá ghearradh nó scoilteadh le déanamh aige. Caithfidh sé sioscadh ar an dá thaobh den phreab. An fear atá ar an mboirdín, níl air ach aon sioscadh amháin, sioscadh cúl-láimhe.

Is é an boirdín an talamh glas ar an mbruach. Is é an feirbín an fód a iompaítear. Den bhoirdín leath na díge atá fágtha le haghaidh an taoibh eile.

Nuair a thosaíos an fata ag fás san earrach, cuireann sé **bachlóg** amach. Nuair atá sé ag tosú ag cur na bachlóige amach, tá sé ag **gint**[21] nó ag **goineadh**[22] nó ag **gineadh**, agus cuireann sé **péicín** amach.

Nuair a bhíos síol le cur san earrach, gearrtar na fataí ina **scealláin**. **Scoilteáin**[23] a thugtar in áiteacha orthu. An chuid den fhata nach bhfuil aon súil ann caitear de leithligh é. Sin é an **laíon** nó an **logán**.

Maidir leis an talamh, **talamh bán** an talamh nár cuireadh le fada agus a bhfuil féar ag fás air. **Fataí talún báine** a thugtar ar na fataí a bhíos ann. Nuair atá an talamh bán iompaithe nó treafa, tá sé **ina bhranar** nó **ina bhranra**.[24] Talamh (nó créafóg) arúil, talamh a bhfuil créafóg bhreá, bhriosc ann le haghaidh cuir. **Scantalamh** – sin talamh nár cuireadh le fada. Thugtaí 'seangán seantalún' sa tSean-Ghaeilge ar sheangán maith cruachúiseach.

Talamh a bhí curtha an bhliain roimhe, **talamh loirg** é. Tugtar **ithir** nó **lorg** freisin ar an talamh loirg. **Iomaire loirg** a deirtear le hiomaire i dtalamh den tsórt sin. Más talamh loirg nó choinligh a bhíos á chur, déantar **crioslán**, is é sin an talamh a rómhar agus a bhogadh sula ndéantar aon chur ann. Maidir leis an ithir nó lorg, déantar na fataí nó na scealláin a **shá** san iomaire. Déantar na scealláin a **mhúchadh** ansin. Na poill a dhéanas duine leis an láí leis an sceallán a shá iontu, na **fágálacha** a thugtar orthu sin in áiteacha.

Nuair a bhíos scealláin tamall curtha i dtalamh loirg, sula dtosaí an **gas** (**das**) ag teacht aníos, déantar iad a **fhódú**. Nuair atá siad fódaithe, tá an cur déanta. Deir na fir ansin go ndóifidh siad na lánta, etc. mura bhfaighe siad deoch.

Nuair a bhíos **cur** mór déanta ag duine deirtear go bhfuil **deargadh mór** nó **curaíocht mhór** déanta aige. Nuair a bhíodh piseoga ag daoine, bhíodh **teir** ar laethanta áirithe, i.e. nár cheart aon deargadh a dhéanamh na laethanta sin, cuir i gcás, Luan Cincíse, in áiteacha.

Nuair a bhíos fataí tamall curtha nó **fódaithe** agus go dtosaíonn na **dasacha** nó na **gais** ag gobadh aníos, déantar iad a **lánú** nó a **shaothrú**, is é sin, an **lán** nó an chréafóg a bhaint sa díog (san eitre) agus í a chur le sluasaid idir na dasacha. An **marbhlán** a thugtar ar an méid atá fágtha tar éis fataí a fhódú. Deirtear ʼgo dtigeann arbhar díreach ar an ngrua chamʼ. **An ghrua** a thugtar ar cholbha an iomaire.

Nuair a bhíos **dasacha** maithe ar fhataí, deirtear go bhfuil **barr** breá orthu. Is é an **barr** an méid de na dasacha (gais), nó dʼfhás ar bith atá os cionn na talún. Nuair a deirtear go bhfuil **barranna maithe** ag duine is ionann sin agus a rá go bhfuil na dasacha, etc. ag breathnú go maith agus go bhfuiltear ag súil go mbeidh an **tabhairt** dá réir. An tabhairt a thugas an talamh uaidh mar sin, is é **dán** na talún é, i.e. bronntanas nó tabhairt, mar a deirtear ʼníl sé ar dhánta na talún rud is fearr ná é.ʼ Bheadh sé seafóideach a rá ʼgo gcuirtearʼ na barra. Is é an **síol** a chuirtear. An rud a fhásas as an síol nuair atá sé os cionn talún, sin é an barr. Síol arbhair a bhíos á chur is é an chaoi a gcroitear é.

Sula ndéantar fataí a lánú nó a shaothrú, má bhíonn **salachar** nó **luifearnach** ag fás aníos tríothu, déantar iad a **ghlanadh**, nó déantar **gortghlanadh** ar an bpáirc gan na dasacha a chorraí. Ach ní bheidh aon tabhairt rathúil ar ghort fataí bliain ar bith nach dtiocfaidh teas lena n-aibeachan. ʼNíor tháinig gorta riamh le triomachʼ a deirtear.

Tar éis iad a bheith **lánaithe** (saothraithe), ní dhéantar tada eile arís leo go dtosaítear á mbaint, ach amháin na gais a níochán nó a bhforspréachadh le cloch ghorm leis an **dúchan** a choinneáil díobh.

Nuair a bhíos siad bainte ar an iomaire, ansin ní mór iad a **phiocadh** nó a **dtoghadh**. Is minic a choinnítear gasúir sa mbaile ón scoil ʼag toghain fhataíʼ, mar a choinnítear ag **fosaíocht**, i.e. ag tabhairt aire do bheithígh sa samhradh, iad le faitíos go rachaidís sa gcur. Toghtar astu na fataí móra agus cuirtear i g**clais** iad, agus cuirtear na **póiríní**, nó na fataí beaga, i gclais ar leith leo féin. Má bhíonn drochfhataí ann **creacháin** nó **screacháin** a thugtar orthu.

Mura gcuirtear mórán fóid, nó **láin**, ar fhataí, éiríonn siad aníos as an gcréafóg. **Fataí dó gréineacha** ansin iad. **Fata seaca** a thugtar ar fhata a mbeireann an sioc air. **Fata carrach** an fata a bhfuil craiceann garbh air, mar a bheadh 'faithní' air. Féach lch 192.

Ní thiteadh ná ní thagadh **dúchan** (nó **buíochan**) ná seargadh rua ar na fataí in Éirinn roimh bhliain an drochshaoil, 'go dtáinig an lobhadh agus an phlá'. Is é an chaoi ar lobh na fataí sa talamh sa mbliain 1846 agus loiceadar nó mheathadar an bhliain dár gcionn. Buíochan a thagas blianta agus dúchan blianta eile. Má dhéantar an forspréachadh go maith fanann na dasacha **breacghlas** tamall fada go mbí siad aibithe.

Seo cineálacha salachair a bhíos ag fás trí fhataí: Neantóg chaoch (cineál ruda mar a bheadh neantóg ann), cluanach dhearg, fliodh, ainleog, caisearbhán, pearbán, etc.

Nuair a bhítear ag cur fataí nó síol ar bith, ní mór talamh arúil, so-oibrithe lena n-aghaidh. Seantalamh, go hiondúil, is fearr, mar an talamh a bhíos á oibriú rómhinic bíonn sé spíonta. Is fearr **talamh créafóige** ná **talamh múirín** mar is mó den mhianach a bhíos ann a chuireas fata ag fás. Is seanfhocal é 'ag treabhadh na sléibhte agus an **talamh réidh** a fhágáil gan saothrú.'

Mura mbí ann ach ithir éadrom agus **alúin bhuí** ag **freagairt** ann, is suarach an barr a bheas uirthi. Is mar a chéile **don chréalach**, i.e. gaineamh agus créafóg trína chéile. Má bhíonn clocha nó **leac liath** ag freagairt in íochtar na créafóige bíonn **easonóir** mhór agus **sclábhaíocht** ar an té a bhíos ag iarraidh a bheith á saothrú.

Talamh cuir a thugtar ar thalamh atá feiliúnach le cur. **Talamh beatha** mórán an rud céanna. 'Talamh maith beatha é' a déarfadh duine. Talamh biatach a leithéid eile, mar a dúirt Seán Ó Neachtain, 'go bánta biatacha Dhroma Chollchoille'.[25]

Sa seansaol, os cionn céad bliain ó shin, thugadh na tiarnaí talún, nó na hoidhrí dúiche, thugaidís taobh an chnoic do thionóntaí agus do sclábhaithe bochta le saothrú agus le fataí a chur ann. Sin é an fáth a bhfuil iomairí fós le feiceáil leath bealaigh suas ar thaobh an chnoic. In aisce a thugaidís dóibh i dtosach é, agus nuair a bhíodh sé saothraithe go maith acu bhuailidís cíos trom air.

Ní raibh sé éasca an uair sin **aoileach** ná **leasú** a fháil le cur ar an talamh ná a iompar suas in aghaidh an chnoic. Is éard a dhéanaidís an uair sin **grafadh** a dhéanamh le grafán. Bhainidís na scraitheacha den talamh, dhéanaidís carnáin díobh agus dhóidís iad agus scaipidís an luaith ina leasú ar an talamh. Bhí an gnás ina lán áiteacha sa seansaol agus tá sé i gceist fós i gceantair áirithe.[26] Ach in áit feabhas a chur ar an talamh is éard a dhéanadh sé spíonadh agus athspíonadh air. Chuir **bliain an drochshaoil** deireadh le saothrú na sléibhte sa gcuid is mó den tír. Ach thosaigh an Rialtas seo againn arís air sa saol deiridh seo (1926) i Seanadh Phéistín, nó sa gCluais, nó i 'ngleann' na Cluaise in aice le hUachtar Ard.

Sa seansaol bhíodh fir **chrua, mhiotalacha** ann a bhíodh **antoisceach, driopásach**, gan **buille marbh** ar bith ina gcuid oibre. **Rúscairí** a thugaidís in áiteacha orthu. Is áibhéil an lán a dhéanfadh **meitheal mhaith** fear an uair sin. 'D'ordaigh cinnire cúnamh' a deiridís, i.e. an fear atá i mbun na hoibre, más leis a críochnú go luath, ní mór dó **cúnamh** nó meitheal mhór fear.

Ach le tamall anuas, tá an **cúnamh** ag imeacht as an tír, agus an méid atá ann níl an fonn céanna oibre orthu. Ní mór leo **luach a sláinte** a bheith go maith acu, i.e. an rud a chuirfeadh ann dóibh mar chúiteamh an dochar a dhéanfadh an obair dá sláinte.

Gan cúnamh ní féidir bail a chur ar an gcuraíocht, agus d'fhág sin go bhfuil go leor de na páirceanna **á ligean amach chun féir**. Nuair a imíos na daoine as an tír, bíonn an **tír ag dul chun báin**. **Bánáit** a thugtar ar theach agus talamh nach bhfuil **aon chónaí** ann. Bíonn teach **á bhánú** nuair a bhíos na daoine ag imeacht as.

Is í an láí an gléas oibre atá fós sa gcuid is mó den Ghaeltacht. Is **ball acra** gach uile ghléas oibre dá mbíonn ag feirmeoir.

Is ionann **feac** na láí agus cos nó **lorga** na láí agus an **bhróigín** i gcuideachta. Is ionann an **bhróigín** agus an áit a leagann tú do chos. **Cluasa** a bhíos ar an spád. Tugtar **feirc** nó **feircín** ar áit na coise nó cluasa na spáide. Tugtar éiric[27] in áiteacha ar áit na coise. An **luiseag**:[28] is ionann sin agus an áit a gcuirtear síos an feac. An **aoile**[29] an chuid a thagas timpeall ar an bhfeac taobh thiar. **Cró na sluaiste** atá ar an áit a gcuireann tú an chos sa tsluasaid, mar atá cró na snáthaide.

Maidir leis an **gcéachta**, féach lch 214.

Nuair a bhíos fataí á ndíol ar an margadh meáitear iad, nó déantar iad a mheá agus tugtar an oiread seo an chloch orthu.

Cuirtear pis, cóilis, biatas, cabáiste, pónairí, meacna, cearrbhacáin, oinniúin agus a lán cineálacha eile ag fás i ngarraithe. **Crann** a bhíos ar an gcabáiste, i.e. crann cabáiste. Cuirtear freisin sútha salún, sútha craobh agus crainn spíonáin, crainn phiorraí, abhaltóirí (crainn úll), etc. ag fás sa ngarraí agus bíonn caora milse orthu.

Bíonn **sméara** ag fás ar na driseacha cois na gclaíocha agus ar fud na háite agus **fraochóga** sna cnoic agus ar oileáin locha. Caora a bhíos ar an gcaorthann; agus mar atá ráite san amhrán:

> Gidh gurb ard é an crann caorthainn bíonn sé searbh as a bharr,
> Is fásann sméara agus bláth sú craobh ar an gcrann is ísle bláth.[30]

Meas a bhíos ar na crainn úll is na crainn phiorraí agus crainn na coille, sin, nó torthaí:

> Ní ar sliabh ná ar mínleach atá stór mó chroísa
> Ach ar thaltaí aoibhinn a dtig torthaí ar chrainn,
> Bíonn an chuach go haoibhinn ar bharr na craoibhe ann,
> Tá an chruithneacht mhaol ann is an coirce bán.[31]

Úllord (úllghort) a thugtar ar an ngarraí a mbíonn crainn úll (abhaill) ag fás ann.

6 An Mhóin

Is fearr goradh chúl gcos
Ná céad bó ar chnoc.[1]

An té a bhfuil dúil aige móin a bhaint, caithfidh sé, ar an gcéad dul síos, **portach** a bheith aige. Ansin déantar an portach a **shioscadh**[2] le barr na láí agus an leithead ceart a fhágáil ann. Tuairim is **cion** seacht bhfód a fhágtar go hiondúil i leithead an phortaigh – nó cibé leithead a bheadh ag teastáil. Ní mór **dorú** lena aghaidh sin – **lena shioscadh**. Ansin **scraitear** an portach agus caitear na scraitheacha sa **lagphortach** nó sna **gaothóga**, i.e. na lagracha a mbíonn uisce ag cruinniú iontu ar an mbruach. Ní mór é sin a dhéanamh le **hionlach** nó plás a dhéanamh don mhóin.

Is le **sleán** a bhaintear an mhóin, i.e. gléas ar dhéanamh láí ach nach bhfuil sé chomh leathan léi agus nach bhfuil aon bhróigín air. Tá gob amach air a dtugtar **an bhinn** air, i.e binn an tsleáin, agus is léi a ghearrtar na fóid agus a dhealaítear óna chéile iad. Bíonn bróigín ar chuid de na sleánta.

Fear sleáin, nó **sleántóir** nó **sleádóir** a thugtar ar an bhfear a bhíos ag baint na móna. Gach sraith fód a bhaineas sé i ndiaidh a chéile, sin **barr**.

Is éard a bhíos i ndoimhneacht an phortaigh go hiondúil ó cheithre bharr go dtí seacht mbarr. An áit a bhfuil portaigh dhoimhne mar Chonamara nó Móin Éile, bíonn an t-uisce ag cruinniú in íochtar iontu. In áiteacha eile bíonn an **dóib** nó an charraig ag freagairt iontu.

Is féidir móin a bhaint ar dhá chaoi, i.e. d'fhéadfadh duine a baint faoi síos nó **as a hucht**. An té atá á baint faoi

síos is ar bhruach an phortaigh nó uachtar gach bairr a
sheasas sé. **Móin sleáin** nó móin dhíreach a bhaineas sé
sin. Leis an **móin uicht** a bhaint, sa **lagphortach** a
sheasas duine, i.e. in íochtar agus baineann sé an mhóin
uaidh isteach. Ní **sceitheann** an mhóin uicht chomh mór
leis an móin sleáin.

Tá cineál eile móna ann ar a dtugtar **móin fhuinte**. Is
éard a dhéantar léi sin, baintear carnán múirín, b'fhéidir
i bh**fáslach** seanphortaigh, i.e. san áit ar baineadh móin i
bhfad roimhe sin. Ansin bítear ag dallcairt uisce uirthi
agus ag **saltairt** uirthi cosnochta go mbí sí fuinte ar nós
cáca. Déantar í a chumadh amach ina meallta beaga
ansin, nó ina fóid, agus cuirtear le hais a chéile iad á
dtriomú. Ní dhéantar an cineál sin ach san áit a mbíonn
móin an-ghann agus na portaigh i ndáil le bheith ídithe.

Tá sé de scéal go raibh duine de Mháirtínigh[3] Bhaile
na hInse fadó thall i Sasana agus go raibh sé ar a chuairt
ag boc mór éigin ansin. Bhí tine ghuail thíos.

'Ba suarach an éadáil do chuid mónasa ar a ghualainn
sin' a dúirt an Sasanach leis. 'Is fearr an mhóin' a dúirt
an Máirtíneach.

Chuireadar an geall – an Máirtíneach as an móin agus
an fear eile as an ngual agus bhíodar lena bhféachaint an
bhliain dár gcionn. Chuir an Máirtíneach móin fhuinte á
déanamh de chlochmhóin a baineadh thíos in aice na
dóibe. Chuir sé geir inti istigh. Sábháladh go maith í
agus cuireadh anonn cúpla mála di. Cuireadh dhá thine
síos agus dhá thúlán orthu. An chéad túlán acu a
d'fhiuchfadh, is ag fear na tine sin a bheadh an geall.
Phléasc an túlán a bhí ar thine an Mháirtínigh le méid an
teasa agus an fhiuchta. Is é an ghnóthaigh an geall.

Nuair a bhíos an mhóin tamall bainte scartar í. In
áiteacha bítear á scaradh de réir mar a bhítear á baint.
Scaradóir atá ar an té a bhíos á scaradh. Na gasúir is na
buachaillí a bhíos á scaradh, is minic a bhíos siad ag
caitheamh **dairteacha** le chéile, i.e. giotaí beaga de na
fóid.

Nuair a bhíos sí seachtain nó mar sin bainte, má
bhíonn aimsir mhaith ann, tosaíonn sí ag **traoitheadh**

agus ag cruachan, i.e. craiceann ag tíocht uirthi agus ag laghdú. Déantar **gróigíní** ansin di. Bíonn timpeall a sé nó a seacht bhfód sa ngróigín, nó tuilleadh má bhíonn sí tirim. Ar na geadáin chrochta, ar thuláin is tortóga an áit is fearr le gróigíní a dhéanamh. A **meandráil** a dhéantar in áiteacha. Ní bhíonn, ó cheart, ach trí fhód sa meandar. Sin é an fáth a ndeirtear 'ní bheinn trí mheandar leis.' Nuair a bhíos an mhóin réasúnta tirim sna gróigíní agus gan í sách sábháilte le hí a chur i gcruach, déantar í a **athghróigeadh** nó déantar dúcháin di. Nó déantar **goigíní** di, sin dúcháin bheaga. Nuair a bhíos sí tamall sna dúcháin is féidir í a chruachadh. Tugtar **glambaí** ar na dúcháin in áiteacha (Co. Mhaigh Eo, etc.).

I gcléibh a thugtar go dtí an chruach í, agus áit ar bith ar an bportach a mbíonn **gaothóga**, i.e. lagracha beaga, nó linnte uisce, déantar **cis** nó **ceasacha** de mhuineacha, i.e. slata agus scraitheacha le go bhféadfaidh na daoine agus na hasail siúl orthu.

Nuair a bhíos an chruach á déanamh, toghtar na fóid is faide agus is dírí agus is duibhe le **gníomh** a chur uirthi, i.e. an déanamh taobh amuigh. Tá an focal gníomh freisin mar chuid sa bhfocal **foirgneamh**, i.e. teach, i.e. for-gníomh. Cuirtear balla cloiche le taobh na cruaiche agus ag a dhá cheann in áiteacha; **banrach**[4] atá air sin, nó ar an áit a mbíonn an chruach déanta.

Bíonn dhá chineál nó trí móna ann, i.e. an **sprémhóin**, nó an mhóin bhán in uachtar an phortaigh agus an mhóin dhubh nó **an chlochmhóin** nó **an fhíormhóin** in íochtar in aice leis an dóib nó leis an gcarraig.

Bíonn donnmhóin, móin bhán agus móin fheoil chapaill freisin ann. Clochmhóin uilig a bhíos in áiteacha. Is uirthi a fhásas **an chíb dhubh**. Cíb cheannbháin a fhásas ar an sprémhóin. Tá cineál eile ann, **an mhóin ghiolcaí**, donnmhóin a bhíos go hiondúil inti sin. Móin luatha buí go hiondúil an chlochmhóin.

Is mó a **sceitheas**, i.e. a bhriseas, an chlochmhóin ná an sprémhóin. Is beag den sprémhóin a bhriseas ar chor ar bith ach amháin nuair a chaitear a lán di i mullach a chéile go ndéantar **caoráin** di. **Smúdar móna** nó **grabhar** a thugtar ar an deannach a fhágtar nuair a sceitheas an mhóin. **Marla** freisin a thugtar ar mhúirín portaigh.

Má thagann drochbhliain agus go bhfaighidh an mhóin an iomarca den fhliuchán déanann sí **spairteach,** agus bíonn sí ina **dóideanna** móra fliucha. Nó tugtar spairteach ar mhóin a fhliuchtar agus a thriomaítear arís an athbhliain, nó móin a fhaigheas an iomarca den tsioc san earrach agus a mbaintear an bhrí agus an éitir aisti le sioc agus le fliuchán. **Spadalach** (spaidfhliuch) a thugtar ar an móin nach bhfuil aon **spraic** (nó spreacadh) inti nó a bhíos ina smístí móra fliucha.

Páirc a bhíos ionann is a bheith curtha nó portach a bhíos i ngar dá bheith bainte bíonn sé ar a choirnéal. An mhuintir a oibríos go maith go dtí an oíche bíonn an lá curtha isteach go maith acu.

Má bhíonn drochbhliain ann agus ganntanas móna bíonn ar dhaoine **giúsach** a bhaint, i.e. crainn phéine atá, nó a bhí, sínte sa bportach í. Is é an chaoi a mbíonn an ghiúsach ina **salt(r)acha** agus ina **carcairí,** i.e. bun na gcrann. Is beag sail ghiúsaí atá anois ar fáil mar tá ionann is a ndeireadh bainte. Nuair a leagadh, fadó, na crainn ghiúsaí nó ghiúise agus go raibh na saltacha tamall caite ar an bportach, is gearr go ndeachadar tríd síos agus go raibh sí faoin talamh. Bhíodh bioranna géara san am fadó ag daoine á tóraíocht. Bhí bealach freisin lena bhfáil nuair a théití amach san adhmhaidin le héirí na gréine bheadh sé le n-aithint an áit a mbeadh an tsail mar ní luíodh an drúcht chomh mór uirthi.

Le tua a bhaintear an ghiúsach. Bhí sé ráite freisin go raibh draíocht ar an ngiúsach mar ó d'áiteodh duine ag scoilteadh carcair ghiúsaí ní fhéadfadh sé scor den obair go mbeadh an **cipín** nó an **míothán** deiridh di bainte.

Nuair a bhíos an ghiúsach bainte ní mór í a fhágáil cúpla lá ag triomú nó ag stálú. Ansin déantar míotháin di le cur ar an tine. Déantar **coinnle** di leis na cipíní caola a cheangal ina chéile le súgán. Bíonn na coinnle sin tuairim is ceithre troithe ar fad agus bíonn siad ag na fiagaithe (fiagairí) nuair a bhíos siad ag **coinnleoireacht** agus ag **duántacht**⁵ nó ag saighdeadh ag iarraidh bric agus bradáin a mharú ar na haibhneacha. Faightear fós féin uaireanta **bró** nó meall ime nó saille sna portaigh a cuireadh ansin sa seansaol.

Cléibh: Maidir leis na cléibh a bhíos ann leis an móin a iompar iontu, bíonn dá chineál acu ann, (1) an **cliabh** gnách a iompraítear ar an droim, agus (2) na **pardóga** nó na **lóid**. Pardóga is mó a thugtar ar chléibh asail agus lóid ar chléibh chapaill.

De choll nó de shaileog gheal a dhéantar na cléibh. Is é an chaoi a gcuirtear slata ina seasamh a bhfítear na slata saileoige (nó coll) eile orthu. Na **sáiteáin** atá orthu sin. Is iad na slata a bhíos thart máguaird na **heasnacha**. Fágtar poill i lár an chléibh, leath bealaigh aníos, leis an gcliabh a ardú ar an droim, nó lena chrochadh le cur ar an **tsrathair**. Na **táiseacha** a thugtar ar na fuinneoga sin. An **buinne béil** an dá shlat nó trí atá fite ar a chéile thart le colbha uachtair nó béal an chléibh agus bíonn na sáiteáin aníos tríd. Ansin bíonn **gad** nó rópa leis an gcliabh a chrochadh ar an ngualainn. An **iris** atá uirthi sin. Bíonn róipín beag anuas aisti ar a dtugtar an **teachtaire** agus bíonn greim ag fear iompair an chléibh ar an téidín sin. An **caoladóir** atá ar an bhfear a bhíos ag déanamh cliabh agus ciseán agus **caoladóireacht** an saothar a bhíos ar bun aige.

Maidir leis an tsrathair, bíonn, i dtosach, **coirb** nó droichead adhmaid agus dhá staic nó pioga sáite isteach inti leis na cléibh (lóid) a chrochadh orthu. **Doirníní** (stoirníní) nó **scoróga** a thugtar orthu sin.

Maidir leis na pardóga, nó na lóid, bíonn tóin scaoilte orthu le cead a thabhairt don mhóin, nó don aoileach, titim le fána nuair a tharraingítear an maide a bhíos fúthu. Tóiníní atá orthu sin. An maide a bhíos fúthu sin ar dhéanamh Y, sin é an **slaidín lóid**. Nuair a tharraingítear an slaidín titeann an mhóin le fána.

Bíonn dhá mhata faoin gcoirb agus iad greamaithe di leis na cléibh a choinneáil amach ó leataobh an chapaill (nó an asail). Bíonn fáisceán faoina bolg agus **tiarach** faoina heireaball. Táscáin a thugtar in áiteacha[6] ar na fáisceáin. Gad cíche atá ar an rópa a cheanglaíos an fáisceán nó an dromán den tsrathair.

Mar atá ráite, bíonn móin chíbe duibhe ann, móin chíbe ceannbháin agus móin ghiolcaí.

Ina cheann sin, bíonn na luibheanna seo ag fás sna portaigh: seisc, i.e. féar fada crua, féar na dtrí ribe, tris mhinleach, tarraingt ar éigean, loime léan, fraoch, mionfhraoch, fraoch Mhuire, fraoch sneách, luachair, múrluachair, fiataíl, fiontarnach, géinneach, crúibín sionnaigh (ar thailte uachtaracha a bhíos an péire seo) railleoga, créachtacha, paoillí, agus a lán eile.

Bíonn **dearglaoch** nó sórt caonach fliuch dearg ag fás sna gaothóga agus na linnte agus **inchinn sléibhe** ag fás ar éadan na dtulán agus na dtortán agus na sean-phortach a baineadh agus a ligeadh i léig. Bíonn an drúchtín móna a bhfuil bláth bándearg air ag fás in eanaigh agus portaigh sa samhradh. Bíonn, freisin, luibh na hurchóide, nó *lobelia*, i.e. bláth gorm, an-tréan sna háiteacha sin.

7 An tAonach, Beithígh, etc.

Tugann duine beithígh, caoirigh, capaill, muca, etc. chun an aonaigh, nó cuireann sé ar an aonach iad. Mar atá ráite: 'chuaigh Beairtle bocht 'un aonaigh lena straoiseacháinín bó'; 'má théann tú 'un an aonaigh tabhair an chaora leat, a holann is a huan.'[1] Agus seasann sé ar an aonach leo, nó **ar chlár** an aonaigh. Bíonn gleo agus béiceach, 'aire dhuit', agus tafann agus maíomh nó muinniú madraí le clos go tréan lá an aonaigh.

Nuair a thagas ceannaitheoir aníos fiafraíonn sé den té atá ag díol **cé mhéad** atá sé a iarraidh ar a chuid stoic, nó cé mhéad atá uaidh. Bíonn díol agus ceannach ar siúl ansin. Bíonn díol maith ann agus drochdhíol, de réir mar a bhíos an saol, suas agus anuas.

Nuair a bhíos an saol go maith, bíonn **fiafraí** mór ar bheithígh agus ar chaoirigh, nó bíonn **imeacht** mór orthu, is é sin, go leor daoine a bheith á dtóraíocht agus á gceannach. Má bhíonn cuid mhaith ceannaitheoirí ar aonach bíonn aonach **briosc** ann, e.g. 'tá siad briosc inniu.' 'Ní raibh aon **ráta** ar bheithígh' focal eile a deirtear. D'fhéadfadh fiafraí a bheith ar stoc gan an t-airgead a bheith mór.

Má theastaíonn níos mó stoic ó na ceannaitheoirí ná a bhíos le fáil ar an aonach bíonn **fuadach** nó **fuadach mór** orthu. Má thagann cogadh cuireann sé fuadach ar stoc. 'Tá beithígh (caoirigh, etc.) **lasta**' a deirtear ansin. 'Coinnigh do ghreim,' a déarfadh fear lena dhuine muintreach, 'tá siad trí lasadh.' Rud a mbíonn imeacht maith air bíonn **tógáil** air.

Mura mbí imeacht mór ar stoc deirtear gur aonach **mall** é, i.e. go bhfuil súil ag na ceannaitheoirí go dtitfidh an stoc. Má bhíonn imeacht orthu déarfaidh an fear atá ag díol gur **aonach maith** é. An fear atá ag ceannach déarfaidh sé gur aonach **daor** é. An fear atá ag díol ar aonach réasúnta déarfaidh sé **nach mór dó a fheabhas.**

Má cheannaíonn duine stoc nach bhfuil ródhaor, 'fuair tú ar a luach iad' a déarfadh duine, nó 'tá siad ar a luach', nó 'níl siad millte', nó 'fuair tú ina gclár margaidh iad.' An té nach bhfuil sásta leis an díol atá déanta aige, 'chaith mé uaim iad' a deir sé. Má bhíonn sé sásta, 'is maith an rud do dhuine roinnt dá shásamh' a déarfas sé. 'Dhíol mé ar álrud iad', i.e. dhíol mé ar bheagán iad, nó 'dhíol mé ar "ardaigh orm" iad', a déarfadh duine freisin a dhéanfadh drochdhíol.

An té nár dhíol a chuid beithíoch ar dhrochaonach, nó nach bhfuair aon tairiscint, 'níor fiafraíodh dhíom cá raibh mé á dtabhairt' a déarfas sé. Rud a bhfuil tú caillte ann tá tú **briste** ann, nó díolann tú **faoi shuim** nó **faoi ráta** iad. Nó is ionann freisin díol faoi shuim agus rud a dhíol de réir toirte.

Nuair a bheas duine ag ceannach stoic ar aonach, **láimhsíonn** sé iad go bhfeice sé an bhfuil **ordú** orthu, i.e. an bhfuil siad ramhar. Caoirigh a bhfuil ordú orthu agus an olann a bheith go deas orthu caoirigh deasa bláfara[2] iad, nó caoirigh **urrúnta**. Caora nach bhfuil, deirtear go bhfuil sí **croite**. Níl aon teacht aniar sa meáchan sa mbeithíoch mura mbí an **titim faoi.** 'Tá gealladh maith fúthu sin' a déarfaí faoi chaoirigh a mbeadh gotha orthu go ndéanfaidís go maith.

Má thugann duine an iomarca ar eallach, 'is maith an ceannaitheoir thú' a deirtear leis, nó 'is maith a chruthaigh tú agus an méid sin a thabhairt orthu.'

An té a bhíos ag **stangaireacht** ag iarraidh brabach, nó **séisín** a bhaint de gach uile dhuine, sin é an **droch-cheannaitheoir.** Má iarrann duine an iomarca ar a chuid, 'sin é a fhágfas agat féin iad' a deirtear leis. Ní fhaigheann duine ar bith 'breith a bhéil féin'.

Nuair a bhíos beirt ag déanamh margaidh, tiocfaidh comharsa isteach: 'cé mhéad atá eadraibh' a déarfas sé, 'scoiltigí é'. An duine atá sásta leis an scoilteadh sin, 'ní bhrisfidh mé t'fhocal' a déarfas sé. 'Bíodh sé ina mhargadh' a déarfas an fear eile.

Má dhéantar an margadh is é an chaoi a dtagann an ceannaitheoir **aníos** ar an scoilteadh, agus tagann an díoltóir **anuas** air. Má abraíonn an ceannaitheoir: 'an nglacfaidh tú ocht bpunt orthu?' – ní hin tairiscint mura n-abra sé 'bhéarfaidh mé ocht bpunt duit', nó a leithéid eile.

An duine nach bhfuil a fhios i gceart aige cé mhéad is ceart dó a thabhairt ar scata beithíoch ná caorach tagann sé ag éisteacht leis an **tairiscint** atá ceannaitheoir eile a thabhairt, agus má imíonn sé siúd tiocfaidh sé féin isteach agus tabharfaidh sé beagán lena chois agus gheobhaidh sé na beithígh. Sin é an **ceannaí cluaise**.

Nuair a bhíos duine ag ceannach beithíoch, etc. déarfaidh sé leis an té atá ag díol: 'sín amach do bhos.' Tabharfaidh sé leadóg dó ar an mbois agus tairgfidh sé an oiread seo dó. Nuair a bheas an beithíoch, etc. díolta, salóidh an ceannaitheoir é lena mhaide.

Nuair a bhíos an margadh déanta, bíonn an **béaláiste** (**béiléiste, béiréiste**) ann. Sin í an deoch. Má íocann an ceannaitheoir cuid den airgead leis an margadh a dhaingniú sin í an **éirnis** nó **éarlais**. Nuair a bhíos an ceannaitheoir ag íoc as an stoc atá ceannaithe aige, faigheann sé séisín beag ar ais, **dúthracht**[3] a thugtar in áiteacha (e.g. Co. Mhaigh Eo) air sin agus bonnaí.

Nuair a bhíos an díol agus an ceannach thart, is minic a bhíos deoch ann. Má abraíonn duine leat 'an ólfaidh tú deoch?' is éard a déarfas tú más maith leat an deoch a ghlacadh: 'is cara a thabharfadh dhom í.' Mura bhfuil tú ag ól déarfaidh tú 'tá mé uaidh', nó 'tá mé éirithe as', 'níl aon tóir agam air', etc. Nuair a bhíos daoine ag bladar le chéile ag ól déarfadh duine leis an duine eile 'bhéarfainn fíon Spáinneach dhuit', nó 'dhá mbeadh sé ina fhíon Spáinneach bhéarfainn duit é.' Is cosúil go raibh sé i gceist gurb é sin an fíon ab fhearr san am.

Maide draighin, nó bata mór draighin, nó fás fuinseoige, nó **maide éille** a bhíos ar na haontaí ag na fir.

'Mura mbí agat ach pocaide gabhair bí i lár an aonaigh leis.'

Caoirigh, Beithígh, etc.

Maidir le caoirigh, bíonn na cineálacha seo ann: caoirigh **adharcacha**, caoirigh **maola**, caoirigh **sléibhe**, caoirigh **eachréidh** agus caoirigh **cladaigh**, nó **cladóirí**. Is iondúil gur caoirigh adharcacha a bhíos sna caoirigh sléibhe, mar is iad is crua. Ina theannta sin, bíonn caora **chrosach** ann, i.e. baill bheaga dhubha ina héadan, caora chloiginn duibh, caora chúil duibh, caora rua, nó caora éadain rua agus éadan breac. Is gile an chaora bhreac san éadan ná an chaora chrosach.

Adharca a bhíos ar chaoirigh agus beithígh agus **beanna** a bhíos ar an bhfia: 'fia mór na mbeann'. Nuair a bhíos na hadharca, i.e. adharca bó nó caorach, iompaithe chun a chéile ar dhéanamh leathfháinne, adharca **cúbacha** iad. An **buadán**[4] an chnámh atá istigh san adharc. **Sleabhcán** atá air seo in áiteacha. Adharca croma, nó adharca scartha cineálacha eile. 'Ní raibh uirthi ach buadáin' a deirtear faoi chaoirigh, nó beithígh nach bhfásann aon adharc fhada orthu.

Cuirtear **suaitheantas** nó **branda** agus **comhartha cluaise** ar chaoirigh le go mbeidh sé éasca ag gach uile dhuine a chuid féin a aithint. Bíonn **aithne chinn** ag an maor ar a chuid caorach, ach ní mór an dearbhú a bheith aige ina cheann sin. Cuireann sé suaitheantas le **dearg** orthu freisin, i.e. deann dearg le go n-aithneoidh sé i bhfad uaidh iad. Le **pic** nó **tarra** a chuirtear an branda orthu.

Maidir leis an gcomhartha cluaise, **scoilteadh** a thugtar air nuair a scoiltear an chluas – barr na cluaise – le deimheas. **Béim** a thugtar air nuair a bhaintear píosa ar dhéanamh leathfháinne di; baintear **eang** amach in áiteacha. Nó déantar **sceamh** a bhaint amach agus poll a chur sa gcluais. Baintear amach **barr** na cluaise freisin in éineacht le scoilteadh. 'Béim faoin gcluais chlí', cuir i gcás. Cuireann an gadaí marc nó branda speisialta suas.

Sin é 'marc an ghadaí'. Is é an **bearradh bradach** a bheireas an gadaí ar chaoirigh mar a bhíos deifir air á dhéanamh, agus ní bhíonn ionú aige lena dhéanamh i gceart.

Deir an seanfhocal gur **uan** an chaora i bhfad.[5] **Uascán** a thugtar uirthi nuair atá sí bliain d'aois go dtí dhá bhliain: uascán[6] **baineann** nó uascán **fireann**. Ansin caora dhá bhliain, caora trí bliana, caora ceithre bliana, etc. Bíonn **caora bhaineann** agus **caora fhireann** ann, ar an gcuma chéanna. Caora **uain** an chaora a bhfuil uan aici.

Tugtar caoirigh **seasca** ar na caoirigh nach bhfuil uain acu. **Molt** is iondúil a thabhairt ar an gcaora fhireann ó bheas sé cúpla bliain d'aois mura bhfuil sé ina **reithe**. Uan reithe an reithe óg.

Máithreach an chaora a bhfuil uan nó uain ag diúl uirthi, nó ag imeacht léi. **(F)uairneach** ar chaora **aimrid**, nó caora a rachadh ó uan. 'Chuaigh sí sin ó uan' a déarfadh duine, i.e. níor rug sí aon uan. Aimsir **bheirthe** na n-uan, sin í an uair a bhíos na huain á mbreith. Tugann corrchaora óg **fuath** don uan agus tréigeann sí é.

Nuair a bhíos caoirigh á gcruinniú, déantar iad a **cheapadh**, nó a **locadh**, nó a **sháinniú** isteach i bpionna. Manrach nó banrach a bhíodh fadó air. An té a mbíonn madra nó madraí ag obair aige á gceapadh bíonn sé ag **maíomh**, nó ag **muinniú** madra(í).

Déantar caoirigh a ní, nó a níochán agus a m**bearradh** nó a **lomairt** sa samhradh. Le **deimheas** a bhearrtar iad. **Lomra** a thugtar ar an méid olla a bhíos ar gach ceann acu. Déantar iad a **dheasú**, nó a lothrú sa bhfómhar lena gcraiceann a choinneáil glan ó **chruimheanna**, etc.

Na huain a bhíos ag diúl ar a máithreacha déantar iad a chosc sa bhfómhar: aimsir choiscthe na n-uan í sin. Caoirigh a cheannaítear, ní mór iad a **cheapadh**, nó a 'tháthú' ar an talamh, nó imeoidh siad go dtí an áit ar tógadh iad.

Cuirtear, uaireanta, buairthín[7] ar chosa na gcaorach, i.e. téad ag ceangal a dhá gcois tosaigh dá chéile le nach n-imeoidh siad. Nó cuirtear **seirín**, le cois deiridh a cheangal de chois tosaigh. Cuirtear **cuingir** ar dhá reithe, nó dhá chaora lena gceangal dá chéile. Is ionann cuing,[8] ó bhunadh, agus ceangal, agus tá gaol aige le conga, i.e. ceangal idir dhá phíosa talún. **Croim-nasc** a chuirtear go minic ar asal, i.e. rópa timpeall ar a mhuineál agus thart ar a chois tosaigh le nach n-imeoidh sé ar siúl, nó ar straiféid. Tugtar **córaid** freisin ar an gceangal a bhíos ar phéire caorach, mar a déarfá: 'chaill mé an chaora mar gheall ar an gcóraid.' Nuair a cheanglaítear bó istigh, cuirtear **buarach** timpeall ar a muineál agus **loirgneán** as sin á ceangal den tsail nó den mhaide. Tugtar buarach freisin ar shúgán dúbailte. Tugtar **braighdeach**[9] nó **braighdeán** in áiteacha ar an gceangaltán a bhíos greamaithe den bhuarach.

Nuair a mharaítear caora, déantar í a fheannadh, i.e. an craiceann a bhaint di: 'an té is géire scian feannadh sé' – sin seanfhocal. Caoireoil atá ina cuid feola, mar is mairteoil feoil bhó nó bhulláin, muiceoil feoil mhuice, laofheoil feoil lao agus oiseoil feoil fhia. Baintear an olann den chraiceann, nó díoltar é idir olann agus seithe.

Tá scéal faoi iníon an Ghobáin Saor go dtug sí 'an craiceann agus a luach' dá mhacdhalta, i.e. bhain sí an olann den chraiceann agus chaith sí ar ais chuige an craiceann lom, nó an tseithe. Sin é an chaoi a raibh a fhios ag an nGobán gurb í a iníon féin í, mar bhí gach uile dhuine eile dár iarr sé an craiceann agus a luach air ag magadh faoi go dtí sin.

Tugtar seithe ar chraiceann beithígh nó craiceann fata, mar a déarfadh duine ag **seithiú** fataí i.e. ag baint na gcraicne díobh. Má bhíonn locht mór amháin ar rud ar bith, 'sin é an poll a mhill an tseithe' a déarfá. Bian ainm eile ar chraiceann. Tá an focal seo fós in úsáid in Albain (an tOileán Sciathanach).[10] Is é an **rúsc** craiceann an chrainn, mar a déarfá 'ag rúscadh bataí', i.e. ag baint na gcraicne díobh – á lascadh ar a chéile sa troid.

Maidir le maíomh, nó muinniú madraí i gcaoirigh, seo focail a deirtear: 'gabh amach suas, fan amach thuas siar, gabh anuas anseo chugam, tabhair chugam iad, stair air,

beir ar chois uirthi', etc. Nuair is mian le duine caoirigh,
beithígh, etc. a ruaigeadh, nó a **dhíbirt, saighdeann** sé an
madra **iontu**.

Nuair a bhítear ag tiomáint capaill, 'f**ág seo**, amach as
seo, thoir amach', etc. a deirtear léi. **Thoirt** a deirtear le
beithíoch á thiomáint, agus **suc** ag glaoch air. **Beadaí** a
deirtear le gé ag glaoch uirthi, **tiuc** le cearc agus **dis, dis**
(Mionlach) le sicíní. **Tseof** a deirtear ag glaoch ar
chaoirigh. Fead a ligtear ar mhadra, nó glaoitear ina
ainm air.

Galair
Seo roinnt galar a thagas ar chaoirigh:

Galar trua de bharr droch-choimín, nó gan athrú talún
a fháil. Bíonn caoirigh **an-chroite** leis seo agus bíonn sé
le n-aithint ar a meáchan nó ar an dath dearg a bhíos ar
a n-adharc.

Puchán: Sin galar nach bhfuil an-tréan sna cnoic mar
tá leigheas i gcuid den raithneach air. Caoirigh a bhíos ar
an íochtar, nó ar thailte fliucha, nó ar an athfhéar, nó ar
ghlasfhéar is mó a fhaigheas é. Tagann bolgóg uisce
faoina smig orthu leis. Bhíodar ag ceisneamh go mór (i.e.
bhíodar go dona) leis an bhliain cheana.

Galar cam: Ar an inchinn a thagas sé, agus bíonn an
chaora ag síorchasadh thart leis. Tagann **bolgóg** uisce
istigh sa mbaithis leis, nó péire, nó trí cinn acu. Tagann
samhnas (i.e. saobhnós) uirthi.

Dallamullóg: Sin scamall a thagas ar na súile de bharr
gaoithe agus gairfin. Dalladh mugóg ainm eile air. Ní
doiligh a leigheas.

Galar na gcluas: Galar a thagas ar chluasa uan, sórt
ailse(?). Loiceann na cluasa anuas agus cailleann siad an
t-arann. Tagann siad uaidh.

Ailse: Galar a thagas ar an smut in uain agus i gcaoir-
igh óga. Aiteann is ciontach leis in áiteacha. Faightear le
leigheas é. **Faithne ailse**: Sin cancar.

Lobhadh speireach, i.e. nuair a lobhas an **chrúb**, nó an
screamh adharcach atá uirthi. An **speirín** a thugtar ar
gach leath den chrúb. Bíonn **speir**, nó rud beag

adharcach amach ar an gcois, agus tugtar speir ar an bhféith.

Galar scrathach (cor scrathach): Sin galar a thagas sa gcraiceann de bharr na caoirigh a bheith á dtochas féin in aghaidh na gcloch agus na mbruach. Nuair a bhriseas an craiceann dá bharr, 'tá siad ag **briseadh**' a deirtear. Is ionann sin agus go bhfuil **gearba** orthu.

Uisce rua: Tosaíonn siad ag déanamh uisce taobh istigh. Faigheann siad ar na tailte fliucha é, má fhaigheann siad droch-cheansacht nó droch-aire. Sórt *anaemia*(?) é.

Cruimh: Uaireanta tagann cruimheanna orthu in aimsir thais sa bhfómhar agus beireann siad a gcuid uibheacha in olann na gcaorach. Cuireann sin cruimheanna iontu. Bíonn sé le n-aithint le spota tais a bhíos ar a ndroim. Déantar caoirigh a **dheasú** nó a **lothrú** (i.e. dipeáil) agus tá an lothrán in ann a leigheas.

An chlaimhe:[11] Drochghalar a thagas ar an gcraiceann. Is deacair a leigheas. Cruann sé an craiceann.

Borrphéist:[12] Sin péist, nó cruimh, faoin gcraiceann a thagas i bhfoirm fáinne.

An cheathrú dhubh: Sa gcois a thagas sé. **Féith na fola** a thugtar freisin air. Má ghearrann duine an chuisle domhain sa mbléin agus fuil a thabhairt tá a leigheas ar fáil. **Ceathrú ghorm** a thugtar in áiteacha air. Drochghalar é.

Tart bruithleacháin nó tart bruithlín:[13] sin triomach, nó seacadh bronn sa gcolainn. Is minic a chuireas sé beithígh chun báis. An phutóg atá taobh istigh sa mbeithíoch a bhfuil go leor duilleog inti, sin í an **bruithleach**, nó an **giolla duilleach**. Tagann **domlas mór** ar bheithígh, i.e. go n-atann agus go méadaíonn an domlas atá ar na haebha. Tá sé in ann a gcur chun báis.

Galar cos agus béil: Sin galar eile a chroitheas beithígh thar cionn. Leigheastaí le min choirce agus salann iad.

Bíonn **cnapán** ar bheithígh de bharr drochmhianach a bheith sa talamh. Tá talamh a bhfuil cloch aoil ann in ann a leigheas. Tagann meallta, nó cnapáin ar a gcosa dá bharr. Tugtar **briosc brún** ar chineál den ghalar seo. Nuair a bhíos briosc brún sna beithígh bíonn na cosa ag smeachaíl. Bíonn na cosa ag tabhairt uathu. 'Tá briosc brún sa mbeithíoch' a deirtear.

Bíonn **bualadh teangan (ceangan)** nó bualadh **ceangal** orthu. Sin at a bhíos i mbun na teanga. Uaireanta, atann an beithíoch ar fad.

Péarsla: Bíonn péarslaí i mbeithígh ina gcraiceann, de bharr na n-uibheacha a chuireas an míol, i.e. cineál cuile, ann.

Péist eireabaill: Bíonn cnámh an eireabaill ag lobhadh. Gearrann siad an t-eireaball agus cuireann siad súiche, gairleog agus miothlóg mar cheirín leis.

Seadán: Sin cineál eile cruimhe a bheirtear ar an gcraiceann agus líonn an capall, nó an beithíoch isteach é lena theanga. Cuireann sé sin péisteanna (seadáin) istigh ann. Tollann siad na putóga go maraíonn siad an beithíoch. Ar chapaill is mó a bhíos siad.

Péisteanna: Bíonn péisteanna eile iontu nach bhfuil chomh hurchóideach. Déanann siad **snaidhm na bpéisteanna** (i.e. araid nó ortha) ina n-aghaidh.

Salachar béil: Sin ainfheoil a thagas ar dhrandal an chapaill nó na bó.

Maotháin, i.e galar, nó uisce a thagas sna súile ar bheithígh, nó capaill. Tá maotháin thirime ann agus maotháin fhliucha.

An Capall

Each a thugtar ar chapall maith, capall rása, nó capall cogaidh, agus **staigín** ar dhroch-chapall, e.g. 'Fianna Éireann na n-each seang'.

Tugtar **cliobóg** ar chapall óg agus **bromach** ar chapall nó searrach bliana, nó is **bromachán** a thugtar air i gceann na bliana: **bromach lárach**, nó, **bromach gearráin**.

Is ionann **scead** nó **gead** agus ball beag bán san éadan ar nós réalta. Is ionann **ceannann**[14], nó ceannainn agus éadan bán go smut go hiondúil, nó ball bán ar bith: 'Tá ceannainn ina ghorún.'

Is ionann **giall** an chapaill agus cnámha a géill.
Buaic an chapaill an méid atá amach ón ngualainn, nó
ón diallait. 'Tá buaic mhaith aici' a deirtear; bíonn
gualainn mhaith ag cuid acu freisin, agus **toiseach** maith.
Is é **ucht** an chapaill an méid atá idir a dhá cois tosaigh
aníos go dtí bun an mhuiníl. Is é **slinneán** an chapaill an
chnámh atá síos ón ngualainn; ceathrú an chapaill síos ar
a cois deiridh. Ansin tá an **ioscaid** deiridh os cionn na
glúine.

Is í **lorga** an chapaill ó ghlúin go rúitín. Bíonn an **tseir**,
i.e. féith, taobh thiar di. Tá an **speir**[15] idir an rúitín agus
an chrúb. Na **fairchíní** a thugtar ar an dá chrúb bheaga
atá ar chois na bó.

Gorún an chapaill: sin iad na cnámha atá amach ón
duán, os a chionn. Tá an **cairín**[16] siar ó chúl na diallaite,
an áit a mbíonn an chúlóg ina suí. An **más** síos an taobh
thiar. Tá an **glota** idir an chorróg agus an easna, an
bhléin, na bléinte síos uathu sin.

Mong nó **moing** a bhíos ag fás ar mhuineál an
chapaill, **fionnadh** ar an gcuid eile di. **Folt róin** a bhíos
ag fás ar an eireaball. Is ionann **glinn**[17] agus aon dlaoi
amháin, e.g. 'tarraing glinn as ruball an chapaill le
haghaidh dorú iascaireachta.'

Nuair a bhíos marcach ag marcaíocht ar chapall
cuireann sé úim uirthi, i.e. bíonn **srian** agus **diallait** aige
uirthi. Bíonn **adhastar** ar chloigeann an chapaill agus
béalbhach ina béal. **Cúlóg** an bhean a bhíos ina suí ar
chúla na diallaite. Tugtar cúlóg freisin ar fhear sa gcás
céanna. **Béalóg** an duine a bhíos amach i dtosach ina
shuí ar béalóg.

Más faoi charr nó cóiste a bhíos an capall, caoch-
cheanrach a bhíos ar chloigeann an chapaill agus cúl-
cheanrach faoina giall. Smigiall nó smeichiall a bhíos
faoina smig.

Na haradhna a thugtaí fadó ar na srianta a bhíodh ar
chapaill faoi chóiste, nó carbad. Mar a dúirt
Maoilsheachlainn na nÚrscéal Ó hUiginn: 'Is each gan
aradhain an fhearg.' Araíonacht a thugtaí ar cheird an
tiománaí. *Monach* a thugtaí sa tSean-Ghaeilge ar an

marcach a bheadh ar chapall rása, nó, sa ngrafainn, mar a thugtaí air. Giobán graifne[18] an chasóg ghearr a bhíodh air. Fear a bhfuil capall aige, tá **beithíoch marcaíochta**[19] aige. I rása an-rite is **de leiceann**, b'fhéidir, a **scoithfeadh** sí an capall eile.

Maidir leis an diallait, bíonn **fáisceán** nó uchtach faoi ucht an chapaill leis an diallait a choinneáil daingean, agus **tiarach**[20] nó **cruipéad** faoina heireaball. Bíonn **stíoróip** as an diallait gach aon taobh le go gcuirfidh an marcach a bhróga iontu. An **crann** diallaite an t-adhmad atá sa diallait.

Más faoi charr a bheas an capall, **úmacha** a bhíos uirthi. Bíonn **dromán** uirthi leis an gcarr a choinneáil suas agus **tairneáil** lena tharraingt. **Drománach** a bhíos ar an gcapall a bhíos ag tarraingt céachta. Bíonn **coiléar** uirthi agus **ama** (amaí) leis an tarraingt a dhéanamh. Capall **éasca**[21] a thugtar ar chapall a mbíonn fonn uirthi siúl nó rith maith a dhéanamh. Agus bíonn an-**intinn** ag a leithéid, i.e. capall intinniúil. Capall **righin** a malairt.

Capall nach mbíonn fonn siúil uirthi, nó a bhíos ag dul i ndiaidh a cúil nuair is ceart di dul chun tosaigh bíonn sí le **dod** agus is capall **dodach** í, nó bíonn a leithéid ag **stealladh** nó ag ciceáil. Capall **taghdach** a thugtar freisin ar chapall nach n-oibríonn go sásta. Capall **cineálta** an capall a bhíos ag obair go sásta i gcónaí, nó capall a bhfuil mianach maith inti agus nach bhfuil sé éasca **scaoll** a chur inti. **Steallaire** a thugtar ar chapall a bhíos ag stealladh.

Capall **dingliseach** capall nach maith léi lámh a leagan uirthi. Capall **scáfar** capall a bhfuil sé éasca scáth a chur uirthi. Capall **coilgneach** capall nach bhfuil socair lena láimhsiú. *Imrim each*[22] a thugtaí sa tSean-Ghaeilge ar láimh a chur i gcapall lena múineadh. Capall **giongach** a thabharfá ar chapall nach bhfanann go suaimhneach nuair a bhíos sí ina seasamh. Capall atá scáfar bíonn sé éasca scaoll a chur inti, agus **bíogann** sí má bhaineann scanradh tobann di.

Ag marcaíocht a bhíos duine ar chapall diallaite agus á **tiomáint** a bhíos duine nuair a bhíos an capall faoin gcarr. 'Chuaigh sé ag marcaíocht ar an gcapall' a déarfá. Dá dtugadh duine a aghaidh ar eireaball an chapaill, **cúl ar aghaidh** a bheadh sé ag marcaíocht.

Nuair a scaoileas duine capall nó bó amach roimhe ar an talamh le dul ag innilt, nó ag **innealtraigh** ar an bhféar, is á **seoladh** a bhíos sé. Mar a dúirt Cearbhall Ó Dálaigh, file, le hEileanór Chaomhánach:

Sheolfainn féin na gamhna leat, a Eileanór na ruan.[23]

Ag tiomáint rothair a bhíos duine freisin. An capall a bhfuil **coisíocht** mhaith aici, nó atá in ann an bóthar a ghiorrú go tapa bíonn **oscar** breá aici, i.e. go bhfuil fad maith i ngach coiscéim nó oscar.

Cuirtear **crú**, crúite ar chapall, i.e. ar chrúba an chapaill le go mbeidh sí in ann siúl agus imeacht ina sodar ar an mbóthar. Má théann tairne sa **mbeo** déanann sé bacach í. Má bhíonn reothalach ar an mbóthar cuirtear **tairní seaca** sna crúite le nach mbeidh sí ag sciorradh, nó ag titim. Déantar na tairní a leacú taobh amuigh. Capall a bhíos ag titim bíonn **tuisle** (nó truisle) inti.

Nuair a bhíos an capall ag siúl, bíonn sí ag imeacht ina **coiscéim**, nó ina **sodar**, nó ina **bogshodar** (i.e. sodar mall), ina geamhshodar, i.e. sodar sciobtha, nó ina cosa in airde. Nuair is maith le duine ísliú nó tuirlingt de chapall, **seasann** sé an capall, i.e. más mian leis moill, nó oiriseamh a dhéanamh.

Má théann duine de léim le capall thar claí, nó fál, **crochann** sé a chapall **sa léim** i.e. sula **scinne** sé thairis. Ansin **scoitheann** sí an claí, nó **scinneann** sí an claí, nó scinneann sí thairis, nó léimeann sí é, nó téann sí d'abhóg thairis. Má thiteann an marcach den chapall, sin **ascar**, mar atá ráite sa duan:

Is minic a bhain eascar do mharcach maith
Is go rachadh sé arís ar dhroim eich.[24]

Ní hionann eascar agus **ascar**.²⁵ 'Chuaigh sé in ascar ann' a déarfaí dá dtéadh duine i bhfostú i rud. Is ionann fear **oscarthach** agus fear cumasach, láidir. Nuair a imíos duine go sciobtha imíonn sé **glan oscartha**.

An tAsal

An rud a fheileas do chapall feileann sé don asal freisin, ach gurb í 'an tsrathair in áit na diallaite' a bhíos go hiondúil air.

Coirb (i.e. an choirb) na srathrach an t-adhmad atá inti. Agus bíonn **scoróga**, nó **doirníní** ar an gcoirb leis na pardóga nó na lóid a chrochadh astu. Bíonn mata tuí ar gach aon taobh agus **fáisceán** faoin mbolg. Le mála a iompar, bíonn srathair shúgáin ar asal. **Súgán saic** a thugtar air. **Bacóga** a bhíos orthu le cloch aoil a iompar. Bíonn **tiarach** as an súgán saic mar a bheadh as srathair. Is ionann **tradualach** agus ualach maith. **Ardualach** a thugtaí ar ualach a bheadh ar dhroim capaill (i.e. seachas ualach cairte). 'Tá **tarraingt chartach** de chlocha ann' a deirtear, i.e. an méid a chuirfeá i gcairt. Nuair a bhíos asal le dod, bíonn sé ag gabháil dá leath deiridh in airde nó ag stealladh.

Ag **seitrigh** a bhíos capall agus ag **grágaíl** a bhíos asal. Ag **géimneach**, nó ag **búiríl** a bhíos beithíoch. Ag **géimneach** a bhíos bó nó lao agus ag **búiriúch** a bhíos an tarbh. An tarbh a bhíos ag imeacht roimhe le buile, is tarbh **dúrúch** é. Bíonn capall uaireanta ag **cuachaíl**²⁶ freisin.

Ag **méileach** a bhíos caora, nó uan, agus ag **meigeallach** a bhíos gabhar. Ag **grágaíl** a bhíos cearc agus gé, agus **grág** freisin atá ag an bpréachán. Ag **gnúsacht** a bhíos an mhuc agus bíonn sí ag smúrthacht ag tóraíocht bia. Tugtar **grúscán** ar bhéic gharbh. Ag **glaoch** a bhíos an coileach agus ag **goiriúint** a bhíos an chuach. Bíonn **gairm na gcoileach** ann tamall roimh lá, nó ag a dó dhéag san oíche. Ag **tafann** a bhíos an madra agus bíonn sé scaití ag geonaíl agus ag sianaíl. Ag **meamhaíl** a bhíos an cat.

Ag **agarnaíl** nó ag **agallach** a bhíos cearc tar éis ubh a bhreith. Bíonn sí ag **portaíocht** freisin. Roimh an ubh a bhreith bíonn sí ag guairdeall thart ag tóraíocht áite a ndéanfaidh sí an nead. Nuair a bhíos an áit faighte aici, tosóidh sí ag **seadachan**. **Ubh sheide** a fhágtar sa nead le hí a mhealladh ann arís.

Bíonn cros (nó crois) ar dhroim an asail. 'Ghoidfeadh sé an chrois den asal' a deirtear faoi dhuine bradach, nó 'd'ólfadh sé an chroich chéasta den asal', faoi dhuine a bhfuil tóir ar an ól aige.

Deirtear gurb é 'tá Mac na hÓighe slán'[27] a deir an coileach nuair a bhíos sé ag glaoch. Bíonn 'caint' dá réir ag roinnt éan eile. 'Mairéad, Mairéad, spáráil an fraoch, nach bhfeiceann tú Philipe, Philipe sa gcnoc, sa gcnoc, sa gcnoc údaí thall' a deir an coileach fraoigh. 'Coinnigh cuid de dhom, coinnigh cuid de dhom' a deir an faoileán, agus dá réir.

An Bhó

'Níl lao dá shleamhaine nach líonn a mháthair féin é' a deirtear. **Miolgaire** a thugtar ar gach uile bheithíoch nuair atá sé óg. An lao beag, **laoidín** a thugtar air. **Gamhain** atá air i gceann bliana. Bhí scéal fada gan bail air a dtugtaí 'Scéal an Ghamhna Bhuí' air. Nuair atá beithíoch dhá bhliain, **leathcholpach** é, agus nuair atá sé trí bliana, **colpach** é. Bíonn na fiacla **curtha** acu nuair a bhíos siad dhá bhliain. Fágtar na beithígh sheasca, i.e. an chuid láidir nach bhfuil aon bhainne acu, amuigh san oíche, agus cuirtear na ba agus na laonna isteach sa scioból nó sa gcró. An lao a bhíos á bhiathú lena mharú, is lao **biata** é.

Bó **ionlao** atá ar bhó atá le haghaidh lao. Bó **bhisigh** a thugtar in áiteacha eile uirthi. Bó **mhochais**, i.e. moch-as (?) a bhíodh i gCo. Shligigh ar bhó a bheadh i ngar dá ham, i.e. bainne luath.

An tseanbhó mhochais a bhí ag tíocht ón aonach,
D'ith sí bríste agus péire bróg.[28]

Loilíoch atá ar bhó tar éis lao, i.e. bó **bhainne**. Bó **sheasc** atá ar bhó nach bhfuil bainne aici. Bó **ghamhnach** atá ar bhó a bhfuil gamhain bliana aici. **Feimíneach** a thugtar ar bhó nó beithíoch a bhíos ag baint na n-eireaball de bheithígh eile.

Bíonn **úth** maith bainne ag bó agus **blitear** í, i.e. déantar an bainne a **bhleán** as na **siniúcha**. Mar a dúirt an Caisideach Bán:

A chúilín ómra, dhá mblíteá bó dhom,
In do cheangal fómhair ní chuirfinn suim.[29]

Sruth nó **sreabh**, nó **sil** a thugtar ar gach braon bainne a bhlitear. **Climirt** atá ar an gcuid deiridh den bhainne a bhlitear. Ansin tá sí **climeartha**. **Leamhnacht** atá air tar éis a bhlite (a bhleáin). 'I dteas bainne na bó' a deirtear faoin teas a bhíos ann. Tá sé ina leamhnacht go dtéachtaí sé. Tagann cor géar ansin ann. As *cró-udh*, measaim, a d'fhás crú, i.e. bleán.

Tá bó **ar a lacht** a fhad is atá sí ag tabhairt bainne. Déanann duine, i.e. naíonán, nó leanbh, a **lacht** a ól. Mar a dúirt Seán Mac Conmara:

Más lorán, nó donán é nár ól ariamh a lacht.

Nuair a bhíos an bainne ag tíocht, bíonn an bhó ag **tál** an bhainne. Dá gcuirtí duine nár chleacht sí á bleán **ní thálfadh** sí an bainne dó. Tálann ba bainne ar aontaí nuair nach mblitear san am ceart iad. Dá bhfágtaí an bainne rófhada gan bleán bheadh contúirt ann go ndéanfadh sé bainne **calctha** agus go mbeadh sé ina **aodh** ar úth na bó, i.e. go ndéanfadh sé **ábhar**, nó, go séidfeadh sé.

Nuair a bhíos an bainne ina sheasamh tamall tagann **uachtar** air. Nuair a bhaintear an t-uachtar den bhainne is é **an t-íochtar** atá fágtha. Bainne sceite freisin a thugtar air sin. Tugtar in áiteacha sceidín ar íochtar an bhainne. Nuair a chuirtear uisce trí bhainne is **sceidín** é nó

liathuisce. Nuair nach mbíonn aon rud tríd is bainne **ar a aghaidh** é. 'An dtabharfaidh mé bainne ar a aghaidh don pháiste' a déarfá. Ólann daoine uisce beatha freisin ar a aghaidh nó ar a bhlas, i.e. as a neart, i.e. gan aon uisce a chur tríd, nó ar a neart.

An **bainne buí** a thugtar ar an gcéad bhainne a bhíos ag bó tar éis a lao, sin nó **gruth**, nó gruth buí, nó **bainne an ghrutha. Bainne gréine**, i.e. bainne a bhíos ag bó nó caora gan aon lao (uan) a bheith aici an bhliain sin. Bó **ar an gcéad lao** bó nach raibh lao cheana aici.

Má chuirtear bainne géar trí bhainne briseann sé agus déanann sé **meadhg** agus **gruth**. Nuair a thosaíos bainne ag géarú, bainne **ramhar** é. Tugtar bainne **téachta** ar bhainne ramhar.

Tugtar **speadóga** ar bheithígh shuaracha: 'speadóga dubha an tsléibhe'. **Síobóg** a thugtar ar dhrochbhó. 'Phós sé an straoilleog mar gheall ar an tsíobóig, báitheadh an tsíobóg agus d'fhan an straoilleog.' Bó **ghaibhdeach** atá ar bhó thanaí ard. Bíonn muc ghaibhdeach freisin ann.

An bhó nó an chaora a bhíos folláin, nuair a bhíos siad tamall ag ithe luíonn siad síos agus bíonn siad ag cangailt (cogaint) a gcíre. Tugtar féar, etc. do bheithígh a bhíos istigh le **cíor** a thabhairt dóibh. An lao a bhíos folláin, bíonn **macnas** scaití nó **gáiméar** air, i.e. bíonn gach aon léim aige le macnas.

Seo ainmneacha a thugtar ar bha de réir an datha a bhíos orthu: sceadóg nó sceaidín nó geadach ar bhó a mbeadh ball bán uirthi, smeirín, riabhóg, droimeann, etc. Cúbóigín a thugtar ar bhó a bhfuil adharca cúbacha uirthi.

Má mholann duine bó – nó beithíoch ar bith – ní mór dó 'bail ó Dhia' a chur uirthi. Má tharlaíonn aon cheo di déarfaidh siad arís gurb é an chaoi ar **thaibhsigh**[30] sé an bhó, i.e. go ndearna sé **drochshúil** di le bheith ag tógáil suaitheantais di. 'Rinne sé **béim súl** di' leagan eile a bhíos acu i gCo. Mhaigh Eo.

Má bhíonn lao ag diúl agus gur mian leis an té ar leis é é a stopadh cuireann sé **bearach** air nó **púcóg**.

Eallach[31] a thugtar ar bheithígh agus caoirigh agus capaill agus gabhair. Is le capaill a ghlacaidís seilbh sa bhfíor-sheanaimsir. **Bóitheach** (bó-theach) a thugaidís ar chró nó scióból na mbeithíoch i gCo. Liatroma.[32]

8   An Fharraige

Bhíodh an fharraige go minic i gceist sna seanscéalta. Bhíodh trácht ar na Fianna agus gaiscígh mhóra eile a thugadh a dtosach do mhuir agus a ndeireadh do thír, nuair a théidís ón gcuan agus ón gcalafort amach 'ag treabhadh na farraige folcmhaire fionnrua nár fionnadh agus nár féachadh rompu ná 'na ndiaidh, agus a gcuid bád faoina seolta móra, bocóideacha, bacóideacha, bándearga i mbarra na gcrann comhfhada, comhdhíreach; go mbíodh oiread Bhinn Éadair is gach aon bhruth farraige rompu amach, go mbíodh lupadáin agus lapadáin, míolta móra agus iasca róinte ag tíocht ar buis agus bois agus ar bharr a maidí rámha, le nach bhfágfaidís téad tíre gan tarraing ná caladh gan suaitheadh [...] go sroichidís an domhan thoir'.

Nuair a théas duine ar muir agus mórfharraige i bhfad amach ón tír, i bhfad ó oileáin agus scothanna tíre, tá sé amuigh ar an **tseanfharraige**, ar an aibhéis choimhthíoch. An duine atá ag tíocht abhaile as Meiriceá, ó fhágfas sé an caladh tá sé **ar muir**; agus deirtear gur fearr a bheith ag súil le muir ná ag súil le cill.

An **teiscinn** mhór atá i gConamara uirthi. An t-aigian[1] a bhíodh ag na filí ar an mórfharraige agus tá sé le clos fós sna seanduanta:

In oileán na n-inbhear thiar
Atá i ndoimhneacht na n-aigian.[2]

Maidir le **lear**,[3] atá sa bhfocal 'thar lear', tá sé coiteann i gciall eile: 'tá lear mór talún aige', 'tá an-lear féir aige', i.e. go leor. 'Chuaigh sé **thar sáile**' is mó a deirtear. Sáile atá ar uisce na farraige.

Is í an **taoille**[4] an chuid den fharraige is mó a thagas i gceist d'fhear na talún mar a fheiceas sé í ag tíocht agus ag imeacht faoi dhó sa ló. Bíonn **taoille tuile** ann, i.e. bíonn sí ag **tuile**, agus an **taoille trá** nuair a bhíos sí ag **trá**. Mar atá ráite: 'ag tuile agus ag trá a chaitheas an fharraige an lá.' Mar seo a bhí sé san amhrán i gConamara:

Bheadh gaoth aneas againn agus taoille trá,
Agus gan fios ag ár máithrín go mbeamais ann.

Ionradh mara (i.e. *inn-reth* nó *in-reth*) a thugtar i gContae Mhaigh Eo agus in áiteacha eile ar an taoille, i.e. an t-ionradh.

Nuair a thrás an fharraige, bíonn sé ina **dhíthrá** (**dí-thrá**). Nuair a thosaíos sí ag trá, bíonn sé ina **thús trá**. Nuair atá sí leath bealaigh, tá sé ina **leath-thrá**, nó tá a leath tráite aige. Bíonn leath tuilte aige ar an gcuma chéanna. Nuair a thuileas an fharraige agus nuair a bhíos sí sa bpointe is airde, bíonn sé ina **lán mara**.

An marc a fhágas an lán mara thart ar an trá nó ar an gcladach leis an mbruth faoi thír, sin é an **snáth mara**. *Tiùrr an láin* a thugas Gaeil na hAlban air.

An **éadáil**, etc. a chuireas an tonn i dtír, is i m**barr an láin** a thagas sí isteach nó **in uachtar láin**. Mar a dúirt an fear as Acaill i gCúl na Binn':

Beidh bád agus eangach againn agus béam in éineacht
Agus bhéaram éadáil isteach ón tuinn.[5]

Is é an **bruth faoi thír** an fheamainn nó an turscar a thugas nó a chuireas an tonn i dtír. **Racálach** a thugtar air sin freisin (Cois Fharraige). Má bhíonn tú ag tóraíocht ruda nach bhfuil éasca le fáil is 'ag tóraíocht táilliúra i mbruth faoi thír' a bheas tú. Mar a bhíos an táilliúir **tirim air féin** ar nós an chait, agus ní in áit den tsórt sin a rachfá á thóraíocht nó a mbeadh sé le fáil.

Tá trí chineál **taoille** ann: **rabharta**, **meathrabharta** agus **mallmhuir** (:mallúir). Is í an taoille rabharta an ceann is mó acu: 'bhí rabharta mór inniu ann' a déarfaí. Bíonn trí lá dá neart, i.e. de neart an rabharta, mar atá ráite, trí lá ag teacht, trí lá ina neart, agus trí lá ag imeacht; 'tá lá dhá neart inniu againn' a déarfá. Ní théann rabharta thar an gCéadaoin agus bíonn lá dá neart ar an Domhnach – sin é a deir an tseanchaint. **Trá rabharta** an trá a bhíos ann le linn rabharta. **Trá cheann gainimh** an trá a bhíos ann le mallmhuir. Timpeall na Féile Pádraig a bhíos an rabharta is mó, le linn gealaí úire. Rabharta mór na Féile Pádraig atá air sin.

Is é **rabharta na n-éan** an rabharta is mó a thagas tríd an mbliain. Déanann cuid den éanlaith fhiáin a neadacha sa mbruth faoi thír a fhágas sé ina dhiaidh, nó beagán is airde ná sin. Ní bhíonn aon súil acu le haon cheann is airde ná é a theacht go mbí an éanlaith óg ar fáil.

Maidir leis an talamh ar bhord na farraige, tá, i dtosach, an **cladach**, nó an tsraith le hais na farraige, siod é a mbíonn an féar ag fás air.

Ansin taobh amuigh de sin, tá an **duirling** (nó **turlainn, dúrlaing**)[6] le fána rud beag ón gcladach an áit a mbíonn na clocha cruinne i dtoll a chéile, i.e. clocha comhchruinne na duirlinge. Is é **oibriú** na farraige go síoraí is ciontach le hiad a bheith cruinnn. Ní bhíonn an **duirling** ar fad faoi uisce ach le taoille rabharta.

Síos le fána uaidh sin a bhíos an **trá**, an áit a mbíonn an gaineamh mín go hiondúil; bíonn sí faoi uisce le gach uile lán mara, i.e. le meathrabharta agus mallmhuir. Amach ón trá a bhíos an **salachar**. Ionann é sin agus an áit idir chlocha agus charraigeacha a mbíonn an fheamainn ag fás orthu. Is ionann an **glan** agus an láib taobh amuigh de sin arís, an áit nach mbíonn aon fheamainn. Áit ar bith nach mbíonn carraigeacha ar thóin na farraige, grinneall láibe a bhíos ann.

Taobh amuigh den tsalachar a bhíos an **stopóg**, sin carraigeacha móra, nó alltracha ar thóin na farraige a mbíonn ceanna slat[7] agus a leithéid ag fás orthu. I gcóngar an ghlain agus an tsalachair a bhíos sí go hiondúil. Tugtar **beirtreach** ar bhanc a mbeadh **oisrí** le fáil ann, e.g. Cuan na Beirtrí Buí.

Bíonn ina theannta sin **fuarleacracha** nó leacracha domhain faoin bhfarraige nach bhfuil aon bhlas feamainne ag fás orthu. Bíonn **leithréidheacha**[8] freisin ann, i.e. carraigeacha cothroma réidhe ar thóin na farraige, gan ísleán ná ardán. Ní bhíonn aon chírín ar an leithréidh.

Tá go leor cineálacha feamainne[9] a bhíos ag fás idir trá, salachar agus stopóg, mar atá: feamainn bhoilgíneach, ríseach, cáithleach,[10] cáithlíneach, crúba préacháin, ruálach, ceanna slat, etc. **Croisín** a bhíos acu á baint.

Nuair a bhíos ar dhaoine feamainn a bhaint ar oileán nó a thabhairt **thar chaol** farraige, déanann siad **climín** di, is é sin, nuair a bhíos sí réasúnta tirim scarann siad ar chúpla maide rámha í agus ceanglaíonn siad le chéile le rópa í. Seasann fear air agus bíonn sé á shá le cuaille mór fada, mar a bheadh maide rámha, go dtuga sé i dtír é.

Bíonn bóithre nó coraí (nó coraíocha) idir na hoileáin agus bíonn siad **faoi**, nó faoi uisce, le lán mara. Bíonn **an chora uaidh** i gcás den tsórt sin. Bíonn **an chora leis** nuair a bhíos sí tirim. Ar an gcuma chéanna, bíonn an talamh **leis** nuair a bhíos an sneachta leáite.

Bíonn in áiteacha **guaire**[11] nó guairí – sin cnocáin ghainimh thuas ar an gcladach. **Dumhach** a thugtar ar chnocán gainimh a bhíos scaití faoi uisce. Ach thuas ar an **triomach** a bhíos an guaire. Rud ar bith a bhíos aníos ón bhfarraige in am ar bith bíonn sé **tirim**, i.e. gan aon uisce faoi.

Suas go maith ar bharr na trá, nó na duirlinge a bhíos an **scaineamhán** – sin áit a bhfuil gaineamh garbh, clocha, etc. píosa maith aníos ón bhfarraige. Bíonn **griuán**[12] nó cineál glan gainimh ar thránna freisin.

Má bhíonn an cladach briste ag rabhartaí, agus oibriú na farraige aníos air agus locháin bheaga sáile anseo agus ansiúd ann, **muirbheach**[13] a thugtar air. Bíonn an fharraige uaireanta 'chomh ciúin le loch muirbhigh' (lochán muirbhigh, nó loch an mhuirbhigh).

Innreadh nó *inreadhán* a bhí ar bhriseadh millteach a dhéanfadh an fharraige fadó riamh. **Murlach** (mor-loch) atá ar lochán sáile a bhfuil an talamh thart air mar Loch an tSáile i nGaillimh.

An áit a bhfuil talamh cnocach, garbh in aice na farraige, bíonn **sceirdí** nó carraigeacha ag síneadh amach sa bhfarraige agus ag freagairt aníos in áiteacha ar uachtar na toinne. Bíonn **corrán** nó corráin, i.e. píosa caol de thalamh – de thalamh íseal go hiondúil – ag síneadh amach sa bhfarraige. Ina theannta sin bíonn scoth (scothanna) nó **ros** nó **rúdh**[14] – sin píosaí móra talún a bhíos ag dul amach sa bhfarraige, nó sa loch. **Iorras** ainm eile ar a leithéid i gConamara, e.g. Iorras Mór, Maoras (maigh-iorras), Doire Iorrais, etc. **Rinn** ainm eile ar bhior beag talún i loch nó i bhfarraige. Tá Rinn Oiriún ar bhord Loch Coirib (i ngar d'Uachtar Ard). Tugann siad **ulán**[15] in Árainn ar lota beag cothrom carraige in aice na farraige. **Alt** a thugtar ar aill chois cuain i gCo. Mhaigh Eo (Baile Chaisil) agus sa tuaisceart, mar a dúirt an Caisideach Bán:

Is trua gan mé agus rún mo chléibh
I ngleanntán sléibhe nó in alt chois cuain.[16]

Nuair atá an fharrraige timpeall ar phíosa talún, tá sé ina oileán. *Ail*, i.e. carraig bheag agus *ailén, ailéne* (Sean-Ghaeilge) a bhí i dtosach ann, agus mhéadaigh sé as sin go raibh sé ina oileán nó ina thír chomh mór le hÉirinn. Leathnaigh an focal tuilleadh go gciallaíonn sé tír nó ríocht in áiteacha. An fear a shiúil Éire, Sasana agus Albain agus Stáit Mheiriceá, 'shiúil sé na ceithre hoileáin' a dúirt sé.

I gcomórtas leis an oileán, an **tír mhór** atá ar an talamh atá as a chéile,[17] nó an **talamh tíre**, mar a thugas muintir Árann air. An **talamh ó thuaidh** a thugas siadsan ar Chonamara agus Contae na Gaillimhe agus an **tír Mhuimhneach** ar Chontae an Chláir. An té atá ag dul go hÁrainn is ag dul **suas** atá sé. An talamh theas a thugas iascairí na Gaillimhe, uaireanta, ar Chontae an Chláir.

Bíonn scailpeanna nó scoilteanna móra idir na carraigeacha in Árainn a dtugann siad **argaint** (argainteacha) orthu. Is iontu a dhéanas éanlaith na farraige a neadacha. Bíonn poill bheaga in íochtar na trá isteach faoi chlocha agus carraigeacha, áit a dtéann portáin, gliomaigh agus **iascán trá** i bhfolach nó ar foscadh. **Ábhach** atá ar a leithéidí sin. Bíonn freisin **aice** nó scailp bheag sa gcarraig ar an trá. Bíonn feithidí beaga mar iascán trá nó stuifíní le fáil freisin ansin.

An áit a mbíonn caol farraige idir oileáin, nó idir oileán agus an tír mhór, bíonn **cainéal** nó **coigéal**.

Nuair atá an fharraige ag dul go béaloscailte isteach píosa maith sa tír – sin **cuan**. Má bhíonn sé ag casadh i bhfad isteach tá sé ina **chamas**. Nuair atá an talamh thart timpeall air, mórán, agus é ag déanamh foscaidh don chuan, **glaschuan**[18] ansin é. Is é an **caladh** an áit a dtagann bád **i dtír** ann. Mar a dúirt Seán Seoighe:

Do chaladh na mbád san áit a dteagainn i dtír.[19]

Caladh tráicht, caladh a mbíonn tráchtáil ann. Is éard a bhí sa gcaladh nó sa g**calafort** i dtosach, talamh, nó port nó bruach crua (i.e. caladh) a bhféadfá bád nó long a thabhairt i dtír ann. Is ionann anois é agus áit fheiliúnach déanta le haghaidh na hócáide. **Céibh** atá ar an áit áirithe a dtugtar an bád i dtír. Mura mbí ann ach balla cloiche a dhéantar go réidh, maolscríobach, is éard a bhíos ann ansin **clochar** báid, nó clochar an bháid. Bíonn cuanta beaga bídeacha in abhainn nó sa bhfarraige a dtugtar **crompáin** agus **bolcáin** orthu.

Áit a mbíonn abhainn ag dul isteach i bhfarraige nó i loch bíonn **bunán** nó **inbhear** ann. Bunán a thugtar air nuair a bhíos an abhainn líonta go bruach. San áit a mbíonn inbhear, bíonn **inbhear éisc** agus cuirtear in áiteacha **cora** nó claí roimh na bradáin le hiad a ghabháil nó a sháinniú i mbéal na habhann nó sa gcaol amach uaidh.

An áit a scarann an abhainn amach ina **caológa** agus go líonann sí béal an chuain leis an ngaineamh, etc. a thugas sí le fána, déanann sí líonán mar Líonán Chinn

Mhara, i.e. an Líonán. In áit den tsórt sin a mbíonn an fíoruisce ag meascadh leis an sáile, **meathsháile** nó **mearsháile**[20] a thugtar air sin.

Nuair a bhíodh seachrán nó mearú farraige fadó ar na laochra, bhíodh áthas ar a gcroí nuair a chloisidís **fuaim toinne le trá**, mar an **fuamán** a dhéanfadh an abhainn le hathrú aimsire. *Rámtéan*[21] a bhí sa Meán-Ghaeilge ar a leithéid.

Má bhíonn lá breá ciúin ann bíonn an fharraige ag tonnaíl isteach ar an ngaineamh. Agus bíonn **bog-thorann** na dtonn le clos, mar atá ráite san amhrán:

Ag éisteacht le tonnaíl an uisce chaoin.

Is minic a bhíos lá ciúin agus **farraige choipthe** ann, i.e. nuair a bhíos an ghaoth ón bhfarraige. Is ionann coipthe agus corraithe, mar a dhéanfadh duine ubh a **choipeadh** nó 'an cúr atá ag coipeadh ar Loch Éirne'. Bíonn círíní bána ar na tonnta. Is é a chontrártha sin 'gála mór agus farraige **lom**', i.e. nuair a bhíos an ghaoth ón talamh.

Nuair a bhíos an fharraige réasúnta ciúin le go bhféadfaí bád a chur amach, b'fhéidir go mbeadh an fharraige corraithe ar thaobh amháin den scoth agus go mbeadh **craiceann** uirthi ar an taobh eile, e.g. 'tá craiceann uirthi ar an taobh ó thuaidh.'

Nuair a bhíos gála mór agus aimsir gharbh ann, bíonn **tonnta móra áibhéalta** ar an bhfarraige mar atá ráite san amhrán:

An fharraige gur ghéim sí is las na tonna tréana,
Chriothnaigh na spéartha agus mhéadaigh an ceo.[22]

Ní hé amháin go mbíonn sí ag géimneach ach bíonn sí ag búiríl agus ag scairtíl. **Bruth** farraige atá ar an tonn mhór a bhíos ag **coipeadh** agus ag bruth agus ag briseadh, mar a dúirt an Suibhneach:

An tú *Neptune* ón muir bháite
Thóigeas bánbhruth le neart na gaoith'?[23]

Nuair a bhíos na tonnta móra ag lasadh agus an fharraige á suaitheadh agus á coipeadh, bíonn, mar a deir na bádóirí, 'bláth bán ar gharraí an iascaire' nó bíonn an fharraige in aon **mhaidhm** gheal amháin. Maidhm (i.e. briseadh)[24] a thugtar ar an bhfarraige a bhíos ag briseadh ar charraig, nó molán báite, nó leathbháite, nó ar sceirdí nó ar an **tanaí**. An chorraíl mar sin a bhíos sa bhfarraige le drochaimsir, sin é **an t-oibriú farraige**. Is é a réabas, scaití, gach uile rud a thagas ina bhealach, mar is mór é a neart. **Brachlainn** atá ar an tonn a bhíos ag réabadh isteach in aghaidh na gcarraigeacha nó in éadan aille mar atá ag Aillte an Mhothair, nó Bealach an Laighin i gContae an Chláir. 'Ba mhór an bhrachlainn í sin' a déarfá. **Bráthair bán** a thugtar in áiteacha ar an maidhm a bhriseas ar an tanaí. Nuair a bhíos tonnta móra farraige ag cornú isteach ar an trá mhín lá gaoithe, deirtear go mbíonn **bréidíní** uirthi.

Nuair a thagas na brachlainní móra sin isteach ar an trá bíonn an **súiteán** ag dul ar ais uathu arís ón talamh. Tugtar súiteán, scaití, freisin ar an sruth atá faoi uachtar uisce. Is é an **cúlsruth** an sruth a bhíos ag tíocht as an íochtar in aghaidh na taoille.[25] Is é an **feacht** an sruth nó an t-imeacht a bhíos ar uachtar na farraige. Mar a dúirt Seán Mac Conmara:

'Sé mo chreach is mo chrá,
Bhí do bhád ag imeacht sa bhfeacht.[26]

An barr gobach géar a bhíos ar an tonn, i.e. an chuid is airde di, sin é **círín** na toinne.

Nuair a thosaíos an fharraige ag **suaimhniú** tar éis gála nó stoirme, bíonn tonnta móra boga ar a huachtar. Sin iad na **fágaí**.[27] Nuair a bhíos sí maolaithe anuas go maith gan a bheith ciúin, bíonn sí bog **guagach**. Nuair a bhíos an bád á bocáil ó thaobh go taobh lá garbh deirtear go mbíonn an fharraige ag **guagaíl**. Mar atá ráite in 'An Chríonach':

> Thosaigh an fharraige ag guagaíl,
> Is chuaigh an caiptín trí huaire sa gcrann.[28]

Nuair a bhíos an fharraige ríchorraithe, go mór mór thart ar ghob scotha, bíonn **clagfharraige** ann. Tugtar **farraige thrasna** mórán ar an rud céanna, nuair a bhíos sruth na farraige ag tíocht trasna ar chúrsa an bháid. Bíonn **bonn** ag an bhfarraige i gcónaí, mar ní bhíonn sí suaimhneach, amach is amach, in am ar bith.

Is é an **ród** an áit a mbíonn na báid agus an loingeas **ar ancaire** in aice an chalaidh. Mar a dúirt Stiofán Ó Lorcáin san amhrán úd 'Bríd Ní Ghadhra':

> Níor scar mé le ceann galúna
> Go dtáinig mé isteach sa ród.

Ród na Gaillimhe a bhí i gceist aige, agus bhí an **galún taosctha** ag obair ar feadh an achair aige ag taomadh nó ag taoscadh an bháid.

Maidir leis an b**poll**, is é an míniú a thugas Séamus Mac Con Iomaire air: 'geadán ins na cuanta nó i mbéal na gcaltha a mbíonn fascadh ón talamh ann, domhain mhaith agus grinneall láibe agus gaineamh righin gan aon chlocha sa gcaoi go mbeadh greim maith le fáil ag ancairí agus griféid.'[29] Bhí trácht ag Caiptín Ó Máille air san amhrán:

> Bhí McMahon ann agus ba mhór é a gharda
> Agus an t-arm gallda 'na dhiaidh aniar
> Ag faire rópaí, jib nó cábla,
> Agus bhí Slúipín Bhachain ar an bpoll 'na ndiaidh.[30]

'Amuigh ar an bpoll' a deirtear, i.e. amuigh ar an domhain. Nuair a bhíos bádóirí ag dul ag iascach, déanann siad ar **mhuráite éisc**, i.e. an áit a mbíonn iasc le fáil go fairsing.

An seoladh: Nuair a bhíodh na gaiscígh ag seoladh ón talamh amach, 'ní fhágfaidís téad tíre gan tarraingt ná caladh gan suaitheadh.' Is é an **téad tíre** an rópa a chaitear i dtír nuair a bhíos an long ag gabháil cuain agus calaidh. Nuair a bhíos sí ag imeacht tarraingítear isteach ar bhord na loinge í. Má bhíonn bád ann a mbaineann timpiste di nach bhfuil in ann seoladh ar a haghaidh féin cuireann foireann báid eile **ceann téide** uirthi, i.e. caitheann siad ceann téide ag a foireann lena ceangal den bhád eile. Mar gheall ar an gcuma a bhíos ar an seol nuair a bhíos sé líonta amach ag an ngaoth agus bolg amach air a thugtar seolta **bocóideacha** orthu, mar is cosúil le **bocóid** scéith an uair sin iad.

Is dócha gur de bharr an déanamh atá ar choirnéil an tseoil mar a bheadh bacán ann a thugtar 'bacóideach' orthu. Maidir le **falcmhar**, is ionann sin agus folcmhar. Folcanta, falcanta a bhíos sa 'gculaith ghaisce' seo in áiteacha. Is ionann sin agus go mbíonn an t-uisce ag folcadh suas ar an long mar a bheadh an tonn ag folcadh ar an gcarraig.

Nuair a bhíos bád istigh i gcaladh ar aimsir gharbh agus go mbíonn faitíos ar na bádóirí ionsaí amach, deirtear go mbíonn sí ag **fanacht calaidh**, i.e. ag fanacht le feabhas a theacht ar an aimsir nó go suaimhní an ghaoth.

Más amuigh ar an bhfarraige a bheas siad ag fanacht le taoille nó **airde mara** le hiad a thabhairt isteach go dtí an chéibh, nó go dtí clochar an bháid, is ag **fuireach taoille** a bhíos siad. Bíonn bádóirí ag **maraíocht** thart freisin nuair a bhíos siad ag fanacht le ciúineadas nó **deibhil** le dul i dtír.

An bádóir a bhíos ag dul chun farraige bíonn air an **seol a ardú** nó a **chrochadh**. Nuair a chuireas sé an seol ina áit féin i dtosach, is é a **chur i gcrann** a dhéanas sé. Mar atá ráite sa lúibín:

Dó-ín dó daidh-dilium,
Is tú a chuirfeadh an seol i gcrann.[31]

Nuair atá na seolta crochta, nó ardaithe, tá **seol déanta**. An té atá i mbun an bháid á seoladh is é atá ag **gabháil an bháid**. An té a ghabhfas ar bord loinge, nó i mbád seoil, ní mór dó **cosa báid** a bheith aige, is é sin, nuair a bhíos farraige ghuagach ann, nó thitfeadh sé. Thiocfadh **muirghalar** freisin air.

Ní mór dó sin go háirithe nuair a bhíos an bád **sínte**, nuair a bhíos an ghaoth ar a leataobh agus í ag líonadh amach na seolta, bíonn sí ag imeacht ar a leataobh.

Nuair a bhíos duine ag seoladh lá garbh, bíonn braonacha den fharraige á dtógáil ag an ngaoth agus á gcaitheamh isteach sa mbád, is é sin, bíonn an fharraige ag **cáitheadh** nó bíonn **farraige cháite** ann, agus bíonn corrscallach[32] sáile ag dul isteach sa mbád. An bád a bhíos ag dul chun cinn go tréan bíonn sí ag **brúscadh** na farraige roimpi, i.e. déanann sí **brúisc** farraige roimpi amach; nó bíonn sí ag **scoilteadh** farraige, nó ag briseadh farraige, nó bíonn sí ag cáitheadh farraige.

Ní féidir seoladh gan gaoth éigin. Nuair nach mbíonn aon ghaoth ann, bíonn sé ina **théigle**,[33] nó ina **chalm**. An áit nach bhfuil gaoth ar bith – tar éis beagán gaoithe a bheith in áiteacha eile – tá sé ina **ghairdín calm**.[34] Mar a deir muintir Acla, bíonn an fharraige ina **calm téigil**. **Deibhil** a thugtar in Árainn ar an gciúineadas a thugas cead don churach a dhul i dtír lá garbh.[35]

Dá dtagadh lá **marbh** mar sin ar na bádóirí, nó dá mbeadh sé ina théigle chaithfidís a dhul ar na **buillí,** i.e. na maidí rámha a chur ag obair nó a bheith ag **iomramh**. Nuair a dúirt Féilim Mhac Dhúghaill faoin tSail Chuach:

Ní iarrfadh maidí rámha dhá seoladh abhaile in am,
Agus ba chuma léi gála ná téigle.[36]

— ní raibh ansin ach áibhéil.

Is í **an chóir** an cineál gaoithe is fearr ach gan í a bheith róláidir. Má bhíonn an ghaoth i gcúl an bháid bíonn cóir agat. 'Bhí cóir ghaoithe againn', nó 'beidh an chóir linn' a deirtear. Mar a bhí ráite ag an gCaisideach Bán:

Níorbh fhada dhúinn go bhfacamar long
Ag teacht go trúpach timpeall
Faoina lánracht seoil ag tíocht le cóir,
Agus ruan mo chroí geal inti.[37]

Is minic a deirtear le duine atá ag gnóthachan go maith
sa saol go bhfuil **sruth is gaoth leis**, i.e. sruth na farraige
agus an chóir. Ach ní focal é, measaim, a bhíos in úsáid
ag bádóirí.

Nuair a bhíos an chóir go maith deirtear go mbíonn sí
díreach ar an aighre. Is ionann an aighre agus an rópa a
bhíos thart le ciumhais an tseoil le nach stróicfidh sé.

Gaoth ghann an ghaoth is measa. Ní hí gainne na
gaoithe is measa ann ach go mbíonn sí in aghaidh an
bháid. 'Bhí sé gann go maith ar an ngaoth' a déarfaí i
gcás den tsórt sin.

Nuair nach mbíonn an ghaoth fabhrach caithfidh an
bád a bheith ag **bordáil**[38] nó ag **tornáil**. An méid a sheol-
as na bádóirí ar aon bhealach nó bord nó scríob amháin
gan athrú, sin **leathbhord**. Ní mór dóibh sin a dhéanamh
le go líonfaidh roinnt den ghaoth a seolta. Tógann siad
ansin leathbhord ón taobh eile. An dá leathbhord, sin
bord.

Nuair a bhíos an ghaoth réasúnta fabhrach bíonn sí
teann: 'beidh sí teann soir againn', sin 'beidh roinnt córa
againn, ní bheidh call dúinn a bheith ag tornáil.' Nuair a
bhíos an ghaoth réasúnta láidir bíonn sé ina **chreatlach**

Nuair a athraíos an ghaoth ó phointe go dtí pointe eile
is é an chaoi a b**preabann** sí, e.g. **phreab** sí ó thuaidh, ó
dheas, etc. Nuair a bhíos roinnt mhaith córa ag an mbád
deirtear go bhfuil sé ag **teacht fairsing** air. Nuair a bhíos
an ghaoth in aghaidh an bháid, mura gcoinnítear tosach
nó srón an bháid **i ngar** don ghaoth beidh sí ag titim
rómhór le fána agus ní rachaidh sí chun cinn. Nuair a
sheolas tú ar thaobh na gaoithe de charraig nó oileán, nó
rud ar bith, **leagann** tú an charraig nó an t-oileán, nó
plúchfaidh tú é. Nuair a fhanas tú ó shúil na gaoithe, tá
tú **do do leagan**. I gcás den tsórt sin déarfaí leat an bád a

choinneál suas **i súil na gaoithe**. Bíonn sí ag **tarraingt chun** na gaoithe nuair a bhíos srón an bháid ag teannadh suas i súil na gaoithe. Nuair a bhíos an bád ag **dul ar an ngaoth** déantar na seolta a **lomadh** isteach, i.e. na seolta a fháisceadh isteach sa mbád leis an **scód**. Mar a dúirt Féilim Mhac Dhúghaill:

Lom isteach an scód,
Ní hionann Bláth na hÓige is na báid sin.[39]

Is é an scód an rópa a athraíos an seol lena lomadh isteach nó lena leagan. Bíonn sé i ngreim ag an bhfear atá ag gabháil an bháid nuair a bhíos sé á athrú. Nuair a athraíos tú an seol ó thaobh go dtí an taobh eile, déanann tú an seol **a chaitheamh thart**. Nó mar a dúirt an t-amhrán:

Nuair a lomtaí suas cois gaoithe iad
Le linn a theacht dóibh timpeall,
Nach dtéadh siad ceathrú míle
Le brí is le spreacadh seoil.[40]

Is é sin, nuair a d'fháiscfí isteach na seolta leis an scód agus nuair a ghéaróidís suas chun na gaoithe iad.

Ní mór na seolta a bheith fáiscthe isteach ag dul ar an ngaoth. Déanann an bádóir **a theacht timpeall** leis an **halmadóir** a bhrú síos go dtí an bord fúithi agus srón an bháid a thabhairt i súil na gaoithe. Nuair a bhíos bád an-ghéilliúnach don stiúir déarfadh bádóir go bhfuil sí **dea-bhéasúil**.

Nuair a bhíos an bád ag seoladh isteach díreach sa ngaoth, bíonn sí ar a **luí chuige**, i.e. srón an bháid a bheith sa ngaoth. Déantar é sin le deis a thabhairt don bhádóir **cúrsaí** a cheangal. Ní fhéadfaidh sí mórán siúil a bheith uirthi nuair a bhíos an ghaoth díreach ina haghaidh, ach a mhalairt. 'Caith ar a luí chuige í' a déarfá. Is ionann ag **fanacht chuige** agus ag **gearradh** na gaoithe, i.e. srón an bháid a choinneáil suas sa ngaoth. Nuair a bhíos an bád ag imeacht róghar don ghaoth, ní bhíonn mórán siúil uirthi. Déanann siad í a **leagan anuas** ón ngaoth roinnt, le siúl a fháil uirthi, mar ní mór na seolta a bheith lán. **Fanann** an bád **ón ngaoth** nuair is mian leis an té atá á gabháil cead a thabhairt di imeacht níos réidhe tríd an bhfarraige.

Nuair a bhíos an ghaoth an-láidir i gcúl an bháid agus í á tiomáint roimpi, deirtear go bhfuiltear ag **doirteadh** (i.e. ag druidim) **le fána**, mar atá ráite san amhrán:

> Nó gur dhoirteamar le fánaidh, thrí fharraigí is í ag cáitheadh
> Go ndeachamar don Ráithe mar is ann a bhí ar dtriall.[41]

Nuair a bhíos an ghaoth an-láidir díreach i gcúl an bháid, bíonn contúirt ann go gcaithfí thart an seol.

Nuair a bhíos gála mór ann, agus an bád ag doirteadh le fána roimhe, ní mór an seol a laghdú, i.e. le **cúrsaí a cheangal**. Dúirt an Caiptín:

> Ag síneadh dhúinn le hÁrainn,
> Mhéadaigh orainn an gála,
> Bhí cúrsaí istigh ar tráigh a'inn
> Is níor thráth faillí é.[42]

Is é sin, murach go raibh na cúrsaí ceangailte acu sular fhágadar foscadh na talún, ní bheadh gair acu a gceangal. Nó mar a dúirt Seán Mac Conmara:

> Má théann sé chomh gar dhuit is go gcuirfidhear 'un cúrsaí thú
> Le coim an tráthnóna, nó ag éirí don ló,
> Le neartú na fearthainne 'sea a dhéanfamuid dúiseacht,
> Is beidh an frídeoir dhá phlúchadh le stoirm is gaoith mhóir.[43]

Agus arís:

> Tháinig sé garbh is chuaigh sí ar chúrsaí
> Gur chaill sí an triúr ab fhearr ins an rian.[44]

nó, mar a dúirt Stiofán Ó Lorcáin:

> Bhí trí chúrsa in mo sheol mór.

Déantar freisin, **barróg** a chur ar an seol, nó ar an jib, tar éis na cúrsaí a bheith ceangailte, nuair a bhíos gála ann, i.e. binn íochtarach an tseoil a chrapadh agus é a cheangal den bhúm. **Ribíní** a bhíos ann lena gceangal.

Nuair a bhíos na seolta crochta agus gan aon chúrsaí ceangailte, bíonn **go leor seoil á iompar** ag an mbád. Mar a dúirt an t-amhrán:

Bhí crú na loinge ar aon chor
Ag dearcadh ar chlár m'éadain,
Ag súil le cabhair a dhéanamh,
Is gan aon mhaith dhóibh ann;
Ach dúirt mé leo ar aon chor
Go ndéanfainn dóibh a bhféadfainn
Ag iompar a cuid éadaigh
A fhad is b'fhéidir léi snámh.[45]

Is iad **éadaí** na loinge na seolta. Is éard atá i gceist aige: nuair a bhí báid Rí Seoirse 'sa tóir uilig ina dhiaidh' gurbh éigean dó na seolta uilig a chrochadh, is cuma cén ghaoth a bheadh ann. Nuair a bhíos báid ag coimhlint freisin, bíonn seol, cuid mhaith, á iompar acu.

Nuair atá an bád ag seoladh sa ngaoth tá dhá thaobh uirthi – **taobh an fhoscaidh** agus **taobh na gaoithe**. An bord, nó an taobh den bhád is faide ón ngaoth nuair atá sí ag seoladh, sin é an **bord fúithi**. Sin é is ísle a bhíos sa bhfarraige. Nuair a bhíos gaoth chrua ann bíonn **an tslat bhoird fúithi** agus crioslach na mara cab ar chab le chéile. Is í **an tslat bhoird** an clár nó an maide atá thart le colbha uachtair an bháid. An bord **os a cionn** atá ar an mbord eile.

Is é **bord na heangaí**[46] an taobh deas den bhád nuair atá d'aghaidh ar thosach an bháid. Sin é an taobh a gcuirtear na heangacha amach. Is é **bord na sceathraí**[47] an taobh clé den bhád nuair atá d'aghaidh ar a tosach.

Nuair a bhíos báid ag seoladh le hais a chéile, nó ag coimhlint le chéile, an bád is gaire a bhíos don ghaoth bíonn sí **ard sa ngaoth**. Nuair a bhaineas báid atá ag coimhlint an ghaoth as seolta a chéile is é an chaoi a

bplúchann siad a chéile. Nuair a bhíos siad sínte cothrom le hais a chéile le dul ag coimhlint, bíonn siad **i bpíce** le chéile.

Má sheolann bád taobh na gaoithe de bhád eile, i.e. an taobh a mbíonn an ghaoth ag séideadh air, is é an chaoi a **snámhann sí amach os a cionn**. Má sheolann bád sa gcaoi go mbeidh bád, nó báid, eile idir í agus an ghaoth, is é an chaoi a seolann sí fúthu, i.e. go mbeadh sí **plúchta**, agus an ghaoth ag líonadh seolta na mbád eile.

Tugtar **lánscód** don bhád nuair a ligtear an seol amach leis an scód le go líonfaidh an ghaoth é. Nuair a bhíos dhá bhád ag dul an-rite le chéile sa gcoimhlint, nó sa rás, bíonn siad ag **crinneadh** a chéile. Má phiocann duine cnámh gan faic a fhágáil ina dhiaidh, tá sí **crinnte** aige. Nuair a bhíos dhá bhád róghar dá chéile bíonn siad in aimhréidh le chéile agus tagann siad **salach** ar a chéile má bhuaileann siad a chéile. Ach má bhíonn spás eatarthu bíonn siad, nó tagann siad, **glan** ar a chéile.

Nuair a thagas báid seoil isteach sa gcaladh, nó go dtí an chéibh ar theacht abhaile dóibh, **stríocann siad na seolta**. Is ionann sin agus a **leagan as crann** nó a scaoileadh anuas ar fad. Is ionann **lagan as crann** agus an seol a ligean anuas beagán ar bheagán.

Dá méadaíodh an gála chomh mór is go gcuirfí an long nó an bád dá cúrsa is go mbeadh sí i gcontúirt a cur isteach ar an carraigeacha agus í a bhá, thabharfadh an caiptín **rith cladaigh** di, i.e. í a sheoladh isteach glan díreach ar an trá san áit nach mbeadh an iomarca carraigeacha. Bheadh deis ansin ag an bhfoireann iad féin a shábháil. Déantar in aimsir chogaidh freisin é.

Má bhíonn an bád ag rith ar thanaí, nó i ngar don chladach b'fhéidir go rithfeadh sí isteach ar an ngaineamh, nó ar chlocha. I gcás den tsórt sin **faigheann na bádóirí tirim** iad féin. Nuair a thagas bád i dtír déantar í a thabhairt aníos **ar an triomach**, i.e. ar an trá nó ar an duirling nó ar an gcladach i bhfad aníos ón bhfarraige. Áit ar bith aníos ón bhfarraige bíonn sé **tirim**.

Tugann siad ansin **feistiú róid uirthi**, i.e. déanann siad í a dhaingniú chomh maith le rópaí agus í a cheangal de rud éigin ar an gcéibh ar an gcaoi nach dtabharfaidh an taoille amach í agus ar an gcaoi 'nach baol di grian á scoilteadh ná muir á bá'. Bíonn **cloch mhuráite** acu le hí a choinneáil fostaithe sa muráite, nó déantar í a fheistiú sa ród le hancaire.

Nuair a thagas long i dtír, nó go dtí an chéibh, caitheann a foireann amach **ceann téide**.[48] Bád nach bhfuil in ann seoladh ar a haghaidh féin cuireann foireann báid eile – má bhíonn siad lena hais – ceann téide uirthi.

Nuair a bhíos bádóirí ag cur an bháid amach ar an bhfarraige déanann siad í a **shá** mar a bheadh duine ag sá rothair. **Cleith sháite** atá ar an maide a bhíos lena sá.

Curacha is mó a bhíos in Árainn agus bíonn, ina cheann sin, báid iomartha agus na cineálacha eile seo i gConamara: **Gleoiteog**: bád trí sheol agus cúig thonna meáchain iompair iontu; **Púcán**: bád béaloscailte ó thrí go dtí cúig thonna meáchain iompair; **Púcán mór iascaigh**:[49] bád trí sheol agus dhá chrann ó fiche tonna go dtí leathchéad tonna meáchain iompair; **Húicéara**, i.e. bád dhá chrann[50].

Maidir le seolta, bíonn seol cinn, nó jib orthu, seol tosaigh, seol mór agus seol beag. *Dál dighe* a bhí ar an jib sa tSean-Ghaeilge. Is é **naprún**[51] an tseoil íochtair an tseoil, **cluas** an tseoil a choirnéal. **Leithead** an tseoil an píosa ó bhun go huachtar, **maide taca** giota d'adhmad le haghaidh an rópa i gcluas an tseoil.

Maidir leis na **láinnéir**, nó rópaí an tseoil, tá an láinnéar mór, láinnéar an tseoil tosaigh agus láinnéar an tseoil chinn ann. Mar a dúirt Ó Guairim in 'An Chríonach':

Níor chuala tú arm ag mársáil,
Nó an *band*, cé go mba bhreá a chuid ceoil,
Ba bhinne ná fuaim a cuid láinnéar
Nuair a chrochadh sí an t-ancaire mór.[52]

Frithrópa a thugas na hAlbanaigh orthu.

Láinnéar an phíce a bhíos ann le gob a chur uirthi go hard.[53] Is é an píce a chrochas deireadh uachtair an tseoil mhóir. 'Cuir píce air' a deirtear.

An **trót**, nó láinnéar an tróit, an rópa a chrochas tosach uachtair an tseoil mhóir: 'cuir trót air.' Is ionann an **píobán ailín** agus an **trót ailín**: sin é a bhíos i mbarr an chrainn ag ligean anuas an tseoil. 'A dhiabhail, tabhair go píobán di é' a déarfas fear Chonamara.

Is é an **taca** an píosa de théad a bhíos ar chluais íochtair an tseoil leis an seol a fháscadh go daingean docht, nó a **thacáil**. Nuair a bhíos na rópaí seo i gcóir, bíonn na seolta **trótáilte, píceáilte, tacáilte**.[54]

Is é an **crann seoil** an crann ar a gcrochtar an seol.

Na **slata seoil** agus na **cleitheacha** seoil a bhíos ann leis na seolta a ríochan agus a choinneáil crochta.

Is é an **frídeoir** an gléas a mbíonn na **rotháin**[55] ann atá leis an seol a ardú. *Ulag* a thugas muintir na hAlban ar an mbloc. Bhí trácht ag Seán Mac Conmara ar an bhfrídeoir a bheith 'á phlúchadh le stoirm is gaoth mhór'.[56] Is é an **crann spreoide**[57] an chleith atá ag dul amach ó thosach an bháid leis an seol cinn a cheangal de.

Cuirtear amach cleith le híochtar an tseoil nuair a bhíos an chóir go maith. Sin í an **bumaile**. **Poll an chladhaire**[58] atá ar an ngeadán in aice le barr an chrainn, an áit a dtéadh mairnéalaigh le breathnú i bhfad uathu.

Déanamh an Bháid

Nuair a bhíos an bád á dhéanamh, **ar na bacáin**[59] a bhíos sí, e.g. 'bhí an bád ar na bacáin.' Tugtar bacáin freisin ar na boltaí a bhíos greamaithe den **phosta deiridh**.

Is é an **cíle**[60] an chéad chuid den bhád a leagtar. Is é an focal Gaelach a bhí air sin **droimlorga**. Tá trácht ar an droimlorga a bhí san Áirc in *Saltair na Rann*.[61] Is cosúil go raibh téarmaí fíor-Ghaelacha ar bháid agus seoltóireacht sa tSean-Ghaeilge. Cuirtear **fás cíle**[62] mar dheasú ar an gcíle nuair a bhíos sé réasúnta caite.

Cuirtear an **tsraith urláir** trasna ar an gcíle. Cuirtear na **casadhmaid** ansin ag éirí suas ar gach taobh. Os cionn na sraithe urláir tá na **heasnacha**. Os a chionn sin arís tá an **stanna** nó an *bend*. Os a chionn sin tá na **maidí uachtair** nó barradhmaid. Os a chionn sin arís tá **clár an bhoird**. Tá tú ansin ar aon chothrom le **bord an tsoithigh**. Is í an **tslat bhoird** an tslat atá thart le colbha uachtair an bháid.

Is í an **earrainne** an chuid a bhíos i dtosach an bháid uilig ag scoilteadh na farraige. Labhair Caiptín Ó Máille uirthi sin:

Mo shoitheach bocht tá brúite
Ó earrainne go glúiní,
A cuid boltaí gur lúb,
Is cén náire di é.[63]

Tugtar **ball** ar an bposta tosaigh den bhád. Is iad na **glúine** an fráma nuair a bhíos an bád ag caolú amach chun tosaigh ar dhéanamh **V**. **Guaillí** an bháid a thugtar in áiteacha ar an méid atá amach in aice le smut an bháid. Is ionann **plucaí an bháid** nó **bolg** an bháid agus an chuid den bhád atá ar dhéanamh na huibhe. Bíonn bád **curtha go súile**[64] nuair a bhíos sí domhain sa bhfarraige le méid a cuid siúil nó le meáchan nó le gaoth.

Is é an **saoistín** nó an **locar(d)** an áit a suíonn an fear a bhíos ag gabháil an bháid. Mar atá sé ag Seán Mac Conmara:

Long ar an bhfarraige agus lucht os cionn dlí aici,
Agus Neileach 'na suí ar an locard dá gabháil.[65]

Is é an **ceap treo** an áit a gcuirtear an crann seoil sa mbád. An **logán** ainm eile air. Is í **an ghrabóid** maide a bhíos tuairim tríú cuid aníos ón gcíle i dtosach an bháid. Tá an **ioscaid** (na hioscaidí) in aice le deireadh an bháid faoin bhfarraige. Tá an **halmadóir** ann leis an mbád a chur ó thaobh go taobh, i.e. lena stiúradh. Is í an **stiúir** an chuid de a bhíos faoin uisce, i.e. a chuirtear in aghaidh an uisce.

Is é **ruma an taosctha** an áit a gcruinníonn an t-uisce le **taoscadh**. **Galún taosctha** an soitheach a bhíos acu ag **taomadh** nó ag taoscadh an bháid.

An **maide teallaigh**, i.e. an maide urláir sna báid bhéaloscailte ag béal an teile tosaigh. Sin é an áit a mbíonn an teallach le haghaidh na tine. Bíonn **cábáin** freisin sna báid mhóra, cuir i gcás, an **cábán tosaigh**.[66] An **log boird** an gleann a bhíos i mbord an bháid.

Is é an **clord**, **seas** a bhíos sna báid bhéaloscailte. Is féidir a bhaint amach. Is éard atá sa **mullard** píosa adhmaid le haghaidh téada agus scóid a cheangal de. Bíonn dhá mhullard deiridh ann agus dhá mhullard tosaigh. An **teile tosaigh**, sin urlár clár a bhíos i dtosach na mbád béaloscailte. Ina ndeireadh a bhíos an **teile deiridh**.

Is é an **poll tosaigh** an áit sa mbád idir an **seas crainn** agus an **seas tosaigh**. Is é an **seas deiridh** an suíochán a bhíos trasna sa mbád in aice lena deireadh. Is é seas an chrainn spreoide píosa d'adhmad a bhíos greamaithe den seas tosaigh le boltaí iarainn a mbíonn fáinne iarainn air le haghaidh bhun an chrainn spreoide.

Nuair a bhítear ag déanamh báid, fágtar na cláir ag breith ar a chéile, i.e. ag dul thar a chéile. Is í an **scair** an méid breithe atá ag clár ar cheann eile. Mar a dúirt Mac Dhúghaill faoin tSail Chuach:

Ba geall le obair plána gach uile mhíle ball di,
Scaracha a cuid adhmaid is níor léir dhuit.[67]

Seo focail eile ag baint le déanamh an bháid,[68] etc.: na **heasnacha**: na cláir i dtaobh an bháid; **an ghualainn**: i dtosach an bháid in aice leis an tslat bhoird; **mala**: píosa adhmaid ar an tslat bhoird taobh amuigh; **pluc**, pluca an bháid in aice le tosach an bháid; **bolg**,[69] boilg, i.e. an bolg amach atá i lár an bháid; **maidí ceathrún**: adhmad crua in aice le deireadh an bháid; **naprún tosaigh**: píosa adhmaid taobh istigh i dtosach an bháid; **glas crainn**: glas leis an gcrann seoil a choinneáil ina áit; **stagh**, nó staghanna: rópa nó ronn leis an gcrann seoil a choinneáil daingean; **sáilín**: píosa den chíle a bhíos faoin stiúir; **méar**, méaracha: píosa de mhaide le rópa an tseoil a dhaingniú air, nó a cheangal de.

Caitear **ancairí** agus **graiféid** amach le greim a choinneáil ar urlár na farraige. Bíonn **lorga** nó cos ar an ancaire, agus **stoc**,[70] agus **ionga**[71] nó **ladhar**, agus **fáinne** leis an rópa a chur ann.

Maidir leis na báid iomartha, níl aon rud speisialta i gceist ach na maidí rámha leis an mbád a iomramh, e.g. 'd'iomair sé an bád.' Is é an **cnoga** a choinníos an maide rámha ina áit, an **seas** an áit a suíonn an bádóir. Is é an **céasla** barr nó 'lann' an mhaide rámha, mar atá ráite in 'An Seachrán':

Bhriseadar a gcuid maidí rámha agus
Ligeadar a gcéasla le sruth.[72]

An fear a bhíos i dtosach an bháid iomartha, is ar an seas tosaigh nó ar bhord an bháid a shuíos sé, i.e. suíonn sé **ar buaic**. Ag an bhfear sin a bhíos an **maide buaic**, i.e. ag an bhfear buaic.

9 Seol an Fhíodóra

Is iomaí duine de na filí a labhair ar an seol. Dúirt Raiftearaí:

Molaim go deo an crann eagair 's an seol
'S an tslinn do-bheir ligean don chúrsa,
An t-úim is an spól 's an lámhchlár níor mhór,
An gharmna, na *runners* is an tuirne.
Tá an uirnis le fáil, a gcion is a gcáil,
Is an fíodóir, Mac Muire dhá chumhdach:
'Sé chuirfeadh brat brád ar fhearaibh 's ar mhnáibh,
Ins gach bealach 'na gcodladh 's 'na ndúiseacht.[1]

Agus arís:

Ba mhaith i dtigh an óil fear chaite an spóil,
Tá sonas is só ó Chríost air.

Dúirt Éamann Beag na nAmhrán:[2]

Dhá gcuirteá fiche clann síos
Agus oiread le do mháithrín
Bhí inneach agam scallta dhá chéada
Agus bhéarfainn bannaí báis duit,
Ach go dteanntá leis an lámhchlár,
Go dtiocfadh an dá shnáithe le chéile.

Seo píosa a rinneadh faoi olann na caorach a dtugtar 'Baisteadh an Hata'[3] air:

Seo í olann na caorach báine
A caitheadh síos sa linn le fánaidh (i.e. an chaora),
A d'éirigh suas glan, fliuch, báite,

A bearradh le deimheas gan scáth gan náire,
A cuireadh arís isteach sa mála (i.e. an olann),
A caitheadh arís isteach sa scála,
A cíoradh arís go mín le carla,
A cuireadh sa bpota gur scalladh a cnámha,
A suaitheadh síos arís le lámha,
A cumadh ar bhloc go dian, dána,
A dathaíodh arís chomh dubh le airne,
A dhéanfadh hata do lia an pharáiste.

- Is é an **seol** an gléas a bhíos ag fíodóir le **fíochán** a dhéanamh. Is dócha gurb ionann seol agus fráma, mar tá an seanfhocal Gaeilge ann, seol, i.e. leaba. Is cosúil gurb é fráma na leapa[4] a bhí i gceist leis.

An **seol** atá ar an ngléas ar fad. **Ceithre phosta** an tseoil atá ar an bhfráma. **Cnaiste** (na cnaistí) atá ar gach clár den fhráma taobh amuigh. **Suíochán** an fhíodóra atá ar an áit a suíonn an fíodóir.

An **maide uicht** an chuid atá idir thú agus an bréidín. Téann an bréidín thart air, de réir mar a bhíos sé á dhéanamh lena chasadh ar **gharmain an éadaigh**. Ní air a chornaítear é ach ar an ngarmain bheag, i.e. garmain an éadaigh.

An **smól** nó an **spól**. Is é an **spól** an rud a chaitear anonn is anall le **tointeáil** a dhéanamh, nó leis an **inneach** a aistriú anonn is anall tríd an dlúth agus le deis a thabhairt don **tslinn** é a bhualadh, nó a dhruidim isteach.

Bíonn **eiteán** istigh sa spól, agus is air sin a bhíos an snáithe, i.e. an t-inneach, cornaithe nó casta. Bíonn **biorán** (:b'reán) **spóil** istigh san eiteán. Daingníonn sé sin an t-eiteán istigh sa spól. Is féidir a bhaint amach.

Tá poll beag ar an spól a nochtas an t-inneach, i.e. a ligeas an snáithe amach. San eiteán a bhíos anois ann, is as a cheann a thagas sé amach. **Spól boisín** a bhíodh sa seansaol ann. Is leis an lámh a chaití anonn is anall é. An spól a bhíos anois ann is le gléas a oibrítear é, agus téann sé anonn agus anall gan aon lámh a leagan air. Buailtear speang (bang) ar gach aon taobh air le cumhacht sreangáin a oibrítear leis an lámh.

Inneach, i.e. an snáithe a thugtar anonn is anall sa spól. Cuirtear **tointe** nó snáithe aonraic d'fhad gach babhta ar an méid den éadach atá fite. Is é an **tointe** ansin an snáithe den inneach a chuirtear gach uair leis an éadach nuair a chaitear an spól. **Tointeáil** a thugtar ar an obair seo. 'Bhí sé ag tointeáil anonn is anall' a déarfá. Bíonn snáithe amháin le gach uile **urchar** den spól. Tugtar **tointe** freisin ar shnáithe an tuirne, i.e. an snáithe marbh a bhíos i láimh na mná nuair a bhíos sí ag sníomh. Ní gaisce an iomarca fad a ligean air, mar atá ráite: 'tointe fada na hóinsí'. Nó b'fhéidir gurb é atá i gceist nach bhfeileann snáithe rófhada a bheith sa tsnáthaid nuair a bhíos duine ag fuáil. 'Cuir **tointe** sa tsnáthaid' a déarfá freisin.

Is ionann uaireanta tointe agus snáithe éadaigh, mar atá ráite san amhrán:[5]

Fir agus mná gan tointe orthu
A chasfainn fó mo mhéir.

Agus freisin: 'Ní raibh tointe de na seacht n-éadaí air.'

Urchar spóil: Nuair a chaitheas tú urchar spóil, ní mór duit **maide cos** a chur síos agus cos a ligean aníos leis an tointe sin a **ghlasáil** agus le hiarraidh a bhualadh air leis an **lámhchlár** lena chur 'abhaile' nó i gcion. Sin **céim** fíodóireachta. Ní mór duit, ar a laghad, idir a dó dhéag agus a sé déag d'urchair mar sin le horlach de bhréidín a dhéanamh.

De réir mar a bhíos an t-inneach **ramhar** nó **caol** is ea a dhéanfas tú éadach. Má bhíonn an snáithe caol tógann sé níos mó tointí le héadach a dhéanamh ná a thógfadh sé de shnáithe ramhar. Cuir i gcás, le snáithe cuimseartha, dhéanfadh dhá urchar déag spóil orlach ar fad. Má bhíonn an **dlúth** caol is mó an t-inneach a thógfas sé ná an dlúth a bhíos ramhar. An **tslat iomlua,**[6] is éard atá inti clár beag atá ar imeall an éadaigh atá fite. Coinnítear le **fiacail na slinne** í. Cuidíonn sí leis an inneach a ligean isteach tríd an dlúth. I gcorrchás, ní oibrítear ar chor ar bith í. **Maide cothrom** a thugtar in áiteacha uirthi.

An dlúth: Na snáitheanna atá ar fhad an éadaigh ó gharmain go garmain, trí **shlinn** is trí **úim**.

Is é an **lámhchlár** an fráma mór adhmaid a bhíos i bhfianaise an fhíodóra, a bhfuil an tslinn istigh ann. Cuireann sé isteach is amach é lena leathláimh agus druideann sé an t-inneach leis tríd an dlúth. Nuair a dhaingníos tú isteach an lámhchlár ar an snáithe tá sé **glasáilte** agat.

Bíonn sé, buille ar bhuille, ag tíocht agus ag imeacht de réir mar a bhíos an spól ag dul anonn is anall. Buaileann an fíodóir buille leis an lámhchlár in aghaidh gach urchair spóil dá gcaitheann sé agus cuireann sé glas ar gach tointe ar dhéanamh an 'scáile' dó.

Garmain an tsnátha (an gharmain shnátha a thugas muintir Acla uirthi): Sin é an maide a mbíonn an snáithe (i.e. an dlúth) cornaithe nó casta air.

Garmain an éadaigh: An maide mór cruinn, i.e. an cornán a bhíos ag cosa an fhíodóra, a gcastar an t-éadach air nuair atá sé fite. An gharmain bheag freisin a thugtar uirthi. **An gharmain mharbh** ainm eile ar gharmain an éadaigh. Bíonn iarann ar a ceann, i.e. an t-**iarann cinn**.

An úim na **húmacha**: Is éard atá sna húmacha dhá shliseog nó ceithre cinn acu atá trasna i bhfianaise an lámhchláir agus téadra ar crochadh astu síos go dtí dó nó ceithre chlár in íochtar, a dtugtar na **maidí cos** orthu.

Ní bhíodh, fadó, ach dhá shlis inti, ach ar an saol seo, bíonn ceithre shlis san úim. Sna hoibreacha móra, bíonn sé shlis ag obair acu nuair a bhíos an fuathleadhb réasúnta deacair nó athchasach. De réir mar a ardaítear nó a íslítear na húmacha seo déanann siad 'scáile', le háit a dhéanamh don spól le dul amach eatarthu, nó lena thabhairt trasna idir na snáitheanna. An téadra atá ar crochadh as na húmacha, déanann siad an dlúth a roinnt ina **chlanna**, a leath síos agus a leath suas. Sin é an 'scáile'. Le cumhacht na maidí cos a oibrítear na húmacha.

Mogaill: Bíonn mogaill nó súile cruach, nó cnáibe, nó barraigh i dtéadra na n-úmacha.

An tiompán a thugtar in áiteacha ar an maide a mbíonn na húmacha crochta as. Féach an **teanntachóir**. **Síobhaí** a thugtar in áiteacha ar na **rotháin**.[7] **Piocóideacha** nó meathanna (sórt fáinní) a bhíos ann leis na húmacha a chrochadh. (Rotháin a bhíodh sa seanseol.) Feacann siad síos agus suas de réir mar a ghabhas na húmacha síos agus suas le cumhacht na maidí cos. **Clann**, i.e. dhá shnáithe (nó ceithre shnáithe, uaireanta) a bhíos ag rith le chéile. Bíonn fiacail den tslinn idir gach dhá chlann acu, nó bíonn na clanna ag dul isteach i ngach spás idir dhá fhiacail. Más dhá shnáithe a bhíos sa gclann (i.e. **deilbh dhá shnáithe**), leathchéad clann a bhíos sa **gcéad**, i.e. 50 x 2 = 100. Más ceithre shnáithe, 25 clanna a bhíos ann (25 x 4 = 100).

Sa tseandeilbh, dhá shnáithe a bhíodh sa gclann agus mar sin a bhí sé ó cheart agus is mar sin atá sé ag Éamann Beag. D'fhéadfadh ocht snáithe nó fiche snáithe a bheith le chéile anois sa gclann.

Céad nó céad snáithe: Cuir i gcás, bíonn, uaireanta, ocht gcéad i leithead an bhréidín, uaireanta, seacht gcéad, nó níos lú. Ó chúig chéad go dtí ocht gcéad a bhíos go hiondúil ann. De réir mar a bhíos céadta, bíonn leithead ag an éadach. De réir mar a bhíos an tslinn cúng nó fairsing (scagach) a bheas an t-éadach caol nó leathan. Tugann an tslinn leathan leithead don éadach.

An tslinn: Na sreanga cruach atá daingnithe i lár báire sa lámhchlár. Tá an tslinn múnlaithe inti féin. Déanann an tslinn an snáithe, i.e. an t-inneach, a dhaingniú nó a dhruidim nó a dhualadh isteach tríd an dlúth. Slinn chruach a bhíos anois ann; slinn nó slinnte cána a bhíodh fadó ann. Bíonn múnla déanta le haghaidh na slinne sa lámhchlár.

Slinnuimhir: Más uimhir a sé déag, cuir i gcás, an tslinn ciallaíonn sé sin sé shnáithe dhéag ar an orlach den dlúth le dhá shnáithe a bheith sa bhfiacail (i.e. gach fiacail den tslinn) agus dá réir. Fiche snáithe atá ar an orlach le huimhir an scóir, agus dhá shnáithe a bheith i bhfiacail na slinne. Mar atá ráite thuas, fágann cuid de na slinnte an bréidín níos leithne ná a chéile. Má théann bréidín sé chéad i slinnuimhir a sé déag beidh sé tuairim is sé horlaí níos leithne ná dá gcuirtí i slinnuimhir a hocht déag é. I slinnuimhir 20, bíonn deich bhfiacail ar leithead an orlaigh, i.e. fiche snáithe le dhá shnáithe a bheith sa bhfiacail.

Uige, (oide), Sean-Ghaeilge *aicde*, i.e. aigdhe: sin é an bréidín nó an snáithe nuair atá sé **deilbhithe** ar an **gcrann deilbhe** nó sa seol. 'Bíonn gach uige mar a hábhar' atá ráite sa seanfhocal[8].

Na meathanna, i.e. na piocóideacha, nó na rotháin sa seanseol.

'**Na huain**': Idir na húmacha agus na maidí cos a bhíos siad, i.e. faoi na húmacha agus os cionn na maidí cos. Slata adhmaid a bhíos iontu. Cuidíonn siad leis an seol a chur 'i bhfeidil',[9] i.e. i gcóir nó i dtiúin. Coinníonn siad na húmacha gan a bheith ag dul anonn ná anall. Leis na húmacha a thabhairt síos agus aníos cothrom le hoibriú na maidí cos atá siad ann. Bíonn na huain greamaithe ar acastóir beag sa taobh den tseol, ar chuid de fhráma an tseoil.

Bíonn **na hulóga**[10] idir na maidí cos agus 'na huain'. Cuidíonn siad leis na húmacha a ligean síos agus aníos i ndiaidh a chéile. **Na maidí cos**: na maidí, nó **lústair**[11] a oibrítear leis na cosa. **Bacacha** a thugtar in áiteacha orthu.

An t-iarann cinn:[12] Roth fiaclach iarainn a bhíos ag ceann na garman (i.e. garmain an éadaigh). Sin é a chornaíos an bréidín.

An teanntachóir (tionntachair, Acaill): Sin é a thugtar in áiteacha ar an maide a chrochas suas na húmacha, nó an maide a gcrochtar na húmacha as. Thuas go hard a bhíos sé. An **tiompán** ainm eile air.

An ceapachóir[13] (ceapachair, Acaill): Téann sé i bhfostú sna fiacla atá san iarann cinn. Sórt coscán é.

Tarraingteoir na slinne a thugas siad in Acaill ar chineál snáthaide a thugas an snáithe tríd an tslinn.

Crann deilbhe:[14] Ní cuid den tseol é ach is fráma ann féin é. Is é a dhéanas na clanna a chomhaireamh. Mar seo a bhaintear leas as: Déanfaidh tú **crios** i dtosach. (Ní mór trí phioga a bheith ann a gcuirtear an snáithe isteach is amach orthu.) Bíonn deich bpioga nó dhá phioga dhéag ar gach aon taobh den chrann deilbhe – nó de réir mar a bhíos ag teastáil – agus tá dhá phioga dhéag in uachtar. Bíonn an snáithe (na clanna) ag dul ó phioga go pioga, agus d'fhéadfá piogaí a chur isteach de réir mar a theastaíos fad ar an éadach.

Tig leat deilbh dhá shnáithe a thabhairt leat, nó deilbh dhá shnáithe dhéag, nó fiche snáithe. Is iondúil gurb é **clann** a thugtar air nuair is dhá shnáithe a bhíos ag imeacht agat. De réir mar a chuireas tú snáitheanna, nó céadta ar an gcrann deilbhe is amhlaidh is leithne a bheas an t-éadach.

Crios (na criosanna): Caithfidh tú crios a thógáil ar dhá cheann an bhréidín ar na piogaí íochtair agus na piogaí uachtair. Sin iad dhá chríoch an bhréidín. Tá an t-éadach deilbhithe agat nuair atá an leithead ann is mian leat a thabhairt dó.

Ceanglaítear an crios lena chur sa **gcrann eagair.** Ní mór an crios a cheangal lena choinneáil sa staid sin go dté slata creasa ann.

Slat chreasa: Nuair a thógas tú an uige anuas den chrann deilbhe á réiteach i gcomhair an chrainn eagair, caithfidh tú slat a chur sa gcrios a choinneos an crios sa staid a bhfuil sé, ach amháin go gcaithfidh tú é a leathnú amach ar an tslat seo. Caithfidh tú téad nó sreangán a bheith agat freisin – slat agus téad. Déanfaidh slat ar bith nó píosa de mhaide cúis ach é a bheith sách fada le leithead an bhréidín a thógáil – tuairim is slat ar fad.

Tig leat an snáithe a cheangal de cheann den tslat – ansin a chur amach tríd an gcrios agus a cheangal den cheann eile den tslat. Coinneoidh sin an crios sa staid a bhfuil sé gan na snáitheanna a dhul thar a chéile.

Féadfaidh tú an **uige** a thógáil anuas den chrann deilbhe agus é a chornú suas le do lámha. Leagfaidh tú

an crann eagair anuas ar an ngarmain agus cuirfidh tú
ocht snáithe idir gach dhá fhiacail den chrann eagair, nó
mar sin, de réir mar a fheilfeas sé.

Má bhíonn an crann eagair scagach (nó i bhfad ó
chéile), is féidir leat níos mó snáitheanna a chur idir na
fiacla i riocht is go mbeidh cothrom leithid agat – dhá
cheann déag, nó ceithre cinn déag, nó suas le fiche.

Cuirfidh tú maide trasna sa seol i gcorrchás. Ligfidh tú
na snáitheanna thairis agus an chéad cheann den
bhréidín, caithfidh tú thairis é agus cuirfidh tú i bhfostú
sa ngarmain é, i.e. i ngarmain an tsnáithe, i.e. é ceangailte
ar eang sa ngarmain, agus déanfaidh tú é a chornú ar an
ngarmain go crua, cuimseartha go dtaga tú go dtí an
crios eile den bhréidín, i.e. an ceann eile den uige.
Cuirfidh tú isteach ansin na slata creasa agus tógfaidh tú
amach an crann eagair, mar ní bheidh níos mó uige le
déanamh leis an mbréidín.

Ansin tá tú réidh lena chur san **úim**. Gearrfaidh tú
ceann an chreasa agus cuirfidh tú snáithe i ngach uile
úim. Coinneoidh tú na slata creasa siar as do bhealach go
stuama agus úmfaidh tú leat ansin go mbí gach snáithe
san úim agat agus tríd an tslinn.

Nuair a bheas gach uile shórt réidh agat, coinneoidh tú
na slata creasa romhat siar i gcónaí. Is é an áit a mbíonn
na slata creasa idir garmain an tsnáithe agus na húmacha
agus, le héascaíocht a dhéanamh, cuirtear isteach **slat
réitigh** ar chúl na slat creasa, agus tógfaidh tú amach
ceann de na slata creasa ansin agus imíonn an dá shlat
eile ar a n-aghaidh uaidh sin suas.

Tógfaidh sé trí huaire, nó tuilleadh á chur sa seol. Seo
é an seanúmachan agus déantar go fóill é.

Ní mór duit ansin a chur sa tslinn – dhá shnáithe idir
gach fiacail. Is iondúil go mbíonn snáthaid bheag
adhmaid ag duine leis na snáitheanna a thabhairt tríd an
tslinn. Sin í a dtugann muintir Acla **tarraingteoir na
slinne** uirthi.

Nuair atá an snáithe tugtha agat tríd an tslinn agus
tríd an úim, ní mór duit cloigeann an bhréidín, i.e. a

chuid tosaigh a cheangal suas ina dhuail agus ansin slat a chur trasna ar a leithead. Ceanglóidh tú téada ar an tslat seo agus cuirfidh tú i ngéibheann iad ar gharmain an éadaigh. Coinneoidh sé sin rite an uige, nó na snáitheanna leis an bhfíochán a dhéanamh.

Agus cornóidh sé suas é de réir mar a bhíos sé á dhéanamh agus ligfidh an gharmain deiridh chugat é le tarraingt an tsuinc. Ceanglaítear isteach **crúibíní** air á chur i ngarmain an tsnáithe. Is iad na crúibíní a bhíos ar thosach an bhréidín agus na **fuathóga** ar dheireadh (nó críoch) an bhréidín – an taobh is faide uait. Ní fhitear na crúibíní ná na fuathóga.

Seo caoi níos túisce, i.e. lena **chur san úim**. De réir mar a bhíos an fíodóir ag cur an tsnáithe, tosaíonn sé leis na snáitheanna ciumhaise agus tógann sé leis iad ó shnáithe go snáithe de réir a chéile, de réir mar a bhíos siad deilbhithe, go sroiche sé an chiumhais eile. Tá dhá chineál úmachain ann, i.e. é sin agus an ceann seo inár ndiaidh thíos.

Nuair a bhíos an bréidín cornaithe ar gharmain an tsnáithe, réidh le húmachan, is iondúil go bhfágann an fíodóir an bréidín atá sé tar éis fíochán sa seol nó go gceanglaíonn sé an bréidín eile de. Seasann an fíodóir idir an gharmain (i.e. garmain an tsnáithe) agus an úim. Cuireann sé dual as an mbréidín atá ar an ngarmain isteach ina ladhar agus dual as an mbréidín atá sa seol isteach sa ladhar freisin (i.e. in aon láimh amháin). Gearrfaidh sé ansin na criosanna ar an dá thaobh agus snaidhmfidh sé ansin iad leis an deasóg, a fhad is a bheas na duail sa láimh chlé, an dá shnáithe ina chéile, ina dhual agus ina dhual mar sin nó go mbí sé snaidhmthe uilig aige, agus tarraingeoidh sé ansin trí úim agus trí shlinn an bréidín (nó an uige) atá sé tar éis a chur suas.

Seo cineálacha éadaigh, nó fíocháin a dhéantar: **ceanneasna**: bíonn stríoca dubha agus geala ann; **bréidín bán** le haghaidh báiníní. **Éadach measctha**: sórt éadach nach bhfuil ar aon bharra amháin. Bíonn **corrán**[15] i gcuid de na héadaí – éadach na Tuaidhe(?). Bíonn **súil éin** i dtuilleadh acu agus **cnámha an bhradáin** agus cnámha an scadáin.

An Tuirne Eiteán

Sin é an tuirne a dhéanas nó a líonas na heiteáin. Dhéanfadh tuirne olla freisin eiteáin a líonadh. **An tsreang**: an sreangán a bhíos thart ar roth an tuirne. **An fhídeog**: sin í a bhfuil croí an rotha ag dul thart uirthi. Sórt acastóir é a bhfuil an mol istigh air. Tugann siad seamsúr freisin uirthi mar a bhíos sí ag feadaíl. Tugtar fídeog freisin ar ghléas ceoil, i.e. feadóg. **Slinneán an tuirne**: an maide a gcrochtar an roth as agus a bhfuil an fhídeog freisin air. **Ceap** an tuirne: an stól atá faoin tuirne. An **slinneán tosaigh**: an áit a bhfuil an **tromán** feistithe.

Tromán: an maide a bhfuil an tsreang ag dul thart air. Istigh sa tromán a bhíos **an fhearsaid** daingnithe. Is é atá ag tabhairt thart na fearsaide.

Cluas an tuirne: píosaí súgáin, nó rud éigin mar iad, a bhfuil an tromán feistithe leo. Déantar cluas le haghaidh tuirne de chraiceann caorach nó de thrilseáin tuí nó luachair.

An fhleasc: an roth taobh amuigh. **Mol**: an chuid a bhfuil na spócaí sáite ann. Sa slinneán tá an fhídeog agus an mol ag dul thart uirthi. **Lián rotha**:[16] cuid den fhleasc a bhfuil na spócaí taobh amuigh ann. Is é an **próiste** an méid snátha a bhíos ar an bhfearsaid, aon iarraidh amháin.

An Tuirne Lín

Maide an lústair: an rud a oibríos an tuirne faoin gcois. Sórt maide cos é. Tá trácht air san amhrán:

> Gheall tú cúirt dom i lár do dhúiche,
> Is ní bhfuair mé romham ann ach bothán fód,
> Mo chos deas lúfar ar mhaide an luastair,
> Mo cheann a chur fúm is mé ag sileadh deor.[17]

Cardáil

Roilléith a thugtar ar an rolla olla a dhéantar ar an gcarla. **Ceap** roilléitheacha a deirtear, i.e. go leor acu le chéile. **Cuta** roilléitheacha atá orthu nuair a bhíos beart acu casta ar a chéile.

Carla, na carlaí: an dá charla a bhíos leis an gcardáil a dhéanamh. **Clár** an charla atá ar an gcuid leathan de. Ansin tá cos an charla agus fiacla an charla ann. Is é moladh an charla na fiacla a bheith i **gcomhfhad** agus iad **tláith**, i.e. mín de réir a chéile agus gan iad a bheith róláidir.

Spíonadh: an chéad réiteach nó piocadh nó glanadh a dhéantar ar an olann. Cuireann siad an olann faoi bhealadh (nó ola) sula gcardála siad í. **Spré**: an réiteach a dhéantar ar an olann lena cur ar na carlaí.

Smiotadh: nuair a bhíos an olann ina mataí, bíonn duine á tarraingt amach agus á smiotadh. Nuair a bhíos sí smiota, cuireann siad ola nó **bealadh** inti lena sníomh – nó roimh an smiotadh. Is beag nach ionann an smiotadh agus an spíonadh. An spealadóir nach mbaineann an féar go glan, á 'smiotadh' a bhíos sé. An fear nach ngearrfaidh an cáca go glan bíonn sé á smiotadh freisin. **Scalladh**: scallann siad dhá dhath trína chéile, nó tugtar scalladh air nuair a dhéantar an olann a **spré** ar na carlaí. Tugtar scalladh freisin ar an gcéad chardáil.

Tuathal: sníomhann siad deiseal agus tuathal. Sníomhann siad an dlúth tuathal agus an t-inneach deiseal. Is féidir bréidín a dhéanamh agus an casadh céanna a bheith ar an dá shnáithe. Ach téann an ramhrú sa mbréidín níos túisce leis an dá shnáithe a bheith casta in aghaidh a chéile, i.e. an dlúth tuathal agus an t-inneach deiseal.

An Líon[18]

Is éard a dhéantaí leis an líon a tharraingt nuair a bhíodh sé aibithe. Nuair a bhíodh sé sách stálaithe bhuailtí é ar nós punann choirce agus baintí as an **ros**, i.e. an síol. Ba mhaith an bheatha **an mhin rois**.

Bháidís ansin an líon i bpoll móna in áit nach mbeadh aon **roide** (i.e. iarann tríd an uisce). An áit a mbíonn sé, **uisce roide** a thugtar air. D'fhágfaí ansin coicís nó mí é. Bíonn roide dhubh, nó ola, freisin, in íochtar an phortaigh. Ón ngiúsach a thagas sí. Thógtaí as ansin é agus scartaí amach ar an talamh bán é go dtriomaíodh sé. Nó bhíodh **cliath** acu lena thriomú. Bíonn tine gan solas faoi agus an líon os cionn na cléithe.

D'fhanadh sé tamall ar an lochta go mbíodh an chruóg thart. Bhuailtí ansin le **sindile**[19] é, nó le **slis** go mbeadh sé aclaithe go maith. Is í an **tslis mhín** a chuireas an chríoch ar an líon le haghaidh an tuirne. Déanann sí sleamhain é agus cuireann sí craiceann air. 'Ní chuirfeadh an saol slis mhín ort' a déarfá le duine. Bheadh **siostal** ansin acu agus tharraingítí tríd an siostal é go mbaintí as an **colg**. Is cosúil go ndéanaidís leapacha den cholg mar atá ráite san amhrán:

Ní raibh fúinn ach colg an lín.

Bheadh an **tlú gairminte** ansin acu leis an m**barrach** a bhaint as. Slis bheag thanaí a raibh coirnéil ghéara uirthi a bhíodh acu á scuitseáil.

An tlú gairminte: tá umair ghearra ann. Tá teanga ansin ag dul síos san umar sin agus cuirtear an líon isteach agus ligtear an teanga anuas air go mbí sé chomh mín le snáithe siopa. **Haicléaraí** a thugtar ar an bhfear a bhíos ag **siostalú** an lín; **siostalóir** a ainm ceart.

Sidhrua atá ar ghalar a thagas ar an líon.

An siostal: is éard atá sa siostal píosa adhmaid a bhfuil fiacla géara sáite síos ann, tuairim is ceithre horlaí ar airde, agus iad i bhfoisceacht ochtú cuid an orlaigh dá chéile. Bheadh sé timpeall is troigh ar fad agus sé horlaí ar leithead. Ní bheadh air ach aon taobh amháin. Níor mhór é a bheith daingnithe ar an talamh nó ar an stól leis an bpunann a chur tríd. Sin é a bhaineas an colg as an bpunann. Bhíodh boilgíní ar an síol. **Mionchaol** an snáithe lín a théas isteach sna húmacha, i.e. an dlúth. Tugtar mionchaol freisin ar anairt, nó anairt chaol.

10   Cnámha, Galair, etc.

Maidir leis an dochtúireacht a bhíodh fadó in Éirinn, ní bheidh eolas i gceart uirthi sin go gcuirtear na leabhair[1] a bhí ag na lianna i gcló. Tá cuid de na lámhscríbhinní i mBaile Átha Cliath, cuid i Londain agus in áiteacha eile. Maidir leis an eolas atá sna leabhair sin, níl ina mbunáite ach tiontú as an Laidin, as an mBéarla agus as an Spáinnis. Trí theanga na hAraibe a tháinig a lán den eolas, agus ó na Gréagaigh a fuair muintir na hAraibe féin é. Tugann cuid de na scríbhinní fionnscladh beag ar an eolas a bhí ag na Gaeil iad féin.

Bhíodh trácht go minic sa tSean-Ghaeilge ar an lia nó an dochtúir.[2] Lia, fáthlia agus táithlia na hainmneacha a thugtaí air. Bhíodh baint freisin ag an draoi leis an scéal, mar atá ráite sa duan:

Mád Fergus no beth i ssúan
dá n-íccad aicned óendrúad
ní bíad mac Dechtere i fos (i.e. Cú Chulainn)
co fagbad druí[d] dia thomos

Diambad hé Conall chena
fris-mbetis créchta is chneda
no sirfed in Cú in mbith mbras
co fagbad liaig dá leges (i.e. dá leigheas).[3]

Agus, mar atá san amhrán: 'leágha na bhFiann ní leigheasfadh mé.'

Is cosúil gurbh é an draoi nó an fáthlia a dhéanfadh an 'tomhas' agus gurb é an táithlia a dhéanfadh an gearradh nó an 'táthú'. Tá giota deas faoi Fhinghin fáthlia in *An Táin*.[4] Bhíodh **cúipinéirí** ann sa saol deiridh

117

ag cur cnámha ina n-áit féin. **Cuisleoir** an fear a ligeadh an fhuil.

Feoil agus Cnámha

Tig leat a rá gurb í **an chnámh droma** príomhchnámh an duine. **Alt an droma** atá ar an ngiota aonraic di. **Snaidhm an droma** an ceangal atá ag rith tríthi nó á greamú dá chéile. **Smior cailleach**[5] an t-ábhar atá istigh i snaidhm an droma. An **gimide** atá ag bun chnámh an droma. An **caoldroim** a thugtar ar an áit chaol sa droim. Maidir le **clár** an droma, is ionann é agus an droim ar fad, e.g. 'leagadh ar chlár a dhroma é.' An **gorún** an dá chnámh os cionn na n**duán** sa mbeithíoch nó sa duine.

An chorróg an áit a bhfuil an chos, nó an cheathrú greamaithe den cholainn. An **gas nasctha** an chnámh a cheanglaíos an dá chois dá chéile.

Cnámh na leise: an chnámh atá ón gcorróg go dtí an ghlúin. **Úll na leise** an cupán a n-oibríonn sí ann ag an gcorróg. **Na leasracha** atá ar thaobhanna na gceathrúna sa duine, nó san éan, etc., e.g.

An clúmhach a bhí ar a leasracha sa teallach acu dóite.[6]

Na **ceathrúna** agus na mása atá ar an gcuid fheolmhar atá ar na leasracha, an más thuas agus an cheathrú síos uaidh. Tugtar **sliasaid** freisin ar thaobh na ceathrún síos go dtí an ghlúin (a tosach, is cosúil), e.g.

Is cosúil le Ó Briain do shliasad is do shlinneán.[7]

Buinne an tsliasta a thugtaí sa tSean-Ghaeilge ar chnámh na leise. Fear a bhfuil méadail (nó urbholg) tagtha air, deir siad in áiteacha go bhfuil sliasaid air.[8]

Is í **an ghlúin** an ceangal atá idir cnámh na leise agus an **lorga**. **Cupán** na glúine atá ar an alt atá sa nglúin. **Caipín** na glúine atá ar an gcaipín taobh amuigh. An **rúitín** atá idir an lorga agus **trácht** na coise. **Trácht** na coise atá ar an méid atá amach anuas ón **rúitín. Murla, murlán** ainm eile ar an rúitín.[9] **Troigh choise**: sin íochtar na coise nó fad na coise, i.e. fad na troighe. An **colpa** a thugtar ar an bhfeoil agus na féitheacha atá ar chúl na lorga anuas ón ioscaid. An log atá ar chúl na glúine, sin í an ioscaid.[10] **Úll** nó **luiseag** atá ar an áit a n-oibríonn gach ball. An té a théas ar a ghlúine **feacann** sé a ghlúine: 'feac do ghlúin agus buail t'ucht.'

Seir atá ar an bhféith atá aníos ón **tsáil**. Bíonn **speir** suas ón rúitín go glúin sa gcapall. Déarfadh duine faoi chapall 'bhí sí bán go seir.'

Spreangaide, spreangaidí atá ar chosa caola cama, e.g. 'bhuail sé isteach ar na spreangaidí mé.' **Bonn** na coise atá ar an gcuid atá faoin gcois. Ansin tá **méaracha** na coise ó **ordóg** go **lúidín**. An té atá ina sheasamh ar mhéaracha a chos, is **ar bharra** a chos atá sé.

Duine a shiúlas díreach siúlann sé **gan fiar**. Mar a dúirt Tomás Mhac Coisdealbha faoi Úna Bhán Nic Dhiarmada:

Do chos deas lúfar, 's í a shiúilfeadh gan fiar i mbróig.[11]

An té nach siúlann díreach tá sé **bosach**. Má chuirtear páistí ag siúl róluath tagann **lán** iontu, i.e. na glúine a bheith iompaithe amach óna chéile. An té a bhfuil boinn a chos iompaithe amach rómhór óna chéile, siúlann sé **spágach**. An té a bhfuil boinn mhóra leathana air, **spága** a bhíos air.

An duine nach bhfuil mórán **arainn** ina chosa, nó nach bhfuil na cosa sách aclaí aige, tá **tapa** na gcos caillte aige. Dá mbeadh an t-**arann** ar fad imithe as a chois bheadh **leitís mharbh**[12] nó pairilis air.

Nuair a bhíos trácht agus bonn na coise stromptha, míchumtha, **cam reilige** a thugtar uirthi. Bíonn a leithéid sin as broinn ar dhaoine.

Tugtar **géaga** ar chosa agus lámha an duine. Fear **géagánach** láidir, fear a bhfuil déanamh láidir air. Maidir leis na cnámha atá sa láimh, tá **cnámh an tslinneáin** in uachtar ar an ngualainn. **Corrán na gualainne** ainm eile air. Mar a dúirt an Suibhneach:

Dhá bhfaghadh sé greim píobáin, nó corráin na guailne air,
Leagfadh sé an púca is mó a tháinig ariamh.[13]

Tarraingíonn duine buille ó **mhaoil** na gualainne, i.e. a sheanbhuille. **Bos an tslinneáin** atá anuas ar chúl an tslinneáin.

'Tá slinneán tite aige' a deirtear faoi bheithíoch nuair atá bos an tslinneáin as a háit. 'Tá slinneáin leathana air', agus 'nach air atá an slinneán' a deirtear faoi dhuine a bhfuil déanamh láidir air. Is é an **dealrachán** an chnámh atá ón slinneán go dtí an muineál agus tá **logán na brád** ag an bp**íobán** ann, i.e. an **v** atá faoin scornach.

Bacán na láimhe atá ar uachtar na láimhe suas ón uillinn; nó tugtar é ar an láimh nuair atá sí i bhfoirm **L** le rud a iompar, i.e. **cnámh an bhacáin**. Tugtar **bacóg** freisin air. Ar a **bhaclainn** a iompraíos duine rudaí éadroma, e.g. baclainn mhóna. **Gabháil** atá idir an dá láimh agus iad sínte amach, agus an brollach: 'Tabhair leat i do ghabháil é'; 'gabháil féir'. An **uillinn** an t-alt atá idir an bacán agus an **rí**. An **rí** atá ón uillinn go dtí **caol na láimhe**. Na **rítheacha** ar an bpéire acu. Ach **rí chaoireola** a thugtar ar an rud a dtugtar *leg of mutton* i mBéarla air. **An chrobh** an méid atá anuas ó **chaol** na láimhe. An **deasóg** atá ar an láimh dheas agus **an chiotóg** ar an láimh chlé. An fear a oibríos leis an láimh dheas, tá sé deiseal, agus an fear a oibríos leis an láimh chlé, tá sé **ciotach**. Tugtar **ciotaíl** freisin ar mhístuaim. An té atá stuama tá sé **deaslámhach**. An té a chuireas a dhá láimh faoina ascaillí, is é an chaoi a gcuireann sé **snaidhm** ar a dhá láimh.

Ansin sa gcrobh, tá **cúl** na láimhe, agus an **dearna**, i.e. an taobh istigh, nó **tosach** na láimhe.

'Tá sé ag imeacht ar **a dhearnacha**' a déarfá nuair a bhíos duine ag **lámhacán** ar a dhearnacha agus a ghlúine. Nuair a bhíos duine ag imeacht ar a lámha agus a bhoinn, 'tá sé **ar a chorra geamh'** a deirtear, nó ar **a cheithre chrobh**. Bíonn duine **ar a chromaide** nuair a bhíos ceann crom, nó íslithe aige ag iarraidh lindéar dorais nó rud éigin mar é a sheachaint. Bíonn sé **ar a ghogaide** nuair a bhíos sé ina shuí ar a shála, nó ina shuí **ar a chorrabionga**.

Tá ciall eile ar fad le ag **dearnaíocht** nó ag **dearna-dóireacht**. Is ionann sin agus ag déanamh feasa le **títhe** na dearnan. **Croí na dearnan** an log atá i lár na dearnan. Is ionann an **crúca** nó an **ladhar** ó cheart agus an dá mhéar agus an ordóg. Mar a déarfadh duine: 'Tabhair dom ladhar phlúir.' Is iondúil go mbíonn na méaracha ar fad i gceist. Tugtar ladhar freisin ar an áit idir gach dhá mhéar, agus na **ladhracha** ar go leor acu. **Mám** a thugtar ar an méid a rachadh sa dá láimh le chéile, e.g. mám phlúir. **Slám** olla, nó slám féir, an méid a d'fhéadfadh duine a thógáil lena leathláimh; **slámaidí, slámanna** ar go leor acu. **An bhos**: béal na láimhe anuas ó chroí na dearnan. Tugtar **cráig** ar láimh a bhfuil méaracha fada uirthi mar a bheadh crúb an éin: 'chuir sé an dá chráig ann', 'féach an chráig mhór atá air.' Mar a dúradh faoin gcoileach:

Is ramhar do chráig agus do sprochaille mhór.[14]

An dorn a thugtar ar an láimh anuas ón gcaol nuair atá na méaracha ar fad dúnta. Deir an seanfhocal 'nach bhfaigheann lámh iata ach dorn dúnta'. An ghlac an áit atá istigh sa dorn nuair atá sé dúnta: 'bhí an t-airgead i gcúl a ghlaice aige' a déarfá. Idir an **ordóg** agus an chorrmhéar tá súil na láimhe. Dubhliath [dúlia] láimhe a thugtaí sa meánaimsir ar bhun na hordóige (taobh istigh).

An t-**alt** atá ar an áit a bhfuil an mhéar greamaithe, agus ar gach feacadh den mhéar. **Alt na n-iongan** atá thíos ar fad. An t-alt meánach a bhí ar an gceann atá i lár báire. Deirtear **cricín** freisin. 'Buail cricín ar an doras', 'ag imirt cricín', i.e. na hailt a bhualadh faoi chéile. Féach lch 163.

Ansin tá an ordóg, **an chorrmhéar**[15], i.e. an mhéar is gaire don ordóg, ina dhiaidh sin, **an mhéar mheáin** nó **an mhidhmhéar** nó **an mhéar mheadha**. Ansin arís, tá an **tánaiste** nó **méar an fháinne**. An **laidhricín** an ceann is lú de mhéaracha na láimhe. An **lúidín** an ceann is lú de mhéaracha na gcos. Tugtar **laidhricín** na coise freisin uirthi. Níl ainm ar aon mhéar eile acu siúd ach an ordóg. Má théann rud géar faoin ionga téann sé sa **mbeo**. Déanann duine **smeach** nó **smalóg** leis an ordóg agus an mhéar mheáin.

Maidir leis an **gcliabhrach**, nó an **cliabh**, tagann an **dealrachán** agus an heasnacha i gceist ón ngualainn go dtí na bolgeasnacha. Is ionann an **brollach** agus uachtar tosaigh an chléibh. **An bhrá(id)** atá ar íochtar an mhuiníl thart máguaird agus anuas go dtí an brollach, e.g.

Tá a brá mar an eala lá gréine.

Féach 'cuir thart ar do bhráid é', 'cuir faoi do bhráid é.'

Is í **cnámh** an bhrollaigh an áit sa mbrollach a bhfuil na heasnacha ag tíocht chun a chéile.

Tá na **barreasnacha** greamaithe dá chéile ag cnámh an bhrollaigh agus i m**béal an chléibh**, agus is iad na **bolgeasnacha**, nó na heasnacha íochtair, an chuid nach bhfuil greamaithe ar an mbealach sin dá chéile. Is é béal an chléibh íochtar an chléibh in aice leis an mbolg, mar atá ráite san amhrán:

Tá pian i mbéal mo chléibh orm
A chuirfeadh na céadta fear 'un báis.[16]

Is é **béal na duilleoige** an áit a dtéann an dá easna íochtair de na barreasnacha chun a chéile. Ar a aghaidh sin, taobh istigh, atá an **scairt**.

Maidir le cnámha an chloiginn, tá, i dtosach, **cainc** nó cuing an mhuiníl, i.e. an méid den chnámh droma atá i gcúl an mhuiníl.

Ansin tá **blaosc** an chinn; **uain** an chinn, i.e. cúl an chinn. **Tobar na baithise** an log atá in uachtar an chloiginn. **An bhaithis** an méid atá suas ó na **malaí** go dtí an ghruaig, nó **clár an éadain**. **An ghrua** a thugtar ar uachtar an **leicinn** agus an **leaca** ar an gcuid íochtair. Is é moladh na grua dath dearg a bheith uirthi agus dath bán a bheith ar an leaca (féach lch 229). **Logán maise** an log beag a thagas sa b**pluc** ar dhaoine nuair a bhíos siad ag gáire.

Camóg bheara, nó **camóg ara** an chnámh atá ar gach taobh den bhaithis. Ansin tá cnámh na sróine, nó **droichead na sróine**.

Sa tsróin, ina theannta sin, tá **polláirí** agus an chainc, nó **an chuing** eatarthu. Fear a bhfuil srón chocáilte suas air tá **caincín** air, nó srón chaincíneach. Má bhíonn polláirí móra ar dhuine, nó an tsrón ag dul go leataobh bíonn **geanc** sa tsrón. **Srón chrom**, srón atá cromtha anuas nó bíonn **croime** ar an tsrón.

Coguas na sróine an poll nó an oscailt taobh istigh. Má bhíonn srón duine ardaithe ina lár bíonn **dronn** nó **droinn** ar an tsrón. Bíonn **srón gheancach** ann freisin nuair a bhíos na polláirí an-séidte amach. Tugtar **súile geancacha** freisin ar shúile cama.

Cnámh an charbaid an chnámh atá in uachtar an bhéil taobh istigh. **Cnámh an ghéill**, cnámha an ghéill, na cnámha atá in íochtar. **Cromán an dá ghéill** an chorr atá ar na cnámha géill, sin nó **corrán** an dá ghéill. **Lúdracha**[17] an ghéill an áit a bhfuil cnámh an ghéill greamaithe nó neadaithe sa gcloigeann.

Fiacla carbaid atá ar na fiacla uachtair agus **fiacla géill** ar na fiacla íochtair. **Draid** fiacal atá ar an iomlán acu. 'Is breá an draid fiacal atá aige' a deirtear. **Draid an chnúdáin** a thugtar ar dhraid dheas fiacal, i.e. 'tá draid an chnúdáin aige.' Deirtear an **draid uachtair** agus an **draid íochtair**, corruair, freisin leo.

Clárfhiacla atá ar na fiacla atá i dtosach an bhéil agus **cúlfhiacla** an chuid atá i bhfad isteach. Na **géaráin** an dá fhiacail atá eatarthu, in uachtar agus in íochtar.

Fiacla stramhacha atá ar fhiacla atá an-scartha ó chéile agus ag crochadh amach, sin nó fiacla **scagacha**. **Béal stramhach** a thugtar ar dhuine a bhfuil fiacla den tsórt sin ann, nó **stramhachán**. Má bhíonn oscailt bheag dheas idir an dá chlárfhiacail láir, in uachtar i nduine, bíonn **séanas** ann. Ceapann daoine gurb in slacht. Má bhíonn fiacail nó dhó tite as duine bíonn **mant** ann, agus bíonn sé **mantach**.

Titeann sé amach, uaireanta, go mbíonn an cab uachtair scoilte sa duine mar atá sa ngiorria. **Bearna mhíl** nó bearna mhaoil a thugtar air sin, e.g. 'Tá bearna mhaoil ann.' Mar a dúirt an Caisideach Bán leis an ngiorria:

Is olc a chuaigh do do bhearna mhaoil.[18]

An chairb atá ar íochtar an bhéil taobh istigh. An **craos** atá ar an oscailt síos go dtí an scornach. An **coguas** (i.e. comhcuas) atá ar chúl uachtair an bhéil. An **tsine siain** atá ar an tsine bheag atá in íochtar an choguais. Nuair a ardaítear amach í sin, bíonn bealach ag an nguth (anáil) le dul tríd an tsrón.

An cháir atá ar an mbéal oscailte. 'Bhí cáir gháirí air' a déarfadh duine. Mar a dúirt an fear fadó le duine eile a bhí ag dul ag bádóireacht: 'tá tú ag dul amach in do churachán snámha agus nár ba fada go mbí do cháir ag gabháil éisc.'[19] Tugtar, in áiteacha, **an chaid** ar an rud céanna. Tugtar **dúid** ar an mbéal le drochmheas: 'cuirfidh mé an maide siar in do dhúid.'[20] Ar an gcuma chéanna deirtear 'dún suas do chaiseal.'[21] **Clab** a thugtar ar bhéal mór.

An **drandal** atá ar an bhfeoil dhearg atá timpeall ar na fiacla. Má bhíonn an drandal le feiceáil os cionn na bhfiacla nuair a bhíos duine ag gáire, nó ag meangadh gáire deirtear go mbíonn **úrbhéal** ar dhuine. Comhairtear é sin mar mhímhaise nó uireasa slachta. Ag **drannadh** a bhíos madra drochmhúinte nuair a bhíos sé ag taispeáint an drandail (le fearg).

Maidir leis an mbéal taobh amuigh, tá an **cab** uachtair agus an cab íochtair ann. Is cleas é a bhíos ar bun ag malraigh nó gasúir: 'abair "ab, ab, ab" agus ná buail do dhá chab ar a chéile.' Le píosa páipéir a chur eatarthu a dhéantar é.

Duine a chuirfeas na cabanna go minic ag obair deirtear go bhfuil sé **cabach**. Bhí amadán ann agus shiúil sé loch agus nuair a fiafraíodh de arís cén doimhneacht a bhí sa loch: 'bhí mé cab ar chab leis agus cab os a chionn' a dúirt sé. Duine nach bhfuil in ann rún a choinneáil tá sé ráiteach nó an-scairdeach nó béalscaoilteach. 'Shoraidh dhíot, a bhéal gan foscadh' a déarfá leis. An té a bhíos róchabach bíonn **fad ar a theanga**.

Clár an éadain atá ar an méid atá suas ó na malaí. **An cheannaghaidh** atá ar an éadan uilig, e.g. 'is deas an cheannaghaidh atá uirthi', 'tá sí fionn as a ceannaghaidh', etc. 'Gile na ruacha (nó na ruaí) gile gan bhuíochas' a deirtear faoi dhuine a bhfuil cneas geal air agus gruaig rua.

Síos ón mbéal taobh amuigh atá an **smig**. Má bhíonn duine ramhar faoin smig bíonn **athsmig** air, mar a déarfá go bhfuil **athbholg** nó urbholg ar an té a bhfuil **stomán** air, i.e. an té a ligeas **colainn mhór** suas is atá otartha ramhar.

Maidir leis an teanga, níl aon roinnt shonraíoch uirthi ach bos na teanga agus cúl na teanga.[22] Duine a bhfuil éalang air le nach bhfuil sé in ann labhairt, nó labhairt go soiléir, bíonn sé **balbh**. Duine a mbíonn sé cinnte air cuid de na fuaimeanna nó litreacha a rá gan a bheith ag stad, bíonn sé ag **tutaíl**. Duine a mbíonn fearg air, is ag **dodaireacht** a bhíos sé.

Sa muineál atá an teanga bheag. Cailleann duine an t-**urlabhra** nuair a chailleas sé an chaint ar bhealach nach bhfuil sé in ann labhairt. Duine nach n-abraíonn cuid de na consain i gceart, cuir i gcás, 't' an Bhéarla a chur isteach in áit 't' na Gaeilge, bíonn sé **briotach**.[23] An té atá in ann labhairt go maith tá **deis a labhartha** aige. An té nach bhfuil sách caoithiúil bíonn **cúl** a chainte leis.

An té nach mbíonn in ann labhairt nuair a thagas an pointe, **béal marbh** a bhíos air. Mar a déarfá: 'ní béal marbh a bheas ormsa ach go bhfeice mé é. Ligfidh mise an teanga chuige.'

Ansin tá an **scornach** agus an **píobán** nó an píobán **garbh**, nó **píobán an doichill**,²⁴ agus an **píobán réidh.**²⁵ An file a rinne 'An Bonnán Léana', dúirt sé:

Dar m'fhocal duit go bhfliuchfainn an píobán réidh.²⁶

Tá an píobán réidh ag dul isteach sa muineasc agus is é a shlogas an bia.

Ag dul isteach sna scamhóga atá an píobán garbh. Sa bpíobán garbh tá úll nó meall ar a dtugtar **úll na brád** nó **úll an tslogaide,**²⁷ atá le feiceáil ón taobh amuigh. Sa scornán²⁸ istigh atá **téadra** an ghutha. An té a bhfuil réim bhreá ghutha aige, deirtear gur 'breá an **bonnán** gutha atá aige'. Tugtar bonnán ar fheadóg na loinge nó an fheadóg a ghlaos lucht oibre ar ais chun a gcuid oibre.

Sa muineál é féin tá rud bán (nó buí) ar a dtugtar **cúl buí.** Tá rud crua in íochtar an chléibh a dtugtar **duilleog** nó **dilleog** air. 'Tá pian i mbéal mo dhilleoige orm' a deirtear.

Maidir leis na putóga, tá an **muineasc** ón scornach go dtí an **goile.** Ina theannta sin, tá **an mhéadail,** i.e. an phutóg mhór, stéigeacha agus caolán.²⁹ Ispín³⁰ atá ar phutóg nuair atá sí glanta amach agus bia inti. **Maróg** a thugaidís sa tSean-Ghaeilge³¹ ar bhia milis. **Ionathar** atá ar gach uile rud dá bhfuil istigh sa mbeithíoch nó sa duine, putóga, aebha, croí, scamhóga, domlas, dúlia, etc. 'Chaith sé a **ronnach-conablach** as amach' a bhíodh ráite sna seanscéalta. Bíonn **goile duilleach** sa mbeithíoch.

In aice leis na scamhóga tá an t-**ae** nó na **haebha.** Ar na haebha a bhíos an **domlas.** 'Thug sé na haebha slán leis' a deirtear le duine nuair a thagas sé slán as gábh.

Fúthu sin ar fad tá an **scairt**, a bhíos ag ardú agus ag ísliú le tarraingt na hanála. Sin é an fáth a n-abraítear 'chuir sé a sheanscairt gháirí as.'

Tá rud nó airne sa mbeithíoch a dtugtar an **táthán** air,
nó an **briseán** milis, nó an **briscín** milis.[32]

An **goile** an áit a leáitear an bia. Nuair nach mbíonn an
goile go maith, déarfadh duine 'níl aon **tothlú** agam leis
an mbia.' Nuair a bhíos an scéal níos measa arís bíonn do
ghoile **dúnta**. Duine a mbeadh an-bhrón air, 'tá mo chroí
dúnta' a déarfadh sé. An té a bhfuil goile rómhaith aige
bíonn sé **géarghoineach** nó **géarghoileach,** nó bíonn
goile géar aige. Páiste a bhíos ag iarraidh rud le n-ithe
gach uile phointe deirtear go mbíonn **gearrghionach** ann
nó **gearrghoineach**. 'Tá goile 'chuile phointe ort' a
deirtear lena leithéid. An té a bhfuil ocras an-mhór air tá
confadh ocrais air.

An **duán**, nó na duánaí a chuidíos leis an salachar a
bhaint as an bhfuil.

Tá airne bheag eile ar a dtugtar an **dúlia**.[33] Má bhuail-
tear beithíoch ar an dúlia titeann sé. Buailtear ar an taobh
eile é lena leigheas.

Maidir leis an bhfuil, tá an croí; ansin leis an bhfuil a
thabhairt trí cholainn agus géaga tá na **hartairí**. Is dócha
gur orthu sin a thugaidís **tulfhéithe**[34] sa tSean-Ghaeilge.
Is ballnasc **an fhéith** ó cheart, e.g. 'tá féith mhór aige sin',
i.e. cumhacht. Ach tugtar féitheacha an chroí ar na
'comhlaí' a ligeas isteach agus amach an fhuil uaidh, mar
a dúradh faoi bhean éigin: 'ní raibh ach féith amháin slán
ina croí agus nuair a chuaigh an mac go Meiriceá bhris sí
sin agus fuair sí bás.' Ansin tá na **cuislí** (an chuisle).
'D'airigh mé a chuisle' a déarfá. Bíonn an chuisle le
n-aireachtáil ag bualadh, cuisle na láimhe, nó cuisle na
glúine. **Lúitheach**[35] a thugaidís sa Meán-Ghaeilge ar na
féitheacha atá sna géaga.

An tSúil

Maidir leis an tsúil, is é an **t-inteachán** an chuid dhaite
den tsúil. An **mac imleasan**[36], nó an **mac imleisean**, nó
mar a deirtear sa gcaint é, an **mac airmis**, an chuid a
bhfuil an **radharc** ann.

Chaill sé an **radharc** a déarfaí faoi dhuine nach bhfuil
aon radharc ina shúile.

Tugtar **bior**[37] freisin ar amharc géar: 'is mairg atá ag taobh le bior in aon tsúil' (seanfhocal). Nó is ionann an bior ó cheart agus an cruinneas is féidir a chur sa tsúil nuair a bhíos sí ag tabhairt ruda chun cruinnis. Cuir ina chomórtas, freisin, an sloinne úd Mac an Bhearshúiligh.

Bíonn **amharc** breá ag duine nuair a bhíos an t-amharc go maith agus go mbíonn an tsúil in ann rud a thabhairt chun cruinnis i bhfad uaithi, nó is ionann uaireanta amharc agus an rud atá le feiceáil: 'bhí amharc tíre agus talún ann.' Rud a bhíos in amharc bíonn **feiceáil** agat air. Deir siad gurb iad na trí amharc is géire ar bith: cú i ngleann, nó iolar i gceo, nó bean óg ag oireachtas.

Má bhíonn seanduine ann a bhfuil an radharc (nó an t-amharc) ag scaipeadh nó ag **leathnú** air bíonn sé ag **cailleadh na haithne**, i.e. nach bhféadfadh sé duine ná rud a aithint tamall uaidh. Bíonn daoine ann a mbíonn a n-amharc ró-ghar dóibh.

Duine a bhfuil a radharc ionann is imithe de bharr **scamall** a bheith ar a shúile nó a leithéid, déarfaí faoi nach bhfuil ann ach go bhfuil **an bhánsoilse** aige. Bíonn an fear **dall ag sméarthacht** lena lámha nó lena mhaide.

Is ionann **léargas** freisin agus an méid a bheadh le feiceáil ag duine, nó a d'fhéadfadh sé a fheiceáil, nó ar léir dó é. Mar a dúirt Raiftearaí:

Cén bhrí an méid sin go bhfaighteá léargas
Ar bhláth na gcraobh atá lena thaobh.[38]

agus

Tá cnoic is gleannta Éireann
ag dul ó léargas orm is beidh go deo.[39]

An té a fhaigheas eolas speisialta ó Dhia, **léirstin**[40] a fhaigheas sé uaidh.

Mogall na súile atá ar an áit a bhfuil sí suite nó ar an tsúil go hiomlán, mar a deir daoine.[41] Tagann **mogall** ar an ngas sula dté sé ina bhláth bán. Agus bíonn mogall cnó i dteannta a chéile. Focal nua, measaim, úll na súile.

Gealacán na súile atá ar an gcuid gheal den tsúil. An **fabhra** nó an **forbha** atá ar na ribí atá ag clúdach na súile. **Cupán** na súile nó craiceann na súile an craiceann a dhúnas anuas uirthi: 'bhuail sé ar chupán na súile mé.' Bíonn **mala (malaí)** os cionn na súile. An duine a bhíos ag breathnú go hamhrasach ort, **amach ó na malaí**[42] a bhíos sé ag breathnú ort.

Duine nach bhfuil an tsúil suite díreach ann deirtear go bhfuil **claonfhéachaint** ann. Má bhíonn súil cham ann deirtear go bhfuil **geanc** ann. Tá cineál eile a dtugtar **geamchaoch** air, i.e. na fabhraí a dhúnadh nuair a bhreathnaíos sé ar rud. Is ionann **caoch** ó cheart agus a bheith ar **leathshúil** nó gan aon cheo a bheith istigh i rud mar chnó: 'A Ghoill chaoich na lorgan lom, go mbeiridh an tonn ort de bhéim.' Tá duine **dall** nó **ina dhall** nuair a nach bhfuil radharc ar bith aige: e.g. 'an té a thug radharc a shúl don dall'.

Bíonn súile **placacha** i nduine nuair a bhíos siad mar a bheidís ag seasamh amach as a cheann. Tagann **scéin** i súil duine nuair a chloiseas sé rud nach dtaithníonn leis. **Grainc** a thagas ann, i.e. ina éadan nuair a ghortaítear é nó nuair a bhíos pian air. **Streill** a chuireas páiste air féin ag caoineadh.

Bíonn **sram** nó **sramadh** ar shúil duine uaireanta tar éis éirí ar maidin nó má bhíonn uisce ag tíocht ón tsúil de bharr fuachta. Bíonn súile **sreangacha**[43] ar dhuine nuair a bhíos uisce ag tíocht uathu. Mar atá ráite sa duan:

A shúil shreangach fá cheo.

Thiocfadh **fionn**[44] ar shúil duine de cheal codlata. Nuair a bhíos an tsúil go rídhona ag daoine atá ag cailleadh an radhairc, tagann **scamall** ar an tsúil.

Bíonn **breall** ar shúil duine nuair a bhíos íochtar na súile (i.e. an dearg) iompaithe amach. Nuair a bhíos goirín ar chraiceann íochtair na súile, **sleamhnán** a bhíos uirthi. Dá dtéadh deannach nó salachar faoi shúil duine dhéanaidís **araid an bhraoinín** ina aghaidh.

Coilmíní, etc.

Níl aon chuid d'fheoil ná de chnámha is tábhachtaí ná an **coilmín**,[45] nó na **coilmíní** a choinníos brí sna géaga agus smacht orthu. *Colméne* a bhí air sa tSean-Ghaeilge. Agus bíonn na coilmíní faoi smacht na **hinchinne**. Duine meabhrach tuisceanach fadbhreathnaitheach, bíonn **inchinn mhaith chúil** aige. Dá mbeadh na coilmíní gan a bheith ag obair i gcois nó i láimh ní bheadh aon arann iontu, nó mothú, nó bheidís as arann nó mothú.

Taobh istigh sa gcnámh bíonn **smior**. Tá sreabhann eile sa bhfeoil a dtugtar **smúsach**[46] air. Measaim go bhfuil gaol aige seo leis an **smaois** a thagas as an tsrón.

Smugairle a thagas as an bpíobán, agus má bhíonn slaghdán tamall ar dhuine tagann **cróintseile**[47] aníos as na píopaí agus na scamhóga. **Réamaí** ainm eile air. Nó bíonn réamaí[48] as béal capaill nó madra. **Pislíní** a bhíos ar pháiste a bhíos ag **pislínteacht**, i.e. uisce a bheith ag tíocht óna bhéal. Cuirtear prisleoir nó leacadán air.

Maidir leis an radharc, an éisteacht, an blas, etc., sin iad na **céadfaí** (:céataí) **corpartha**. Duine nach mbíonn aon réasún ná ciall ina chaint, 'an iad do chéadfaí a d'fhág t'eolas' a déarfá leis.

An Chluas agus an Ghruaig, etc.

Níl mórán focal sa nGaeilge ag baint leis an gcluas. **Ó**[49] a bhí sa tSean-Ghaeilge uirthi. **Éisteacht** a chiallaigh 'cluas' sa tSean-Ghaeilge, mar atá ráite sa duan:[50]

Glés a hindeon comdad cuar,
Clúas a duan di thengthaib bard,
Bruth a fer fri comlund nglan (i.e. comhrac),
Cruth a ban fri óenach n-ard.[51]

Cuir ina chomórtas: 'chuir sé cluas air féin', sa Nua-Ghaeilge. An **liopa** nó an **maothán** atá ar an gcuid bhog d'íochtar na cluaise. **Copóg** na cluaise atá ar an gcuid mhór di. An **cnáimhín scéalach** atá ar an gcnámh ar dhéanamh Y taobh istigh. Ansin tá an **tiompán**, nó an 'droma' ann.

Nuair a bhíos na cluasa tachta de bharr céarach nó tinnis, bíonn **dordsanacht** iontu. Bíonn, uaireanta, sórt feadaíl le n-aireachtáil i gcluas duine nuair a leagas sé faoi ar an bpiliúr í. Sin **blao chluaise**: 'tá sé chomh tarraingthe le blao chluaise' a deirtear faoi dhuine atá croite, cloíte. An té nach bhfuil éisteacht aige nó éisteacht ina chluasa, tá sé bodhar.

Gruaig a bhíos ag fás ar chloigeann an duine, **fionnadh** ar a lámha agus **féasóg** ar a éadan. **Croiméal** atá ar an bhféasóg a bhíos os cionn an bhéil. Tagann **ribe Muire** nó cúpla ribe i gcuideachta ar an ngrua nó an leiceann. **Fionnadh** a bhí ar an ribe aonraic gruaige, mar atá **fionnadh an pheanna**, i.e. istigh sa gcleite.

Má tá sé chomh óg is nár fhás bun ribe as a ghiall
Tá tuilleadh is lán báid de mhná breátha, deasa ina dhiaidh

Nuair a thosaíos an ghruaig ag **smoladh** nó ag titim de dhuine tagann **plait** ann agus bíonn sé **plaiteach**. Má bhíonn go leor gruaige ar dhuine bíonn **folt** trom gruaige uirthi nó air, nó **cúl** trom gruaige.

Duine a bhíos ag imeacht gan hata ná caipín bíonn sé **ina mhaol**; 'tuige a bhfuil tú ag imeacht in do mhaol gan hata ná caipín' a déarfá leis. Mar a bhí ráite san amhrán:

Chaill mé mo hata is chaith mé an lá ag baint in mo mhaol.[52]

Má bhíonn gruaig ar dhuine anuas os cionn a bhaithise bíonn **glib** air, e.g. 'tá glib anuas ar do shúile.' An madra alla a bhí sa seanscéal, 'Daidín Gliobach' a bhí air, mar is cosúil go raibh fionnadh (:fionnach) fada catach air. Ciabh (nó céibh, cibh) a bhíos ar chat, nó **fionnadh**, agus fionnadh a bhíos ar mhadra nó beithíoch. Bhí focal eile, urla nó earla ar ghruaig sa Meán-Ghaeilge.

Clúmhnán a thugtar ar an bhfionnadh lag éadrom a bhíos ag fás ar an gcraiceann. An méid ribí a bhíos ag éirí amach i gcuideachta den ghruaig, sin **dlaoi**,[53] e.g.

Tá dealramh an óir ar fad ina dlaoi.

Bíonn **gruaig chatach** agus cúl **craobhach** ar dhaoine freisin.

Tinneas

Maidir le tinneas, tá trí fhocal: tinneas agus aicíd agus galar (nó galra). Is iomaí galar a bhíos ag dul do dhuine agus ní aicídí iad: bruitíneach, leicneach, galar buí, fiolún, easpa agus eile. Is dócha gurb ionann aicíd agus galar an-tógálach mar an fiabhras, e.g. 'fan as an áit sin mar tá an aicíd orthu.' Caitheann an óige an aicíd. Sin é an fáth a n-abraítear go 'mbíonn ceann caol ar an óige',[54] i.e. go bhfuil sí in ann a dhul trína lán agus a theacht slán.

Is é an focal is coitinne: tá sé **tinn** nó tá sé **go dona**, nó tá sé go dona tinn. Déarfadh duine eile 'níor chuala mé aon **donacht** a bheith air.' Deirtear freisin 'tháinig tinneas air', 'buaileadh síos tinn é', 'tá sé ar an leaba', 'thug sé an leaba dhó féin.' Mar atá ráite san amhrán:

Is fada mise tinn
Ar leabaidh ar chúl mo chinn,
Ag súil le fortacht
'Gus gan fóirithint le fáil.[55]

Ní deirtear i gConnachta go bhfuil duine **breoite** ach nuair a bhíos **póit óil** air. 'Tá sé breoite de bharr na hoíche aréir' a deirtear, i.e. de bharr ar ól sé. An t-easlán nó, an t-othar a thugtaí sa Meán-Ghaeilge ar an duine tinn. Mura mbeadh duine go dona tinn ní rachadh sé **chun luí** leis an tinneas. An duine nach bhfuil tinn tá sé **slán** e.g.

Níl mé tinn agus níl mé slán,
Agus cén fáth, a ghrá, nach dtuigir é?[56]

Duine a bhíos tinn nó ag **fuasaoid** tinnis, ní bhíonn aon **tothlú** aige leis an mbia ná iarraidh aige air. Duine a mbíonn goile mór aige, nó an-dúil sa rud aige, deirtear go mbíonn **dúlú** ann. Nuair a fhaigheas duine den tsórt sin fuílleach le n-ithe **baineann sé an dúlú as**. An **damhladh** a deirtear leis seo in áiteacha. 'Bhain sé an dúlú asam faoi láthair' a déarfadh duine a gheobhadh greim beag le n-ithe.

Nuair a bhíos duine tamall tinn, 'an bhfuil sé i bhfad ag **casaoid**?' a déarfaí. Ach 'tá mé ag **fuasaoid** le seachtain', i.e. ag **tolgadh** an tinnis. 'Is ann a **tholg** sé an tinneas' a deirtear freisin: 'tá tolgadh múisce ag tíocht orm', 'tá tolgadh ocrais orm.' Tagann **ardú** tinnis ar dhuine a dtagann farasbarr tinnis air. 'D'ardaigh an tinneas air' a déarfá.

Duine a bheadh tinn gan a bheith go dona bheadh **meathlaíocht** (éigin) **air**, nó 'tá meathlaíocht éigin orm le cúpla lá' a déarfadh duine nach n-aireodh go maith, nó 'tá mé idir an leaba agus an tine le seachtain.' Duine a bhíos tinn bíonn **coirt** ar a theanga. Airíonn sé **an-mharbhánta** freisin. 'Cén chaoi a n-airíonn tú?', 'céard atá ag dul duit?', 'cén chaoi a bhfuil sé ag dul duit?', a déarfá leis.

Duine a bhíos ag cothú i bhfad go dona, bíonn **meathaíocht** ag tíocht ar a shláinte. Duine a bhíos lag de bharr tinnis, ní bhíonn **sea ná seoladh** ann. Duine a chothaíos tinn go minic, duine **treáinneach** é, nó duine meath-thinn.

Duine feosaithe duine treáinneach a bhfuil drochdhath air. Má bhíonn duine den tsórt sin ann is **furasta cur chuige**, i.e. a dhéanamh tinn: e.g. 'tá sé chomh lag le héan gé', 'tá sé chomh leata le héan gé.' Duine a mbeadh crith air, nó a bheadh crom anuas ag scoilteacha, is duine **diocach** (nó giocach) é.

Duine lag a bhfuil fíor-dhrochshláinte aige is duine **trothailte** nó **trochailte** é. Is ionann trochlú (nó trothlú)[57] agus croitheadh nó titim ó chéile. Duine **treaghdánach** duine a bhíos meath-thinn. Féach lch 149.

Dá mbeadh duine a bheadh ag luí rómhór air féin agus nach mbeadh ag tabhairt aire dá shláinte, déarfá **go ngabhfadh sé faoina shláinte**.

Duine a dtagann **eitinn** nó drochthinneas air deirtear faoi go bhfuil sé 'ag imeacht ar an **uisce bruite**'. Duine atá ag tabhairt uaidh níos moille ná sin is éard a deirtear faoi: 'ní raibh ceo na fríde air ach go raibh sé **á ghoid as** nó ag **éalú** as.' Imíonn duine as go mór le drochshláinte. **Lasadh breá na heitinne** nó lasadh buí na heitinne atá ar an lasadh a thagas leis an eitinn. Nó bhí 'scéimh neamhnach air' a déarfaí faoi dhuine a bheadh ag breathnú go maith nach mbeadh slán. Duine atá an-chúramach faoina shláinte, is duine **partalóideach** é, nó bíonn sé an-phartalóideach. Má bhíonn tinneas ar bith i bhfad ar dhuine, is éard a déarfaí **chuaigh sé in ainseal ann** (nó air), nó 'tá sé ag dul i **ngainseal** air.' Is dócha gurb é 'ainseal' an focal bunúsach. Déarfaí faoi dhuine den tsórt sin go bhfuil an tinneas go domhain ina chnámha.

Dá mbeadh tinneas ar sheanduine nach bhféadfadh sé a leigheas go hiomlán ná a **ghlanadh as a chreatacha**, 'tá sé ina **leannán** agam go dté mé i dtalamh' a déarfadh sé. Ionann leannán agus an duine nach maith leis scaradh leat. Is ionann freisin é agus duine a thugas grá duit.

Duine a mbeadh pian air de bharr drochghortú, 'rinne sé angar in mo chroí' a déarfadh sé. Duine a mbíonn imní nó trioblóid mhór air bíonn sé 'ag déanamh buartha is angair'. An té a mbíonn brón air bíonn **líonrú** air. Mar a dúirt Raifteraí

Gheit mo chroí le buaireamh agus líonraigh mé naoi n-uaire,
An mhaidin úd a chuala mé nach raibh tú romham le fáil.[58]

Tá cuid de na galair agus mura ndéantar leigheas iomlán orthu fágann siad fuíoll ina ndiaidh. **Fuíoll** tinnis a thugtar air sin. Dá bhfágadh, cuir i gcás, **an bhruit-íneach éalang** ar bith ina diaidh **fuíoll bruitíní** a thabharfaí air, e.g. 'tá fuíoll na bruitíní ort', i.e. dá bhfanadh a **séala** ort ina diaidh. Nó is ionann é agus **ainchinn** a d'fhanfadh ar dhuine.

Rud nach bhfuil éasca ar a leigheas, tugtar **aincis** nó **ainchinn** air: 'D'fhág sé ainchinn orm', 'fágfaidh mise ainchinn ort', i.e. **séala** a fhágáil ort. Duine ar bith a mbíonn anó air bíonn sé **ainciseach**.

Duine a chaitheas tamall go dona tinn is a bhíos ag feabhsú, mura dtugadh sé aire mhaith dó féin is fánach a **d'iompódh air** arís, nó bhuailfí síos **faoi athchúrsa** é. Dá mbeadh slaghdán ar dhuine arís, mura mbeadh sé cúramach b'fhéidir go bhfaigheadh sé **athfhuacht**.

Duine nach mbeadh ag dul chun donachta, 'níl aon iompú donachta air' a déarfaí faoi, nó 'tá iompú bisigh air.'

Duine nach bhfuil feabhas i ndán dó, deirtear 'go bhfuil **a bhiseach** tugtha', nó 'tá a bhiseach ar iarraidh.' Deirtear 'tá a bhiseach tugtha' freisin, le duine nach méadóidh aon bhlas níos mó. 'Tá biseach **aige**', i.e. nuair atá sé go maith. Bíonn biseach **air** nuair a bhíos feabhas air, nó feabhas mór air. Leagan eile: 'tá sé ar biseach.'

Duine a mbíonn teasaíocht mhór ann agus a bhíos go rídhona tinn, ní bhíonn scaití, a **mheabhair** aige, nó **cailleann** sé a **mheabhair** agus a aithne. Nuair a bhíos sé go fíordhona, bíonn sé **i ndeireadh na preibe**. Bíonn duine den tsórt sin ag néaltrúchaigh trína chodladh nó ag rámhailligh.

Duine tinn nach bhfuil aon súil leis déarfadh duine faoi 'Ó! tá Sean-Pheaits **ar an sop**', i.e. sop[59] an bháis, mar dhóigh de go bhfuil sé imithe nó 'tá sé sna **preaba deiridh**.' An té atá ar leaba an bháis deirtear go bhfuil sé 'ag déanamh an bhealaigh'. Cuirtear fios ar an sagart agus cuireann an sagart **an ola** air, i.e. an ola dhéanach. **Blaoch ola** a fhaigheas an sagart i gcás den tsórt sin. Duine nó beithíoch atá ag fáil bháis bíonn sé **ag saothrú an bháis**. **Crothal** nó clochar an bháis a bhíos i bpíobán an duine atá ag fáil bháis. Duine a bhíos go fíorlag níl ann ach go mbíonn an **dé** ann. Bíonn **íota** an bháis ar chorrdhuine freisin. Duine nach mbíonn aon súil leis, bíonn sé **deireanach**. 'Tá sé deireanach' a déarfá, 'níl sé ach ag tarraingt an bhealaigh.'

Má fhaigheann duine bás, nuair a deirtear an uair chinnte is é an leagan atá air, cuir i gcás: 'shéalaigh sé ar

a trí a chlog', nó 'd'éag sé ar a dó dhéag inniu.' Tar éis é
a bheith 'séalaithe' tamall, deirtear go bhfuil sé **básaithe**.
'Níor dhúirt an luí fada bréag ariamh' a deirtear nuair a
fhaigheas duine bás tar éis a bheith i bhfad tinn. Duine a
fhaigheas bás tobann is é an chaoi a dtiteann an t-anam
as. Fadó chuiridís **snaidhm buaic** ar chloigeann an duine
mhairbh lena bhéal a choinneáil druidte. Thugtaí **marbh-
fháisc** nó **fáisceán** freisin air. **Leagtar na hordóga** ar
shúile an duine atá ag fáil bháis. Ansin leagtar amach é
agus cuirtear **os cionn cláir** é. Ceannaítear **gléas
tórraimh**, tobac is píopaí, agus déantar é a **thórramh**.
Cuirtear paidreacha agus aifreann **le hanam** an mhairbh.
Gach uile dhuine a chaitheas píopa, nó a bhíos ag an
tórramh cuireann sé beannacht Dé le hanam na marbh.
Cuirtear an corp sa gcónra agus cruinníonn muintir na
mbailte go dtí an **tsochraid**. Ar mhaidí **cróchair** a bhíodh
an chónra fadó á hiompar, nó bhíodh eileatram acu.
Sochraideach maith an té a thagas chuig gach uile
shochraid. I **reilig** nó i d**teampall** nó i g**cill** a chuirtear an
corp. Fadó dhéanaidís an chónra a iompar thart timpeall
ar an reilig sula gcuirtí san uaigh í. Tagann **caide an
éaga**[60] ar an gcorp nuair a **shiocas** sé.

Duine a fhaigheas drochlot, nó má bhíonn drochghalar
i bhfad air, má thagann sé uaidh féin, fágann sé go minic
cithréim air, nó bíonn cithréim air dá bharr. Is ionann
cithréim agus fuíoll tinnis, nó **easpa láimhe** nó **easpa
coise**. Duine cithréimeach duine a bhfuil bacaíl air, nó
uireasa láimhe nó coise.[61]

Duine a bhfuil **éalang** nó easpa ó thosach air, déarfaí
faoi gur **ó bhroinn** a thug sé leis í, nó go bhfuil sí **as
broinn** air, cuir i gcás, 'tá an chos éalangach as broinn
uirthi.' Duine a bhfuil éalang air mar chruit, nó nach
bhfuil in ann siúl, is **cláiríneach** é.[62] Duine gan tapa ná
cuma is **crandailín** é.

Fear a bhéarfadh rud ó bhroinn leis, nó fear a mbeadh
uireasa tuisceana air, déarfaí faoi gur fear é **ar leag Dia
lámh air**.

Codladh: Tosach sláinte codladh, a deirtear. Tagann codladh ar dhuine agus nuair a thiteas a chodladh air, nó nuair a thiteas sé ina chodladh, codlaíonn sé scaitheamh. Más scaitheamh gearr a bhíos sé ina chodladh, **támh** a chodlaíos sé, nó táimhín codlata. Tagann **tionnúr** ar an tsúil nuair a dhúntar le codladh nó ar aon bhealach í. 'Dheamhan tionnúr a tháinig ar mo shúil go raibh sé ag fochraí lae' a déarfadh duine a mbeadh **neamhchodladh** ag baint dó, nó, 'níor chodail mé (i.e. mo shúil) néal ar feadh na hoíche.' Nó, mar atá san amhrán:[63] 'ní raibh tionnúr ar a shúil ach ag lámhach.' An té a mbíonn imní air, nó buaireamh, bíonn codladh **corrach** aige. Is ionann 'níl **néal** air' agus go bhfuil a shúile oscailte aige nó go bhfuil sé ina dhúiseacht i gceart, mar dhóigh de, nó go bhfuil fios a ghnó nó a intinne aige. Má bhíonn seachmall ar bith ar dhuine bíonn **néal** éigin air. Duine nach mbíonn a mhothú ann, nó a mheabhair i gceart aige de bharr scanraidh nó tinnis, titeann sé **i néal**. Duine nach mbíonn go maith, nó duine a bhfuil rud éigin ag luí ar a ghoile, tagann **tromchodladh** air agus bíonn sé ag **brionglóidigh** agus bíonn brionglóidí uafásacha aige. Duine a bhíos ag dúiseacht as a chodladh anois agus arís go tapa bíonn sé ag **néaltrúchaigh** trína chodladh nó tagann **néaltracha** air, i.e. codladh míshuaimhneach. An té a bhfuil a shláinte aige agus gan aon imní air, bíonn codladh **suaimhneach** aige agus codladh **ciúin, sámh**. An té a bhíos dodhúisithe, bíonn **codladh trom** air.

Bíonn corrdhuine ag **srannadh** ina chodladh agus nuair a bhíos sé ina chodladh go sámh bíonn sé **ina shrann**. An té nach ndeachaigh a chodladh nó atá tar éis éirí, tá sé **ina shuí**. An té a bhíos ag dul a chodladh bíonn sé ag dul a **luí**.

Duine a bhfuil cosúlacht air go n-éireoidh sé as tinneas déarfaí 'go d**tiocfadh sé uaidh**'. Nuair atá sé **as guais** agus é ag feabhsú go maith, 'tá a bhiseach ar fáil' a déarfaí.

Duine nach bhfuil a fhios ar feadh tamaill an tíocht nó imeacht dó, má éiríonn sé as déarfaidh sé: 'bhí cuisne ag an mbás le mí orm.' Nó, mar a dúirt an file: 'is crua an choraíocht a bhí ag an mbás liom.' 'Níl ann ach go dtug sé an eang leis' a déarfaí faoi dhuine a bheadh tar éis éirí ó dhrochruaig.

Duine atá chomh maith tar éis tinnis is a bhí sé riamh, tá sé **ar a chóir** nó **ina chóir féin**.⁶⁴ 'Ní bheidh mé 'mo chóir féin go ceann míosa' a déarfadh sé, nó, 'ar mo chóir féin'. Duine lúth, láidir nach bhfuil sé éasca cur chuige agus a bhfuil seasamh ar a lán aige, bíonn **coimpléasc**⁶⁵ láidir ag a leithéid. Ar a mhalairt, bíonn droch-choimpléasc ag daoine. Nuair a bhíos duine ag feabhsú bíonn sé ag tíocht ann arís agus bíonn sé ag scinneadh, i.e. ag tíocht chuige féin.

Nuair a bhíos an tinneas go díreach tar éis a bheith **ina shea** bíonn duine ag dul **trí fhaothú**. 'Má chaitheann sé an lá inniu tá seans aige, tá sé ag dul trí fhaothú' a déarfadh duine. Nuair a bhíos **an bhruith** agus an **teas**, i.e. an teasaíocht ag tosaí ag ísliú, faigheann duine faothú.⁶⁶ 'Tá **faothú** aige' a déarfá ansin. Má thosaíonn duine ag **cur allais** laghdaíonn sé an teasaíocht. Duine a shaothraíos a bheatha, nó a bheathúnas go crua, is le **hallas a chnámh** a shaothraíos sé é, nó is ar allas a chnámh a thagas sé suas.

Má bhíonn pian ar dhuine agus go n-imeoidh sí faigheann sé **faoilte**. 'Bhí sé ag fáil faoilte nuair ba throime a bhí an tinneas' a déarfá. Duine a bhfuil pian air faigheann sé **réidhe an achair** ón bpian nuair a bhíos sé ag feabhsú nó ar biseach. 'Fuair mé réidhe an achair mór aréir ón bpian' a déarfadh a leithéid. Má bhíonn **daigh fhiacal** nó **daitheacha** ar dhuine, 'chéas mé an oíche aréir leis an daigh fhiacal' a déarfas sé.

Nuair a bhíos duine lag de bharr tinnis, bítear **ag coinneáil deolaidh** leis, i.e. deoch bheag anois agus arís. 'Cuir deoladh ar a bhéal' a déarfá, sin, cuir lán spúnóige ar a bhéal.

Nuair a thosaíos duine ag feabhsú i gceart, bíonn **aghaidh bhisigh** air (nó aige), 'tá aghaidh bhisigh inniu aige, má fhanann aige' a déarfá. Nuair a bhíos duine ina shuí arís tar éis tinnis agus é ag siúl thart, bíonn sé **ar fainnéirí**.

Duine a bhíos tar éis ruaig thinnis a chur de, bíonn sé ag breathnú **an-snoite**. D'fhéadfadh sé a bheith amhlaidh roimh an tinneas freisin. Duine nach bhfuil folláin, bíonn **drochshnua** air, nó **drochdhreach**. 'Tá sé **bánghnéitheach** go maith' a déarfá, nó 'tá sé ag cailleadh a ghné.' Má bhíonn duine ag breathnú an-snoite de bharr tinnis, 'is mór a **chroith** sé é' a deirtear, nó 'tá sé chomh tarraingthe le blao chluaise', nó 'tá dath na huibhe lachan air', etc. Seanduine a bhíos an-chroite de bharr drochruaige bíonn sé ag **dul amú** ina chuid éadaigh.

Duine a théas ag siúl nó ag spaisteoireacht le haer agus anáil a fháil dó féin, nó ar mhaithe lena shláinte, deirtear go mbíonn sé ag **tógáil sláinte**. Duine atá tamall ar fainnéirí, mura mbí sé ag láidriú go maith imíonn sé le **malairt spéire** a fháil. An té atá ina shláinte, nach bhfuil blas ar bith air bíonn sé ag dul **ag aer**, i.e. le breathnú ar an taobh tíre, nó le saol maith a bheith aige, mar atá ráite san amhrán:

Bíonn daoine uaisle ag aer ann.

An duine atá aerach, a bhfuil tóir ar shiamsa is pléisiúr aige, bíonn sé ag imeacht le h**aer an tsaoil**.

Má bhíonn tú ag caint le duine atá tinn ar an leaba, 'go dtuga Dia biseach dhuit' a déarfas tú, agus 'go mba **slán éirí** dhuit', nuair a fheiceas tú ina shuí é; más lena dhuine muintreach a bheas tú ag caint, 'go dtuga Dia **dea-scéal duit**' a déarfas tú nó 'Dia le dea-scéal chugaibh'. Má bhíonn duine tar éis báis, 'go dtuga Dia **sólás** duit' a déarfá lena dhuine muintreach.

Má bhíonn tú ag fiafraí duine atá tinn: 'cén misneach atá ag Seán, Peaits, (etc.) inniu' a déarfas tú. Is ionann 'níl **aon mhisneach** mór acu **as**' agus go bhfuil cosúlacht nach dtiocfaidh sé as an tinneas. Níl muinín ar bith acu as, sin focal eile.

Duine a bhíos ag breathnú go maith bíonn **snua a choda** air. Duine nach bhfuil ag dul in aois ná ag liathchan, 'is breá atá tú ag coinneáil do dhath' a déarfá leis. Déarfá freisin, 'tá tú (sé, etc.) ag coinneáil do shnua', 'is maith atá do chuid beatha ag fearadh ort', 'is maith an mhaise dhuit é', etc. Duine a bhíos ag breathnú go breá bíonn sé ag dul **in óige**, nó **in aois na hóige**. 'An i d**tír na hóige** a bhí tú' a déarfá leis.

Duine a mbíonn dúil i rudaí milse aige tá sé **beadaí**. Duine nach bhfuil sé éasca a shásamh faoin rud a d'íosfadh sé, duine a ghlacas **col** leis tá sé **éisealach**.

Seo roinnt de na galair atá coiteann go leor:

An **slaghdán** nó an **slaedán**. Tá trácht air sna hannála.[67] Is dócha go raibh sé comhairthe ina dhrochghalar agus go 'slaedfadh' sé na daoine ar siúl. B'fhéidir gurb éard a bhí ann ó cheart cineál *influenza* nó rud éigin dá shórt. Bhí drochghalar eile i dtrácht sna hannála a dtugaidís scamhthach[68] air. B'fhéidir gur leis na scamhóga a bhí baint aige. Má bhíonn drochshlaghdán ar dhuine bíonn **tachtam** air leis an slaghdán. Duine a bhfuil slaghdán in ainseal air bíonn **creatán** air. Ba 'teidhm galair coitinn' an *slaedán* (*AU* 1328).

Déarfadh duine go bhfuil sé **múchta** suas leis an slaghdán. Is dócha gurb ionann an **múchadh** seo agus **giorra anála** nó plúchadh le droch-**racht** casachta. *Asthma* (i.e. creatán) a chiallaíos sin in áiteacha. Dúirt Cearúllán na n-amhrán go ndéanfadh an t-uisce beatha 'an múchadh a chur ar gcúl go follasach'.[69] Déarfadh duine go bhfuil sé '**plúchta** ag an slaghdán', nó, an té a bhíos go dona bíonn sé **cróilí**[70] ag an slaghdán. Duine ar bith atá sáraithe amach tá sé **cróilí**.

Duine a mbíonn droch-chasacht air, bíonn, scaití, **cársán** ann ina dhiaidh. Nó tagann cársán sa té a mbíonn creatán air. Duine a bhfuil cársán nó casacht air, déarfaidh sé go bhfuil sé **gafa** sa bpíobán.

Slaghdán teaspaigh, slaghdán a thagas sa samhradh nó sa bhfómhar.

An té a mbíonn slaghdán air bíonn an **scornán** rud beag séidte aige agus bíonn sé le n-aithint ar an nguth, nó an glór. **Piachán** a bhíos ar an duine sin. Bíonn **slócht** nó glór garbh ar dhuine de bharr slaghdáin. Bíonn slócht ar bhardal i gcomórtas le lacha. An té a bhíos ag déanamh go leor cainte ag cruinnithe poiblí, nó an maor a bhíos ag maíomh (muinniú) madraí, bíonn **píoblach** air. Dá mbeadh duine ag gol bheadh **meacan** ina chaint nó ina scornach. Deirtear freisin 'labhair sé go **golbhéarach.**' Ionann sin agus gol a bheith sa gcaint, idir caoineadh agus caint. 'Bhí sprochaille caointe ag tíocht air' a deirtear freisin, nó 'tá **meacan** an chaointe ann.' **Guth an chaointe** a bhíos ar an amhrán brónach.

An té a mbíonn drochshlaghdán air bíonn **dúshlaghdán** air, nó **dubhfhuacht**. Nuair a bhíos duine préachta leis an bhfuacht bíonn **bualadh draidín** air le fuacht, i.e. an draid uachtair agus an draid íochtair a bheith ag bualadh a chéile, nó **bualadh fiacal**, nó **falra scrathach**.

Maidir leis an gcloigeann, bíonn **tinneas cinn** ar dhaoine agus **míobhán**[71] ina gceann. Deirtear **meadhrán** freisin ach is é míobhán an focal is fearr. Má bhíonn duine nó malrach ag casadh thart rómhinic ar a chosa, tagann **ré roithleagán** ina cheann.

Conn[72] a bhí ar réasún sa tSean-Ghaeilge, éagonn a bhí ar an duine óg nach raibh a chiall go hiomlán aige. Easconn a bhí ar dhuine a bheadh as a chiall, agus eascaine ar bhuile. Tá an fhréamh sa gcaint: 'rud a cheap sé **as a chonlán féin**', i.e. 'as a stuaim féin', 'as a chonlán féin a rinne sé é.' Nuair a bhíos an chiall nó an conn ag tréigean duine, deirtear go bhfuil rud éigin ag tíocht ar **a cháilíocht**. Duine a bhfuil a chiall caillte aige bíonn **saobhnós céille** air. Duine a chothaíos buan ag ól tagann **cinnmhire** air. Mar a dúirt Seán Ó Neachtain[73] gur 'éag Gnáthól den chinnmhire'.[74]

Nuair a bhíos rudaí nach bhfuil ann ar chor ar bith á bhfeiceáil do dhuine, **siabhradh** a bhíos air nó **mearbhall**. An té a thugas **anbhás** dó féin le **racht**, is as a chiall a bhíos sé.

Is ionann duine **éadrom** nó duine **tolléadrom** agus duine atá taghdach, nó leath as a chiall. Bíonn éadroime céille scaití ar a leithéid. Duine a dtagann buile tobann air, is é an chaoi a mbuaileann **racht** é.

Duine **taghdach** duine a bhfuil sé éasca **spadhar** feirge a chur air, nó duine **ollmhaithe**.[75] An té a chailleas a chiall bíonn **buile** air. Duine a mbíonn fearg mhór air bíonn sé **le buile** nó le buile bháiní nó **le báiní**. Bíonn a leithéid ag **gearradh fáinní**, nó thar bharr a chéille. Duine a mbíonn fearg mhór air, tagann **colg nimhe** air. Maidir le **fiabhras**, is dócha gurb é an **fiabhras dubh** an ceann is measa. Is cosúil gurb ionann é agus *typhus*. Bíonn fiabhras ar mhalraigh a dtugtar an **fiabhras dearg** air. Fiabhras na **gcnámh** an fiabhras a dtagtann pianta móra sna cnámha leis. **Fiabhras creathach**: ar bheithígh is mó a thagas sé. Sórt *ague* é. **Fiabhras mailís** a thagas ar mhná tar éis clainne. Na **fiabhrais bheaga**[76] a thugtar ar dhrochphian sa gceann a mhaireas go buan. Bhíodh araid (nó ortha) ina aghaidh.

Goile trasna: sin goile mínádúrtha a thagas ar dhuine de bharr galair, i.e. *diabetes*.

Seo roinnt galar a bhíos ar pháistí is ar mhalraigh: an **triuch** – a bhfaigheann siad drochrachtanna casachta leis; **an bhruitíneach** – a dtagann spotaí dearga, nó **gríos** amach ar a gcraiceann leis. Bíonn sí cúpla lá i dtosach ag tolgadh sula dtaga sí amach. **Deilgneach**: sórt gríos. **Leicneach**: sin at sa leiceann agus sa muineál. Tagann sí ar mhalraigh agus ar dhaoine fásta chomh maith le chéile. Tagann **sileadh siáin**[77] nó *diphtheria* ar shean agus óg. *Dindireacht*[78] a bhí sa tSean-Ghaeilge ar an rud ar a dtugtar *dysentry*. Féach lch 149, 'tinneas coirp'.

Bolgach Dé, i.e. an drochbholgach a thagadh ar dhaoine fadó sula raibh sé de ghnás páistí a **ghearradh** sa m**bolgach**, nó sna bolgaí, nó sula g**cuirtí an bholgach orthu**. D'fhágadh an bholgach Dé duine **crosach** ina diaidh mar bhíodh an-tochas orthu agus ghearraidís craiceann agus feoil an éadain lena n-ingne. 'Tá **colm** na bolgaí air' a déarfaí freisin faoina leithéid.

Craosghalar: galar a thagas ar pháistí sa mbéal taobh istigh. **Barr dearg**: sin sórt **gríos** a thagas amach ar chraiceann páistí nuair a bhíos siad óg. Tagann **tine aodh**[79] ar a mbéal ar mhalraigh agus ar dhaoine fásta.

Cuireann cuid de na daoine **tine dhia** síos dó. Tagann **clamhach**[80] nó gearba ar an gcraiceann de bharr uireasa sa mbeatha a bhíos duine a chaitheamh. Tagann **oighreach** ar chosa malrach san earrach nó sa ngeimhreadh. Briseann an craiceann leis agus bíonn sé an-nimhneach. Más ar an éadan a thagas sé, **saimhín (nó sáimhín) aireach** a thugtar air. Tá focal eile i gcosúlacht leis seo: 'cuirfidh mise sáimhín aireach ort' a deirtear le bagairt, i.e. sámhas nó codladh.[81] Tagann **faithne** freisin ar mhalraigh, go mór mór ar a lámha.

Is ionann **ball dobhráin** agus ball beag rua nó donn a thagas ar an gcraiceann. Tugtar **ribe Muire** ar ribe fada a thagas ar an éadan. Deirtear nach ceart a tharraingt. Is ionann **bricín** agus spota beag bídeach buí a thagas ar an éadan de bharr gaoithe nó gréine. Is slacht é an bricín. Bíonn **gunnaí adhairce** ar gach aon taobh den tsrón, i.e. spotaí beaga dubha. Goiríní adhairce a thugtar in áiteacha orthu.

Tagann **déidín**[82] nó **glas fiacal** ar dhaoine de bharr nimh éigin sa bhfuil nó le drochghearradh urchóideach. Thiocfadh **morgadh**[83] le fíor-dhrochlot. **Fuil íon** a bhí sa tseanchaint ar nimh sa bhfuil. Is iomaí duine a d'fhaigh-eadh bás dá bharr nuair a bhíodh troid le claimhte ann. **Galar cró** focal eile air.

An **rua**: galar a thagas ar an gcloigeann. Bíonn dath dearg ar an éadan leis. Tagann sé ar na lámha freisin. Is lena leigheas – má b'fhíor – a bhíodh **araid na rua**.

An **cléithín**: sin tinneas bréige. Bhíodh ceann na heasna iompaithe isteach, má b'fhíor. Bhíodh daoine ann leis an gcléithín 'a thógáil'.

Tagann na **creatha**[84] (nó crith) ar sheandaoine, uair-eanta. Tá **creatha conablaigh** freisin ann. Dá dtugadh féith nó cuisle uaithi san **inchinn** thiocfadh **leitís mharbh**[85] ar dhuine.

Dá mbeadh duine tamall maith ina shuí síos agus gan an fhuil a bheith ag rith i gceart sna cosa thiocfadh **codladh driúilic** nó **codladh driúlacha** iontu. Tagann **anacair leapa** (anshocair) ar dhuine a fhaigheas fuacht sa leaba agus má luíonn sé cam, agus bíonn féitheacha a mhuiníl tinn dá bharr agus iad stromptha, nó geall leis. Tá galar is measa ná sin a thagas ar na coilmíní sa gcois nó sa láimh, i.e. **driogaí**. Bíonn **driogaí**[86] nó **drioganna** inti. 'Tá iasc ag imeacht idir feoil is **leathar** orm' a déarfadh duine a bhfuil driogaí ina chosa. Bíonn pian mhór freisin leis na driogaí.

Tagann **léas** nó **léasracha** ar lámha duine de bharr a bheith ag obair leis an láí, nó le huirlis ar bith dá sórt, i.e. nuair a bhíos an lámh greadta ón láí nó léasaithe aici. Éiríonn **balscóid** amach ar an gcraiceann i gás den tsórt sin agus bíonn uisce ag cruinniú inti. Tá bróg nó uisce bruite in ann balscóid a thógáil ar dhuine freisin.

An craiceann taobh amuigh, sin é an **forchraiceann**. Nuair a imíos sé sin, tosaíonn **athchraiceann** ag fás. **Cneas** focal eile ar chraiceann, focal fileata go minic. Má bhíonn **sail chnis** nó sórt lanna beaga bídeacha ar chneas an chloiginn cuireann sí an ghruaig ó fhás, agus bíonn sí ag **smoladh** nó ag titim.

Bian nó **seithe** a thugtar ar chraiceann beithígh agus freisin ar fhata, mar atá ráite: ag **seithiú** fataí.

Má bhíonn duine i bhfad ag obair le láí, nó le gléas crua oibre dá sórt tagann **spuaic**, sin craiceann crua, ar a lámha. Mar atá ráite san amhrán:

Níl spuaic air ón tsluasaid ach a fhuip ina láimh.[87]

Tagann **creagán** nó **creagáin** ar chosa duine de bharr na bróige. **Spuaic**, spuaiceanna a thugtar freisin orthu. Má bhíonn duine ag obair san earrach le rud ar bith a mbeidh a lámha salach leis tagann **gág** nó **gága**, i.e. scoilteadh, iontu. Mar atá ráite san amhrán:

Bróga arda ar shála gágach',
Síodaí gáifeach' ar mhuineál bhuí.

Bhí scéal beag freisin ar an bpocaide gágach. Is ionann **scrios** agus gearba beaga ar an gcraiceann a thagas de bharr fuachta nó galair.[88]

An té a dhéanas go leor siúlóide tagann **speirtheach** nó léas ar a sháil agus tá sé sin mall ar a leigheas. Is ionann **ladhrach** agus sórt gága, nó briseadh idir na méaracha. Malrach a bhíos ag siúl cosnochta, tagann **bunfholadh** nó bonnbhualadh nó bun-úll ar a chois. Sin sórt neascóid. Is **ó bhrú cloiche** a thagas sé go hiondúil. **Dó gréine** a thagas ar dhuine a bhíos dóite ag an ngrian. An craiceann a bhíos thart ar an ionga, má éiríonn sé suas is go séidfidh an méar tagann **scafach iongan** ar dhuine. **Cor faoi ionga(in)** ainm eile air, nó má bhíonn an ionga ag fás isteach sa bhfeoil. Pian mhéire a leithéid eile. Mar a dúirt Raiftearaí:

Scafach iongan agus galar súl ort,
Agus smior ná sú ná raibh in do chnáimh.[89]

Cuirtear **mútóg** ar mhéar thinn leis an ionrach a choinneáil uirthi.

Má thagann **neascóid** bheag bhídeach ar an gcraiceann, **goirín** a thugtar uirthi. Más neascóid mhór a bhíos inti bíonn **máthair ghoir** istigh ina croí, an áit a bhfuil an dochar. Fásann **sine** bheag amach i gcroí an loit. Dhéanfadh lot máthair ghoir de cheal dearcadh ina dhiaidh. Tagann **líonrach**[90] as neascóid, nó drochlot a **shéideas**; sin fuil (lofa) agus **sileadh**. Bíonn sileadh ag tíocht as (nó aisti) ansin, i.e. an t-uisce nó an *pus* a thagas as lot. Nuair a bhíos sileadh ag tíocht as lot nó **créacht**, deirtear go mbíonn **an chneá ag déanamh braoin**. Bíonn dath bán (nó geal) ar an sileadh agus tagann an líonrach ina dhiaidh.

Meall gorm, (nó **meallta gorma**) an neascóid is measa; **neascóid dhearg** a thugtar ar chinn is lú ná sin. Is cosúil gurb ionann an **neascóid chléibh** atá i gceist sna hamhráin agus sórt neascóid nó lot nó easpa a thagadh taobh istigh.[91] Ní bhíodh i gceist uaireanta léi ach **dúchan croí**, nó tocht bróin.

Is ionann **cearc ascaille** agus cnap a thagas faoin ascaill de bharr crua-oibre. Tagann **liag** in ascaill nó i mbléin duine ó láimh nó ó chois bhocht, i.e. nimh a bheith sa bhfuil. **Mám sliasad** ainm eile air. Má chuireann beach nó foiche **ga** ionat séideann sé agus déanann sé **ábhar**. Is iad na **leadáin** a chuireas gráinneog ionat. Is é do **dhó** a dhéanas neantóg.

An neascóid a thagas ar an drandal de bharr drochfhiacla, **easpa fiacal** a thugtar uirthi. **Easpa reatha(ch)** a thugtar ar easpa[92] a bhíos ag rith, i.e. nach gcneasaíonn.

Fiolún a thugtar ar shórt easpa; is iondúil gur ar an gcois – go minic ar an lorga – a thagas sé de bharr gortú. Thiocfadh sé as lot ar an gcnámh. Is ionann é, is cosúil, agus galar ar an gcnámh. Tá an fiolún i dtrácht ag Raiftearaí.

> Neascóid chléibh agus fiolún fuar ort,
> Criotán, múchadh is sileadh siáin,
> Domlas dragúin agus nimh thríd suaite,
> Go mba (í) deoch do shuain í ar uair do bháis.[93]

Is ionann **faithne ailse** agus cancar.

Nuair a bhíos drochlot nó neascóid ar dhuine agus go bhfuil nimh sa bhfuil, bíonn ainfheoil nó feoil lofa thart ar an áit a bhfuil an dochar. Deirtear freisin go mbíonn a leithéid ag déanamh **bruachanna**. Duine a mbíonn **fuil tsróna** go minic air bíonn sé ag **pónáil**.

Má bhriseann an **scannán**[94] tagann **maidhm sheicne** nó **seicne** ar dhuine.[95] Bíonn seicne (maidhm sheicne) go han-mhinic le feiceáil ar chaoirigh agus bíonn cuid de na putóga tite síos iontu.

Cuirtear **ceirín** le lot leis an dochar a tharraingt as agus **lena chneasú**. Cuirtear ceirín agus **ceanrach** leis. Is ionann an ceanrach agus an ceangal. *Indrach* a bhí ar an gceangal sin sa Mheán-Ghaeilge, mar atá ráite, 'is fada ón gcréacht in t-ionrach.'[96] Is cosúil gurbh ionann an t-ionrach agus ceirín agus an ceanrach nó an ceangal. **Ceirín na gcapall** – sin rud ar nós ceirín nó céir le haghaidh lot ar chapaill.

Nuair a bhíos an dochar nó an nimh imithe as lot tosaíonn sé ag **cneasú**. Nuair atá sé go maith tá sé **cneasaithe**. Bíonn **sámhas** nó tochas sa rud nuair a bhíos sé ag fáil bisigh.

Dá mbeadh drochghearradh nó lot ar dhuine bheadh **colm** ar an bhfeoil tar éis a chneasaithe nó d'fhágfadh sé **reang** nó ardú sa bhfeoil. Drochlot den tsórt sin, deirtear nach n-imíonn sé gan a **rian** a fhágáil. D'fhágfadh **an ghearb** freisin colm nó rian. Más gearradh éadomhain a bheas ann ní bhíonn **aithne** an loit ina dhiaidh. Bíonn sé slánchréachtach.

Má bhíonn cnámh an droma ag tabhairt uaithi agus ag lúbadh, go mór mór i nduine óg a mbíonn mianach na heitinne ann, tagann **forchruit** air. 'Tá cruit ó Dhia is an saol air' a deirtear le duine a bhíos ag cromadh nuair a bhíos sé ag dul in aois. **Dronn** a bhí ar chruit sa tseanaimsir. Seanduine atá ag cromadh deirtear go bhfuil sé ag **slócadh** nó ag **sleabhcadh**. Seanfhear mar sin atá ó chuma, deirtear go bhfuil sé 'tite anuas ina sheanscráib'. Maidir le cromshlinneán, is cosúlacht nirt é, mar ní fhaca tú cromshlinneán riamh ar dhrochfhear. Bíonn sé fulangach láidir.

An té a bhfuil cloigeann crom air nó sáite amach thar an gceart bíonn **dioc** air. An té a shíneas a chloigeann amach le slis chainte a chur air féin, is é an chaoi a gcuireann sé **deois** air féin.

Má ghearrann féar garbh nó seisc **log** na méire ar dhuine cosnochta, **gearradh drúichtín** a chuireas sé air. Tugtar **treaslú** ar an bpian a thagas idir méaracha na gcos. Tagann **flithbheardáin** sna cosa ar mhalraigh. **Frídíní** sa bhfeoil atá iontu agus bíonn an-tochas go brách iontu. Tagann **tálach**[97] (trálach) i gcaol na láimhe de bharr crua-oibre mar bhearradh caorach nó a leithéid.

Sceith ailt: Thíos sa rúitín a tharlaíos sé seo. Téann an chnámh rófhada suas thar an gceart sa luiseag atá ann agus atann an chos agus is ar éigean atá leigheas ina chionn. Déantar an chnámh a fháscadh ina chéile le fáisceáin. Nó is ionann é agus cnap nó at ar chnámh in áit ar bith.

In aimsir shneachta tagann **fuarnimh**[98] i mbarra na méar de bharr an fhuachta, agus bíonn siad an-nimhneach dá bharr. Nuair a bhíos na méaracha as mothú de bharr an fhuachta, bíonn **barr leathair** orthu. **Marbhleathan** atá in áiteacha air, e.g. 'tá marbhleathan orm mar gheall ar an bhfuacht.' Nuair a bhíos na lámha ata le fuacht bíonn **mairfhuacht** orthu. Is ionann marbhleathan nó **marbhleathar** beagnach agus fuarnimh. Tagann **fuachtáin** ar mhéaracha coise agus láimhe ar dhuine. Tagann **eanglach** ar dhuine le fuacht; bheadh sé ina bhualadh fiacal ar dhuine nó ina **bhualadh draidín**.

Scoilteacha: galar coiteann a thagas sna féitheacha agus sna hailt.[99]

Dá gcuireadh duine a chos i ndíog nó i dtrínse gan a bheith ag faire air féin bhainfeadh sé **stangadh** as an gcois. Nó rud is measa ná sin **leonfadh** sé í, nó chuirfeadh sé an chnámh as a háit. Bhíodh, fadó, ortha nó araid don **leonadh**, agus seo é an chéad fhocal a bhí ann: 'an leonadh é seo? Ní hea, ach gortú.' Bhíodh luibh ann freisin a dtugann siad **luibh an leonta** air. Dhéanaidís fliodh a chaitheamh síos sa luaithghríosach agus í a théamh agus a chur leis.

Má bhriseann duine a chos, i.e. an lorga nó cnámh na leise, cuirtear **cliath** leis an gcnámh lena coinneáil díreach go **snaidhme** sí. Bíonn pian mhór inti nuair a bhíos sí ag **snaidhmeadh**. Dá gcneasaíodh an fheoil gan an cnámh a bheith leigheasta nó an dochar a bheith imithe, **cneasú thar ghoimh** a thugtaí sa tseanaimsir ar a leithéid sin. Duine a chuireas rud i dtaisce dó féin, bíonn rud éigin aige **le haghaidh na coise tinne**.

Pian a thagas sa leataobh, **arraing** a thugtar uirthi. Tugtar **daol** freisin ar phian ghéar a thagas go sciobtha agus a imíos arís go tobann. Má bhíonn gearradh ar mhéar nó ar láimh duine agus go séidfidh sí deirtear gur 'theangmhaigh **daol** léi'. Is ionann daol sa gciall sin agus *microbe*.

Seo galair eile atá coiteann go maith: **goile trasna** nó *diabetes*. Bhí sé i gceist go raibh sú darach in ann a leigheas. Drochghalar eile an **tinneas mór** nó *epilepsy*. An **galar buí**; *buidechair* a bhí air sa tSean-Ghaeilge. Ar na haebha a thagas sé. **Deir** an t-ainm a bhí acu sa tSean-Ghaeilge ar ghalar a dtugtar *herpes* air. Tagann **scrios** amach ar an gcraiceann leis.

Is ionann **snaidhm ar stéig** agus snaidhm nó stopadh ar na putóga. Tá sé in ann duine a chur chun báis. Thugaidís cnap luaidhe do dhaoine le ligean síos leis an tsnaidhm a scaoileadh.

Fuadach croí nó **fuarlach** croí a thugtar ar phreabadh a thagas ar an gcroí. Dá dtiteadh duine **as a sheasamh** le lagar croí nó le pian, **meirfean** a thiocfadh air. 'Tháinig **athbhualtas** orm' a déarfadh duine a dtiocfadh fuadach croí air. Duine a gheobhadh bás tobann sa tsean-aimsir, deiridís go bhfuair sé bás de 'bhíog'.[100] Má chliseann **féitheacha** nó 'comhlaí' an chroí tá duine réidh. Má thagann lagar de bharr ocrais ar dhuine ar an sliabh, **féar gortach** a thagas air.

Seo galair a thagas ar an ngoile: **dó croí** nó géarú nó 'dó' ar an ngoile. **Alt ar chroí** nó **altadh croí**, nó uisce a éiríos aníos sa mbéal. Tagann **glonn** agus **múisc** ar dhuine dá bharr nó **iompú ar a ghoile**. Bíonn an té sin ag **cur amach** nó ag **urlacan**. Duine nach bhfuil an goile ag obair i gceart aige, bíonn sé ag **brúchtaíl** tar éis béile. Má bhíonn iompú goile ag tíocht ar dhuine go minic, nó go tréan i ndiaidh a chéile, **tonnadh taosctha**[101] (taoscach) a bhíos air. Is cosúil gur nimh éigin is cionnsiocair leis seo. Is mar a chéile an **t-an-uirneamh**. Dá leanadh sé i bhfad do dhuine bheadh sé ón éirí aige, nó tá sé in ann a chur chun báis. **Daigh ghoile** drochphian eile. Tagann **fail** ar dhuine de bharr deoch the nó a leithéid a ól.

Seo roinnt galar a bhfuil trácht orthu sa lámhscríbhinn úd RIA 24 b 2, 187-89: féithchrapadh,[102] réabadh cuisleann,[103] urlacan fola,[104] ainteas na scairte,[105] cur fiacal,[106] treaghd,[107] fiabhras boilg,[108] tachtadh scornaí,[109] tinneas coirp,[110] ruachtach,[111] dúinte na n-ae,[112] tinneas croí.[113]

Duine a ghlacas **col** le cineálacha bia, is duine **éisealach** é. Ní maith leis **feoil oiltiúil** nó **cheasúil** a

chaitheamh go mór mór feoil a mbeadh fuarbholadh
uirthi. Tagann fuarbholadh ar mhuiceoil nár sailleadh i
gceart. Bia a bhíos ag lobhadh, bíonn sé ag **fíniú**, i.e.
nuair a bhíos boladh air.

Aois: maidir le haois an duine, deirtear go mbíonn sé:

Fiche bliain ag teacht,
Fiche bliain ina shea,
Fiche bliain ag meath, agus
Fiche bliain ar chuma é ann nó as.[114]

Naíonán[115] atá sa duine nuair atá sé tar éis a bhreithe:
'ní raibh aon anachain ann (a deirtear) ach oiread leis an
naíonán a bhéarfaí.' Tá sé ina naíonán go mbí sé ráithe
nó dhó[116] nó thrí. Is **leanbh**[117] nó **páiste** ansin é. Bíonn sé
ina leanbh, nó ina leanbhán nuair a bhíos sé ag diúl.[118]
Bíonn páiste **fir** nó páiste **mic** ann agus páiste mná nó
páiste iníne. Thiocfadh dó gur sine an páiste ná an
leanbh, ach is cosúil gurb é leanbh an focal ceart Gaeilge
ar pháiste. Tá sé ina pháiste go mbí sé a trí nó a ceathair
nó cúig bliana d'aois. Ach tá neamhchruinneas ag baint
leis na focail sin, mar déarfá 'cén chaoi a bhfuil an bhean
agus na páistí?' Tugtar ar dhaoine fásta freisin é, e.g. 'an
páistín fionn'. Féach freisin, 'is fada cuimhne sean-
linbh.'[119]

    Thugtaí naíonán ina cheann sin ar bhuachaill crua-
chúiseach mar Naíonán Mhanann, gaiscíoch a bhí fadó
ann.

    Tá duine ina mhalrach, i.e. malrach fir nó malrach
mná, ó bheas sé timpeall is ceithre bliana go mbí sé ocht
nó naoi de bhlianta. Ansin tá sé ina **stóicín**, nó ina
phutach nó ina shutach go mbí sé timpeall is trí bliana
déag, nó ceithre bliana déag. **Stócach** ansin é go mbí sé
sé déag nó seacht déag de bhlianta.

    Tugtar **gasúr**, i.e. gasúr fir nó mná ar dhuine ó bheas sé
sé nó seacht de bhlianta go mbailí sé cúig bliana déag.
Gasúr a mbíonn níos mó seanchainte aige agus cur i
gcéill ann ná a thagas dá aois, bíonn sé **seanórtha** nó
seanchríonna.

Ó bheas duine aon bhliain déag go mbí sé ionann is fiche bliain bíonn sé **sna déaga**. Déarfaí freisin faoi sheanduine go bhfuil sé 'amach sna déaga tar éis ceithre scór'. Tá duine ina **scorach** ó bheas sé tuairim is sé bliana déag go mbí sé naoi mbliana déag nó an scór. Ansin tá sé ina fhear. Is féidir fleascach a thabhairt freisin ar an stócach is an scorach; fleascach de bhuachaill óg, i.e. buachaill tuaithe.

Maidir le **buachaill**, tá an focal neamhchruinn, mar tugtar buachaill beag ar stóicín nó gasúr. Agus is iondúil go mbíonn an buachaill in ann gníomh maith a dhéanamh, e.g. 'buachaill maith crua é.' 'Buachaill caol ard atá in mo ghrá is é lom tanaí crua', 'siod í an cailín is cá'il an buachaill.'

Thabharfaí buachaill ar dhuine a bheadh ina athair mór: 'cén chaoi a bhfuil an seanbhuachaill?' D'fhágfadh sin go bhféadfaí buachaill a thabhairt ar dhuine ar bith ó bheas sé sé bliana déag go mbí sé ceithre scór, nó os a chionn. Is iondúil gur duine óg a bhíos sa mbuachaill aimsire. 'Beidh siad ina mbuachaillí crua ach go dtaga iontu' a déarfaí.

Ar an gcuma chéanna, tá an focal **stóicín** roinnt neamhchruinn, e.g. 'bhí a stóicín (stócach) féin le gach uile chailín acu.'

Tugtar **forránach**[120] ar dhuine óg atá bailithe amach ón scór. Tá duine **ina bhrín óg** nuair atá sé ina bhuachaill óg. Tá sé **ina bhunfhear** nuair atá sé meánaosta. Tá sé **ina chrónfhear** nuair atá sé níos mó ná meánaosta. Mar a déarfá 'tá sé ina chrónfhear láidir go fóill.'

Mar atá ráite cheana, bíonn **páiste** mná, malrach mná, agus gasúr mná ann. Ansin tá sí ina gearrchaile ó bheas sí timpeall deich mbliana go mbí sí sé bliana déag nó seacht mbliana déag. Ansin arís, tá sí ina **girseach** ó thimpeall is seacht mbliana déag go dtí fiche bliain. Tá sí ina **bean** óg ansin. Is **cailín óg** í nuair atá sí in aois a pósta nó inphósta.

Tá an focal **cailín** freisin rud beag neamhchruinn mar déarfaí 'cén chaoi a bhfuil an seanchailín?' faoi bhean a bheadh suas le ceithre scór. Tá **tonn mhaith aoise** aici, nó 'tá tonnaois mhaith aici' a déarfá faoi bhean atá timpeall is an dá scór nó os a chionn. Tugtar cailín ar scian, etc., e.g. 'sin í an cailín atá in ann é a ghearradh.'

Tá duine **in oirbheart** nó **in inmhe** fir nó mná nuair atá sé bliain is fiche d'aois. Tagann fear óg **in oidhreacht** nuair atá sé bliain is fiche, más duine é a mbeidh oidhreacht le fáil aige, mar mhac tiarna tíre nó oidhre dúiche nó a leithéid.

Mar seo atá sé sa lúibín 'Mo Bhródach':

Nach trua Mhuire baothóga Mhaínse
Nuair a thiocfas mo bhródach in inmhe.[121]

Má mhéadaíonn duine idir naoi mbliana déag agus fiche bliain, **léim an oirc** a thugas sé. Tugtar **arcadán** ar stócach nach bhfuil ag méadú go maith, nó nach bhfuil aon mhéid mhaith ann ina aois. Tugtar **snagaire** freisin ar dhuine nach bhfuil aon bhiseach ann.

Nuair a phósas daoine, déantar bainis[122] dóibh agus bíonn amhráin agus damhsa agus siamsa ag daoine ar an mbainis. Nuair a bhaistear leanbh, déantar **bainis bhaiste** dó. An charais[123] Críost a thógas as **umar** an bhaiste é. Nuair a bhíos daoine ag dul go Meiriceá, bíonn **bainis Mheiriceá** ag a ndaoine muintreacha dóibh. An té a bhfuil go leor clainne aige tá **muirín mhór air.**

Ól

Duine a ólas cúpla **gáilleog** ní bhíonn aon bhlas **mailleamair**[124] air. Má ólann sé tuilleadh beidh sé **súgach**. Má leanann sé den ól beidh sé **ólta** nó **ar meisce**. Má ólann sé a lán beidh sé ar deargmheisce nó dallta. Leathstróicthe a thugas muintir Chladach Theampaill Mhuire ar leathshúgach. Duine a bhfuil coimpléasc láidir aige ní bhíonn **aithne an óil** ar feadh i bhfad air. An té a bhíos ag ól **buicíní** beaga anois agus arís, sin é an **súiteoir**. Má chodlaíonn duine scaitheamh cuireann sé an mheisce **de**. Deoch ainmheasc a thugtaí sa Meán-Ghaeilge ar dheoch nach mbeadh meisciúil.

Duine nach bhfuil ólta tá sé **ar a chiall**. Duine **féata** a leithéid. An té nach bhfuil fonn air ach braon beag a ól, 'ólfaidh mé **faochóg**' a déarfas sé, nó 'braon beag', nó 'taoscán na gloine'. An té a ólas an iomarca bíonn **póit óil** air lá arna mhárach agus bíonn sé **breoite** dá bharr. An té a **chaitheas** tobac agus nach bhfuil **aon ghal** le fáil aige, **gaise tobac** a bhíos air.

11 Caitheamh Aimsire

Bíonn a lán ealaíon ar bun ag daoine óga, lútha, láidre mar chaitheamh aimsire, i.e. bualadh báire, cluiche corr, rith agus léim, etc.

Bualadh báire Ar thalamh chothrom chomhréidh a bhítear ag bualadh báire. Is mó a deirtear mar sin an focal ná ag iománaíocht.[1] Ach déarfadh duine 'bhí an gasúr ag iomáin dó féin.' Is é an **báire** an áit a mbuailtear an liathróid, i.e. páirc an bháire, nó **machaire** an bháire. Mar sin atá an focal san amhrán:

Bíonn rince fada ar báire ann ó thús ráithe an tsamhraidh.[2]

Rud atá airmheánach nó cóngarach do gach uile thaobh tá sé i **lár báire** nó **lár báireach**.

Tugtar **buachaill báire** ar **bhuachaill imeartha**, sin, nó **mac báire**, e.g. 'mac báire atá ann': is ionann sin agus fear atá róchliste, nó fear a bhfuil tóir ar spraoi aige. Is measa ná sin an cailín báire. Ní théadh cailíní ag breathnú ar an mbáire, is cosúil, fadó, ach ceann faoi seach acu. Is é an **báireoir** an duine a imríos báire. Buaileann sé **poc** ar an **liathróid**. **Cúl báire** an fear a bhíos ar **cúl** nó ar an ngóraí nach ligeann an liathróid amach tríd an m**béal báire** nó an **góraí**. 'Is cadhan bocht scoite mé ó chaill mé mo chúl báire' a dúirt Cearúllán faoi Mhac Cába.[3] An dream a bhfuil ag éirí leo agus a bhfuil **dul acu** ar an bhfoireann eile, 'tá an báire linn' a deir siad.

Is é an **cúl toraic** an fear a bhíos ar cúl, an fear a bhíos i bhfianaise, nó ar aghaidh an chúl báire amach. Bíonn sé mar sciath chosanta dá thaobh féin. Nó is cúl toraic an fear a thugas cúnamh ar bhealach ar bith duit. 'Tá cúl toraic maith agat' a déarfá le duine.

An **béal fuadaigh** (na béil fhuadaigh) an fear nó an mhuintir a bhíos ag iarraidh an liathróid a chur amach an béal báire ina aghaidh. An fear atá i lár na páirce, i **lár báire** atá sé.

Camán atá ar an ngléas a bhíos leis an liathróid a bhualadh. **Spealóg** a thugtar in áiteacha air, nó is í an spealóg an cineál is fearr a thógas an liathróid den talamh.

Má chuireann tú an liathróid idir na cuaillí amach an béal báire tá **cúl** agat. 'Tá trí chúl againn', cuir i gcás. 'Tá trí ghóraí againn' a deirtear freisin.

Nuair a bhíos an liathróid á bocáil idir triúr nó ceathrar bíonn sí i d**treascairt**.

An fear atá ar a thaobh ceart, tá sé ar a **thaighríocht** féin. 'Tá tú as do **thaighrí**' a deirtear, agus freisin: 'seas do thaighrí.' Níor cheart poc a bhualadh in aghaidh do láimhe. Ar dheis do láimhe ba cheart a bhualadh. Ach buailtear ar gach uile bhealach anois é.

Is ionann **buille bog** agus buille gan chosaint, nó buille nach bhfuil tú faoi réir lena aghaidh. 'Níor mhaith liom buille bog a thabhairt dóibh' a deirtear sa gcaint, nuair nach maith le duine deis a thabhairt dá namhaid le dochar a dhéanamh dó gan a bheith in ann buille sa mbéim a thabhairt dó. 'Má thugann tú buille bog dhó, bhéarfaidh sé buille crua dhuit' an seanleagan.

Maidir le toghadh na foirne, féach **cluiche corr** (lch 161).

Léim

Maidir leis an léim, tá, i dtosach, an **truslóg**, i.e. seasann duine ag an marc nó an **taichme**[4] agus caitheann sé nó tugann sé léim. Bhíodh na **trí truslóga** go mór i gceist fadó. **Léim chos ar bacóg** an léim a thugtar ar leathchois. Dhá choiscéim agus léim, sin cineál eile.

Léim ligin nó léim **ligean reatha** an léim a chaitheas duine nuair a bhíos ligean reatha aige go dtí an léim.

Léim ar airde: sin í an léim a thugas duine suas sa spéir le go dtomhaistear a hairde. Bíonn, go hiondúil, ligean reatha leis an léim sin freisin. Is ionann dúléim agus an léim a thugas duine gan fios aige cá bhfuil sé ag dul. Mar a deir an seanfhocal:

Fanann an fear sona le séan,
Agus tugann an duine dona dúléim.[5]

Sitheadh ainm eile ar léim thapa, shantach, e.g. 'thug sí sitheadh nimhe ina dhiaidh', 'bhéarfainnse an sitheadh mar a bhéarfadh eala chois cuain.' **Abhóg** léim bheag a thabharfadh duine nuair a bhainfí geit as, nó a leithéid. D'éireodh duine scafánta **d'eiltreog** ghlan eascartha.

Duine a bhfuil siúl nó rith (maith) aige, coisí a thugtar air, cuir i gcás, 'is maith an coisí é', 'is áibhéil an coisí é', nó 'tá coisíocht mhaith aige.' An té is fearr a bhfuil rith, nó coisíocht aige, **scoitheann** sé an duine eile sa gcoimhlint. Is é an **troitheach**[6] an duine, go mór mór an saighdiúir, a bhíos ag siúl dá chois.

An fear a bhíos ag rith le duaiseanna a fháil, sin é an **reathaire**. Fear a bhíos go maith ag rith nó ag caitheamh léime, sin é an **scinnire** agus sin é freisin a bhí air sa tseanaimsir. 'Nach é an scinnire é' a déarfaí faoi fhear a bheadh in ann rith go maith, nó togha léime a chaitheamh. Nó mar a déarfá 'scinn sé thairis', i.e. chuaigh sé thairis de **sciotán**. **Scinneadóir**[7] ainm eile air.

Tá sé ráite, an té nach mbíonn léim aige go leagann sé (nó leagadh sé) an claí. Mar seo atá sé in 'An Draighneán Donn':

Fear gan chéill a rachadh ag dréim leis a gclaidhe a bheadh ard,
Is claidhe beag íseal lena thaobh sin le go leagfadh sé air lámh,
Gidh gurb ard é an crann caorthainn bíonn sé searbh as a bharr,
Is fásann sméara is bláth sú craobh ar an gcrann is ísle bláth.[8]

Snámh: maidir le snámh, 'tá trí oscar snámha agam' a déarfadh gasúr.

Fear a bhfuil snámh maith aige, deirtear gur maith an **snámhóir** é. 'Snámhaí na sruth' a tugadh sa duan ar shnámhóir maith. Ach is ionann snámhaí anois agus péisteánach de dhuine gan cnámh droma. Ag **snámh** ar an talamh a bhíos an phéist. Ag **lámhacán** a bhíos an páiste.

Bolgshnámh a thugtar ar shnámh ar do bholg, nó ar do **bhéal fút**. Nó tugtar bolgshnámh ar an rud a thiteas amach nuair a bhíos bolg an éisc os a chionn agus é díbheo idir dhá uisce, i.e. leath bealaigh aníos. **Cúlsnámh**: sin ag snámh ar do dhroim. **Folcshnámh**: sin snámh lena ndéantar folcadh, i.e. an t-uisce a ardú sa spéir le do chosa. Bíonn duine ag **taobhshnámh**[9] nuair a bhíos sé ag snámh ar a leataobh. **Dúshnámh**: sin snámh faoin uisce, nó faoin loch, nó snámh idir dhá uisce. **Onfaise** a bhí air sin sa tseanaimsir, sin ag dul i ndiaidh do chinn síos faoin bpoll.

Duine a bheadh ag múineadh an duine eile, chuirfeadh sé a lámh faoina smig agus thabharfadh sé **snámh smigín** dó. Uaireanta, chuirfeadh sé a chloigeann faoin bpoll. Bíonn **corcóga** ag malraigh agus gasúir a dhéantar de bhogbhinn le hiad a choinneáil ar snámh an fhad is a bhíos siad ag foghlaim snámha, i.e. **snámh corcóige**.

Meáchain: maidir le caitheamh meáchain, is éard a deirtí fadó 'bhíodar ag caitheamh cloch (cloiche) nirt.' Is ionann caitheamh **ráibéad** agus urchar cloiche de do ghualainn. 'Caithfimid **ráibéad**' a déarfá; 'is áibhéil an ráibéad a chaith tú.'

B'ionann ag **síneadh meáchain** agus do lámh a dhíriú suas ón ngualainn faoin meáchan. Caitear meáchain idir an dá chois freisin: urchar seasta. Tugtar **urchar ligin** ar urchar nuair a ritheas tú go dtí an marc, **urchar casta** nuair a chasas tú an chloch, etc. Cloch chasta atá ar an gcloch éadrom a chasas duine mar sin.

Bhíodh freisin 'caitheamh oird is gróite' ann. **Iompú** an ghró a bhí ann. Bhí **casadh** an oird i dtosach, e.g. 'casaimid an t-ord mór go bhfeice muid cé againn is faide a chuirfeas é.'

Bhíodh cleachtadh eile ag fir fadó: ag tógáil **cruimneart**, is é sin, ag tógáil cloch ag féachaint a chéile. Drochghnás a bhí ann agus is iomaí duine a leon é féin leis: "Sé mo chruimneart a thógáil' a déarfaí. 'Sin é mo **chrobhneart'** leagan eile a bhí air. Bíonn malraigh agus gasúir ag féachaint a chéile le hurchar **méaróige**, i.e. an té is faide a chuirfeadh méaróg. Caitheann siad **urchar ascaille** di amach faoina n-ascaill. Bíonn cleasra ag malraigh agus gasúir mar atá: **cleas tradhaill**, i.e. seasamh ar do chloigeann agus do lámha. Nó tugtar cleas tradhaill ar bhreith ar mhaide os do chionn le do lámha agus do chosa a chaitheamh thart. **Cleas na bó báine**, i.e. do chloigeann a chur fút agus tú féin a chaitheamh amach ar do dhroim. Bítear ag caitheamh **cliobóg** i dtithe tórraimh agus eile, i.e. duine a bheith ar a chorra geamh agus an duine eile a dhul de léim thar a ghuaille amach. **Gad na ngé**,[10] sin fáinne a dhéanas malraigh, agus bíonn amhrán nó rann ar bun acu san am céanna.

Folach cruach nó **fológa:** Bíonn siad ag dul i bhfolach ar a chéile agus duine amháin á dtóraíocht. **Folach an bhíog** ainm eile air. Ghabhfá i bhfolach agus nuair a gheobhfaí amach tú, chuirfeá **bíog** asat. 'Bíog' a déarfá nó **bíoc.** 'Déanfaimid i bhfolach an bhíog' a déarfas siad. **Folach beag** (nó i bhfolach beag) ainm eile air, nuair is istigh i dteach a bhíos sé ar bun.

Maide corrach, nó **maide corrach caimín**, nó **maide bogadáin**, i.e. beirt a bheith ina suí ar mhaide agus iad ag luascadh a chéile. Bíonn **luascán** crochta as crann ag malraigh freisin. **Brú brú sa gcarnán**, i.e. sórt coraíocht, nó pléaráca a bhíos ar bun acu. **Púcóg**, i.e. naipicín a chur ar shúile duine i seomra go mbeire sé ar dhuine eile agus scaoiltear saor ansin é.

Fuinneoga arda: na malraigh a bheith i ngreim láimhe nó glas ar lámha a chéile acu agus duine acu a ligean isteach nó amach eatarthu. Seo é tús an rainn a bhíos acu:

Chaill mo mháthair mhór snáthaid mhór anseo inné
agus ní bhfaighidh sí í gan ceapaire aráin.[11]

Seo focail eile a bhíodh acu:

An bhfuil an glas seo curtha?
Tá, go daingean.
Cá bhfuil an eochair?
Tá sí sa gclochar.
Cé a rachas á coinne?
Tú féin nó do bhuachaill.

Brisfidh sé glas éigin agus rachaidh sé isteach. An té atá ar thaobh a láimhe deise caithfidh sé a leanúint.

Baineann malraigh agus gasúir siamsa mór freisin as a bheith ag **fudrúscadh** nó ag **foléimneach** nó ag aluimpéaracht ar fud na háite, gan cleas ar leith a bheith ar bun acu. An mhuintir is sine ná sin a bhíos ag siúl is ar straiféid ar na bóithre, is ag **bóithreoireacht** a bhíos siad. Bíonn **bábóga** agus **bréagáin** ag páistí agus malraigh lena mbréagadh nó bíonn siad ag **fánadóireacht** thart.

Cluiche eile **imirt cheid**. Giota beag maide atá sa gcead. Buailtear buille nó poc ar an gcead agus comhairtear an méid coiscéimeanna a théas sé as baile. Cead sceiche agus maide coill a bhíodh ag daoine ar mhaith leo poc maith a bhualadh.

Clocha Screag nó Clocha Péire

Maidir le clocha screag (creag, scread) nó clocha péire: sin cúig mhéaróg nó clocha beaga a bhíos ag malraigh á n-imirt.

Tá go leor cúigeanna iontu sula mbí an cluiche ar fad gnóthaithe ag duine. An chéad chúig, tógann an t-imreoir na clocha beaga isteach ina bhois. Caitheann sé cúpla orlach suas sa spéir iad agus gabhann sé iad, nó gach a bhféadfaidh sé acu, ar chúl a láimhe. Má thiteann cuid acu ar an talamh caitheann sé méaróg amháin sa spéir agus tógann sé ceann i gceann iad. Nuair atá siad ar fad tógtha gan chliseadh tá **cúig** gnóthaithe aige. Mura n-éirí leis an chloch a thógáil den talamh a fhad is atá an chloch eile sa spéir tá sé cliste nó 'dóite'. Má bhíonn dhá chloch in aice le chéile ar an talamh, agus má chorraíonn sé ceann acu a fhad is atá sé ag tógáil an chinn eile tá **dó** air sin.

Tá cúigeanna eile ar an gcuma chéanna sa gcluiche agus tá siad ag dul chun deacrachta de réir mar atá duine ag dul chun cinn, mar atá:

(1) an scaradh gearr agus (2) an scaradh fada.

(3) Crúiscín, i.e. ceithre cinn a thógáil i gcuideachta.

(4) Cúpla nó cúiplíní, i.e. péire gach aon iarraidh.

(5) Cúig ar dhroim bó, i.e. ar chúl na láimhe, nó saighdiúirí.

(6) Leagan síos, i.e. iad a thógáil ceann i gceann.

(7) Cúig an rásta (nó an rása).

(8) Cuinneoga nó cuinneoigín, nó cúig an chuinneoigín, i.e. ceithre mhéar a chur ar an talamh agus na clocha a chur isteach eatarthu.

Nó mar seo is ceart a dhéanamh: ceithre cinn i gcúl do ghlaice agus cloch eile leagtha os cionn an phoill atá déanta ag do chorrmhéar agus d'ordóg nuair atá do dhorn dúnta. Caitheann tú suas an ceann atá ar bhéal na cuinneoige agus leagfaidh tú síos na ceithre cinn. Caithfidh tú suas arís í agus tógfaidh tú na ceithre clocha in éinneacht.

(9) Cúig cúl láimhe, i.e. an chloch a chur ar an laidhricín á caitheamh suas.

(10) Cúig na huillinne, i.e. an chloch a chur ar an uillinn á caitheamh suas.

(11) Pioc na fataí.

(12) Cúigín an fhuil, i.e. an ceann deiridh a ghnóthódh an cluiche.

Seo cúigeanna eile:

Casadh láimhe: beireann tú i do ghlac orthu agus casann tú do lámh agus ligeann tú uait ar an talamh iad. Tógann tú cloch ar dtús agus ansin trí cinn.

Brú fút: beireann tú ar cheithre cinn de na clocha i gcúl do ghlaice agus an ceann eile idir d'ordóg agus do chorrmhéar. Caitheann tú suas an chloch sin agus leagann tú na ceithre cinn eile ar an talamh agus tógann tú in éineacht na ceithre cinn.

Nead caróige: cuirtear cloch idir gach dhá ladhar de ladhracha do chiotóige agus tá cead agat aon iarracht amháin a thabhairt ar gach aon chloch acu a thabhairt chun a chéile. Tá ort na ceithre cinn a thógáil i gcuideachta.

Cluiche Corr
Sa gcluiche seo, déantar dhá leith de na gasúir mar a dhéantar nuair a bhíos dhá fhoireann ag bualadh báire. 'Buailim ort', 'tigim leat' a deir an dá cheannfort le chéile i dtosach. Téann na buachaillí atá cothrom sa méid nó san aois 'amach' ansin tamall ón dá chaiptín. Tugann siad ainmneacha bréige orthu féin agus tagann siad ar ais go dtí an dá chaiptín: 'seo iad isteach iad' a deir siad leis an dá chaiptín.

'Cén dubh nó dath iad' a deir an dá chaiptín. 'An sionnach agus an giorria', nó a leithéid, a deir an mhuintir a thagas isteach, nó 'an tom agus an crann', etc. 'Cén domhan dath iad' a bhíos in áiteacha (Conamara).

'Beidh an sionnach agam' a déarfas an caiptín a bhfuil an chéad ghlaoch aige, agus dá réir go mbí siad ar fad roinnte.

Nuair a bhíos an dá fhoireann tofa, seasann duine den dá fhoireann ar an **daoradh buailte**, nó ar an daoradh bualaidh agus tugann duine den mhuintir atá amuigh **deis** don duine atá istigh, i.e. iarraidh de bhois a láimhe a thabhairt don liathróid. Mura gcuire tú an liathróid i bhfad leis an deis ní rachaidh tú ach go dtí an **daoradh clis**, i.e. cloch nó fód a bhíos leath bealaigh ach go mbíonn sé rud beag de leithligh. Bíonn go leor ar an daoradh clis i gcuideachta ag fanacht le deis mhaith le ligean a thabhairt dóibh. Bíonn siad i ngreim láimhe ina chéile ansin go síne siad amach ionann is go dtí an **daoradh amuigh** (an daoradh fada, nó **an chaill**) agus níl cead iad 'a dhó' ar an mbealach sin.

Tá **dó** ar chúl daortha, is é sin, má chuireann tú an liathróid amach ar chúl an daortha le cúl do láimhe le místuaim, nó in aon turas, tá do thaobh amuigh. Má bheirtear ar an liathróid i do dhiaidh, i.e. i ndiaidh do dheise sa spéir, tá tú **dóite**. Má chuireann tú an liathróid i bhfad ritheann tú féin agus do mhuintir atá ar an daoradh clis go dtí an **daoradh** fada, nó **an chaill**, nó an daoradh amuigh.

Ritheann siad uilig abhaile le deis mhaith eile. Má bhuailtear duine acu leis an liathróid tá sé dóite, agus tá a fhoireann ar fad amuigh. Caithfidh siad ansin deis a thabhairt don mhuintir eile agus a bheith ag faireadh ar an liathróid le hiad a dhó.

Nuair a bhíos malraigh is gasúir ag tíocht abhaile ón scoil bíonn siad ag **sceatóireacht** le **buidéil** nó le staic de mhaide a bhíos sáite sa talamh acu. Bíonn **préachán ceirteach** ag gasúir á ligean sa spéir, nó le gaoth, lá gaofar, nó cuireann siad **aghaidh fidil** ar a n-éadan le scanradh a bhaint as daoine.

Bíonn said freisin ag caitheamh cnaipí nó pinginí le bob nó ag caitheamh **cion**, agus an té is gaire don bhob **iontaíonn** sé iad agus an méid cloigne a bhíos aige coinníonn sé iad. 'Buail an bob agus bí ina aiféala' a deirtear.[12]

Malraigh a bhíos ag tíocht abhaile ón scoil bíonn siad ag tóraíocht neadacha le hais na sconsaí agus ar fud eanaigh agus páirceanna. Tá go leor cineálacha éan le fáil, mar an riabhóg, an spideog, an lon dubh, an smól (smóilín, smólach), an caislín cloch, an ghlasóg, an bhuíóg, an gealbhan, an naosc, an druid (druideog), an bonnán buí (bonnán léana), an meannán aerach, an bruachalán, an ghlasair choille, an chearc fhraoigh, an coileach feá, an creabhar caoch, an chéirseach, agus go leor leor eile.[13]

Mar a dúirt Oisín le Pádraig Naofa san Agallamh:

A lon dubh beag úd ar an gcraoibh,
Is deas agus is díonmhar a ghníos tú nead,

Níor éist tú Aifreann riamh ón gcléir,
Agus is binn, ríméadach a ghníos tú fead.

Agus deirtear nach dtig leis an ngobadán an dá thrá a fhreastal.[14]

Tá cleasanna eile ann a bhíodh ag tórraimh, **mar chleas na lárach báine**,[15] an **mac soipín, thart an bhróg** nach bhfuil aon mhaith á mbuanú mar níl mórán siamsa ná geanúlacht ag baint leo. Bíonn gasúir ag imirt **cricín**, i.e. ag bualadh a n-alt meánach ar a chéile. Féach lch 121. Ag imirt **ailtín**[16] leagan eile.

Spairn: maidir le spairn, bhí sin i gceist go mór sa tseanaimsir. **Cor coraíochta** a bhí ar gach babhta. Bhíodh **cor na huillinne**, nó an cor **spairníochta** ann nuair a bheadh an bheirt ag seasamh amach óna chéile agus i ngreim i lámha a chéile. Tugann siad cos a' bacóig nó **cor coise** dá chéile. Déanann duine bacóid dá chois agus cuireann sé ar chúl an duine eile í agus leagann sé é. Nó bhéarfaidís barróg, nó greim barróige ar a chéile, i.e. an dá láimh timpeall ar an gcom. Ina theannta sin, bhí **lámh in uachtar** agus **lámh in íochtar** nuair a bhéarfaidís isteach ar a chéile. Nó, mar a bhíodh sé ráite sna seanscéalta: lámh in íochtar agus lámh in uachtar agus lámh in uaisle na coraíochta, nuair a bhíodh na gaiscígh ó mhaidin go nóin ag coraíocht 'gan scíth, gan spás, gan stad, gan ghreim, gan deoch, gan chodladh, gan chónaí [...] go ndéanaidís bogán den chruán agus cruán den bhogán, go dtugaidís toibreacha fíoruisce trí lár na gcloch glas aníos, agus ní bheadh dul ag ceachtar acu ar an duine eile go dtagadh buí ar an ngréin tráthnóna.'

Iascaireacht
Maidir le hiascaireacht ar abhainn nó loch, ní bhíonn inti go hondúil ach caitheamh aimsire. Slí bheatha iascaireacht nó iascach na farraige.[17]

Bhí tóir mhór sa tseanaimsir ar fhiach agus ar iascaireacht mar tá sé i gceist go mbíodh seacht gcatha na gnáth-Fhéinne 'ag fiach agus ag fionnscaradh ar bháinte éagsúla agus ar chorraigh géagúla'. Nuair a fuair an Fhiann Fionn ag an sruthán agus é ar mhíchruth, cheap-adar 'gur ina iascaire a bhí sé riamh le go dtáinig sé i gcéin insa tsruth'.

Bhí moladh mór ag Raiftearaí féin ar an bhfiach:

> Tá an eilit is an fia is gach uile shórt *game* ann,
> An madadh rua ag léimnigh, an broc is an míol buí,
> Ceolta na ngadhar is na hadharca dhá séideadh,
> Le héirí na gréine a thóigfeadh do chroí.
> Tá daoine uaisle ar eachra agus marcaigh dhá bhféachaint,
> Ag fiach thrína chéile go dtigidh an oích',
> Soiléar go maidin arís ann dá réabadh,
> Ól ag na céadta is leabaidh le luí.[18]

Chiallaigh 'aclaí' (sa tSean-Ghaeilge) iascaireacht agus fiach i gcuideachta. Is cosúil gurb é *ad-cladh* atá ann, focal atá gaolmhar ag tochailt, claí, clais, etc., i.e. cartadh. Más ea, is cosúil go raibh an fiach sin ar staid íseal go leor, i.e. mar a bheadh scata gasúr ag **cartadh** ar choiníní. As **aclaí** a d'fhás an focal **aclaíocht**.

Fear a bhíos go maith ag fiach nó ag iascaireacht, **fiagaí** nó fiagaire maith a bhíos ann.

An té a bhíos ag iascaireacht ar abhainn nó loch bíonn slat iascaireachta aige agus ríl nó tochairdín[19] agus **dorú**, agus **duán** ar an dorú agus baoite nó *fly* (cuileog bhréige) ar an duán. **An fhoirtéim** a cheanglaíos an duán den dorú. **Snúda** ainm eile air (Árainn agus áiteacha eile). An **dorú** (:d'rú) **marbh** a thugtar freisin air.

An mhuintir a bhíos ag iascaireacht le dorú ar an bhfarraige, **glionda** a bhíos go hiondúil acu, i.e. fráma le haghaidh an dorú. Sceitheann siad an dorú anuas den ghlionda de réir mar a theastós.

Ní mór don iascaire freisin **cochall** a bheith aige, nó mar a thugtar in áiteacha air, **bradóg** nó **lúbach**, le cur faoin mbreac lena thabhairt isteach ar an mbruach. Bíonn **duán mór** freisin aige ar bharr maide, nó cleith le cur sa mbradán nó sa mbreac mór.

Má bheireann breac ar an mbaoite nuair a chaitear an duán amach san abhainn, **freagairt** a fhaigheas duine.

'An bhfuair tú aon fhreagairt' a déarfá le hiascaire i gcás den tsórt sin.

'Fuair mé priocadh', 'rug sé orm', focail eile a deirtear, nó 'tá mé ag aireachtáil.' Focal farraige é sin. Bíonn **éirí** ar an iasc nuair a bhíos siad fairsing ag freagairt. 'Tá éirí maith inniu ar na bric' a deirtear. Ní maith an rud a bheith 'ag iascaireacht ar pholl gan freagairt' a deir an seanleagan.

Nuair a bhíos an fiagaí ag obair i ngan fhios don dlí, bíonn **duán** aige ar mhaide agus freisin **sleá** ar bharr cleithe. Bíonn **camóg,** i.e. sórt duán ar iompar ag iascaire nuair a bhíos siad ag iascaireacht faoitíní. Níl sí seo chomh láidir le duán na coise.

Bíonn trí **bhreanglán** ar an tsleá agus **frídín** ar bharr gach breangláin le dul i bhfostú sa mbreac nuair a chuirtear tríd é. Sa ló, le solas na gréine, a bhíos an tsleá ag obair aige.

Más san oíche a bhíos an fiagaí nó an fiagaire ag obair, ag **saighdeadh** nó ag **coinnleoireacht** nó ag **duántacht amhrais** a bhíos sé. Sa ló ab fhearr a dhéanfadh sé an tsracadóireacht. An mhuintir a bhíos ag saighdeadh, bíonn **líon** acu le cur trasna na habhann agus saighdeann siad na bric nó na bradáin amach ó na bruacha le cleith mhór fhada. Ritheann na bric rompu agus téann siad i bhfostú sa líon.

Líon a bhíos ag iascairí na habhann, agus **eangach** ag iascairí na farraige, tar éis go bhfuil sé ráite i leagan Gaeilge den Scríbhinn Dhiaga[20] gur líonta a bhí ag na haspail.

Bíonn **líon scríbe** acu ar na haibhneacha. Tarraingíonn siad é agus déanann siad **dol** leis. Sin **dolaíocht.**[21] Tá **líon póca** ann a mbíonn sórt pócaí air. Téann an t-iasc isteach sna pócaí agus níl gair aige a fhágáil. Nuair a bhíos go leor éisc ag imeacht i gcuideachta bíonn siad ina **scaoth** nó ina gcluiche (ina gcluichí). Nuair a bhíos siad le feiceáil ar uachtar na farraige agus na héin ag faire orthu, **gearrthacha** a thugtar orthu: 'Is mór an gearradh scadán é sin' a déarfá, nó 'is mór an báire éisc é.' Mar seo atá sé ráite san amhrán a rinneadh ar an Mullach Mór i gContae Shligigh:

Bíonn an fia is a lao ann, tá bric 'na scaoth ann,
Tá an eala go haoibhinn ar an loch is í ag snámh,
Tá an mheach lách críonna ina nead go díonmhar,
Tá an coileach fraoigh ann, an chearc is a hál.[22]

Mogall a thugtar ar gach cearnóg den líon, nó den eangach agus **mogallóir** atá ar an ngléas atá lena dhéanamh, leis an bhfairsinge cheart a fhágáil ann. **Líon leathphingine** (i.e. ar mhéid leathphingine) a bhíos le haghaidh scadán, agus **líon pingine** le haghaidh breac. **Biorán** (:b'reán) **eangaí** a bhíos acu ag deasú na n-eangach.

An fear a bhíos ag **coinnleoireacht** bíonn 'coinneal' aige, i.e. sórt trilseán déanta de chipíní, nó míotháin ghiúsaí agus iad ceangailte dá chéile le téad nó súgán. San oíche a oibríos sé. Bíonn na bric ag déanamh ar an solas agus is cosúil go ndallann sé roinnt iad, agus is furasta don fhiagaí **sracadh** den duán a thabhairt dóibh.

Tugann daoine **duántacht amhrais** ar an gcineál sin fiagaíochta nó fiagaireachta. Nó is ionann duántacht amhrais agus **sracadóireacht**. Is éard atá ansin ó cheart go leor duán a chur ar dhorú agus iad a chaitheamh amach i linn easa, an áit a mbeadh go leor breac agus bradán cruinn ag fanacht le lá tuile le dul suas. Tugtar sracadh ansin don dorú, agus b'fhéidir go rachadh ceann de na duáin i bhfostú in eite an bhradáin agus go dtarraingeofaí isteach ar an mbruach é. Bíonn an cleas sin ar bun sa mBreatain Bheag freisin – i ngan fhios don dlí. Más leis na lámha a bheirtear ar bhreac, faoin **ngeolbhach** a fhaigheas duine greim air. Cuireann duine **sámhas** sa mbreac lena láimh. Níl aon ghreim rathúil le fáil ar an **eite droma** ar an mbreac, agus tugann sé a eang leis.

Bric, bradáin, liúis agus liatháin a bhíos ar aibhneacha agus lochanna. Breac freisin a thugas an talmhadóir go minic ar iasc na farraige: 'tá breac sa bhfarraige chomh maith is a gabhadh fós.'

Eochair, eochraí atá ar shíol an éisc agus **eochrasach** nó **eochróg** a thugtar ar an mbreac a mbíonn siad ann, i.e. an breac baineann. An **firbhreac** (nó orbhreac) atá ar bhreac fireann agus **lábán** atá ar an ábhar atá le síolrú istigh ann. **Leadhbán** a thugtar in áiteacha air.

Bric nó éisc a bhíos ag síolrú, gearrann siad log nó clais sa ngaineamh an áit a mbíonn an t-uisce éadrom gan aon ghaiseadh srutha. Deirtear ansin go mbíonn siad ag **clasaíocht**. **Sceitheann** siad ar an gclais. Tar éis an síolrú a bheith déanta acu bíonn siad **sceite**. **Dádach** a thugar ar sheanbhreac – go mór mór seanbhreac sceite.

Le linn aimsire, tagann na bric bheaga, nó na bradáin bheaga as an eochraí, i.e. an síol. **Diúilíní** a thugtar orthu nuair a bhíos tuairim is orlach d'fhad iontu. **Géiteoga** a thugtar orthu nuair a mhéadaíos siad rud beag thairis sin – dhá orlach nó trí. **Boiseog** atá ar an mbreac nuair atá tuairim is leithead do bhoise d'fhad ann. **Plócháin** a thugas muintir Eanach Dhúin[23] ar bhoiseoga. Nuair a bhíos sé ó shé horlaí go dtí ocht n-orlaí, nó mar sin, **samhlachán**[24] (nó samhnachán) a bhíos ann. **Bláth. áin** atá ar na bradáin óga. **Stuifín** a thugtar ar scadán óg.

Staighnín a thugtar ar an mbreac a bhfuil méid níos mó ná samhnachán ann. 'Níl ann ach staighnín' a déarfadh duine faoi bhreac beag.

Scadánach a thugtar air nuair atá tuairim is leath-phunt meáchain ann. **Leathbhreac** a thugtar air nuair atá méid réasúnta ann. **Cúilín**, i.e. breac mar iomán nach mbíonn fásta. **Iomán** atá air nuair atá a mhéid iomlán ann.

Breac geal an breac a thagas ón bhfarraige agus **breac locha** a thugtar ar an mbreac a bhíos sa loch nach dtéann go dtí an fharraige. **Gobdhuánach** a thugtar ar iomán an-mhór. Bíonn **bruas** a bhéil uachtair cromtha anuas, nó bíonn **frithghob** air. Is dócha gur leis an aois a thagas an gob seo air. Bíonn gob duánach ar an **ngiolla rua**. Giolla rua atá ar an gcineál iomán atá i Loch Measca. Tá bric eile ann nach bhfuil chomh bríomhar leis an ngiolla rua. Tugtar **breac rua** freisin ar iomán mór. Is cosúil go bhfuil gaol gairid aige leis an ngiolla rua. Is beag nach ionann an giolla rua agus bradán. Mar seo atá sé ráite san amhrán:

> Bíonn na bric rua ag rithe
> Agus na bradáin ag siúl go réidh,
> Is nach iad na fir mhaithe
> A phósas na mná gan spré.[25]

Níl bradán ar bith is mó ná an breac rua. Tugtar **cúl rua** freisin ar chineál de na bric rua.

Lónnach (luannach)[26] a thugtar ar bhreac an-mhór mar an gobdhuánach. Bíonn camóg nó frithghob ar a bhéal.

Bláthán a thugtar ar an mbradán nuair atá sé óg agus **gealóg** atá air nuair atá sé ceithre bliana d'aois, sula mbí sé ina bhradán. Gealóg a thugas muintir Eanach Dhúin[27] ar an mbradán baineann, i.e. an eochrasach agus **bacach** ar an mbradán fireann. Bíonn frithghob ar a smut nuair a bhíos sí ag tíocht ar ais go dtí an fharraige tar éis síolrú.

Liathán:[28] liatháin a thugtar ar an mbreac a bhíos ar chuid de na lochanna i gCois Fharraige. Sin é an breac geal a thagas ón bhfarraige. **Dúliathán** atá ar cheann is mó ná an liathán. Ní bhíonn spota ar bith ann ach é dubh uilig. Tugtar **cúl bán** ar an liathán nuair a bhíos sé óg.

Cailleach adharcach: sórt iasc a bhíos ar uisce éadrom. Tá dhá ribe amach as a giall. Is deacair í a mharú. Ní bhíonn de mhéid inti ach a trí nó a ceathair d'orlaí.

Maidir leis na heascanna, tá an eascann ghnách agus an **eascann nimhe**, nó **péist** nó baoite **an dá shúil déag** mar a bhíos rudaí i gcosúlacht le sé shúil ar gach aon taobh dá cloigeann. Sa bhfarraige a bhíos an **concar**, i.e. eascann mhór, mhillteach. **Loirgneach** a thugtar ar eascann locha. Míonáid, cineál eile bric a bhíos ar aibhneacha.

Má thagann duine abhaile gan aon éadáil aige de bharr na hiascaireachta, 'más maith leat a bheith ag meath téirigh ag iascaireacht'[29] a déarfas sé.

Cártaí

Tá roinnt tráchta ag Raiftearaí ar chártaí:

hImríodh an cluiche is bhí an muileat in uachtar,
Ó Conaill is a chúnamh chuir ceann ar an scéal.[30]

As an Domhan Thoir a tháingeadar i dtosach. Tá ceithre chineál cártaí (nó 'dathanna') ann: spéireat, spéireataí, hairt, hairtiseacha, muileat, muileataí, triuf,[31] triufsacha.

Mámh atá ar an gcárta a bhfuil a dhath nó a chomhdhath tofa le haghaidh an chluiche. **Drámh** gach uile chárta nach bhfuil ina mhámh. Más é cúig fichead a imrítear iompaítear cárta ar uachtar an phaca. Sin é an **mámh cinn**. An té a bhfuil **aon an mháimh** aige tig leis **robáil** le ceann a **dhíol** as a chártaí agus an mámh cinn a thabhairt isteach ina ghlac. **Díol astu** a deirtear le duine atá ag robáil, i.e. cárta a chur amach. An té a imríos an chéad chárta le gach **cúig,** is é a **leagan** a dhéanas sé. 'Leag sé an mámh' a déarfaí. 'Mura leaga tú an mámh leag madadh maith drámh' focal eile a deirtear. Dá mbeadh cárta den chineál céanna ag duine agus gan a imirt ar an mámh bheadh sé ag **ceilt**. 'Lom sé an mámh' a deirtear. 'Céard a **tháinig le lom**' a d'fhiafródh duine. An chéad fhear a bhfuil an leagan aige, sin é a bhfuil an lomadh aige. Bíonn robáil **as aon** agus **as rí** in áiteacha sa gcluiche agus iompú rí agus aon.

In imirt chúig is fiche, is é an **cíonán** an mámh is fearr, cuir i gcás, an cúig muileata, etc. An **chuireat** nó an **chuileata** an cárta is gaire dó, ansin an t-aon hart. **An chuileata ha(i)rt, an chuileata muileata**, etc.

Ní féidir an chuileata a **cheilt** ar an gcíonán má thagann sí le **clár** nó le lom, mura bhfuil cárta agat a chosnós í: 'cuileata aonraic nó giorria' a deirtear. An té nach bhfuil aon mhámh aige, ní bhíonn a dhath aige.

Tar éis an haon hart, tagann aon an mháimh, ansin an **rí, an bhanríon**, etc. Samplaí eile: an dó muileata, an trí muileata, an deich triuf, an bhanríon spéireata, agus an seacht spéireata, an naoi hart, an cíonán hairt, agus mar sin dóibh. Rud nach fiú mórán, 'ní fiú deich triuf é' a deirtear faoi.

Cúig a thugtar ar gach imirt a ghnóthaítear. Cúig do **láimhe déanta** a thugtar ar an gcéad chúig a ghnóthaíos an fear **a dhéanas** na cártaí. Cúig do **láimhe ranna** ainm eile air. 'Is maith an cárta an dhéanas deich agus a thugas a bheanna leis' a deirtear nuair a dhéanas an t-aon cúig. Is ionann na cártaí **a dhéanamh** agus iad a chur i dtoll a chéile, iad **a shuaitheadh** nó a mheascadh agus ansin iad a roinnt amach ar na himreoirí. 'Déan na cártaí', 'is leat déanamh', 'cé leis déanamh', a deirtear. Nuair a bhíos suaitheadh déanta ar an cártaí **baintear díobh**. 'Bain díobh' nó '**gearr díobh**' a déarfá. An té a shocraíos an paca le go mbeidh cártaí maithe aige féin, cuireann sé **scailp** isteach. **Cearrbhach** a thugtar ar an té a mbíonn tóir aige ar a bheith ag imirt cártaí.

Nuair a bhíos beirt de chúnamh dá chéile ag imirt, ag imirt **páirtithe** a bhíos siad. Bíonn, uaireanta, gach uile dhuine as féin. Nuair a dhéantar an cluiche ar fad as aon déanamh amháin, **cluiche caiptín** nó **cluiche glaice** a thugtar air; cluiche as **cúl doirn**[32] i gCúige Uladh.

Nuair a bhíos tús an chluiche ann, **tosach boinn** (nó buin) a deirtear leis. 'Tosach bun is téagar agus gach uile dhuine mar a chéile' leagan eile a deirtear. Mura ngabhadh an cluiche amach, 'comhairí an bun' a déarfaí. **Bun a cúig déag**, a deirtear le cluiche nach dtéann thar chúig déag. Mura bhfaighe aon duine cúig déag tá an cluiche millte agus an geall ina sheasamh.

Is ionann **scuaibín** agus an té is fearr cárta; le gach cúig crapann sé leis a chuid den gheall. Bíonn sé á imirt ar aontaí.[33] *Tochell* a bhí sa tSean-Ghaeilge ar an ngeall a bheadh ar chluiche fichille.[34]

Nuair a thiteas cárta ar a bhéal faoi, 'níor rug béal faoi é' an leagan atá in úsáid, i.e. nár rug sé an bua. Is ionann sin agus an té a mbíonn cárta maith aige nach n-imríonn sé go fánach é.

Siamsaí eile: in aimsir **airneáin** sa ngeimhreadh, bíonn scéalta á n-insint agus amhráin á ngabháil cois na tine. Is é an t-**amhránach** nó an **gabhálaí** (:gólaí) **foinn** an fear a bhfuil amhrán maith aige nó a bhfuil fonn air a bheith ag gabháil fhoinn. 'Gabhtar fonn le fonn agus gabhtar fonn le mífhonn.' Is é an fonn réim an cheoil. Más mian leat duine a bhfuil guth maith aige agus amhrán breá aige a mholadh, déarfaidh tú go seasfá sa sneachta ag éisteacht leis. Is ar a ghlór a d'aithneofá caint duine seachas duine eile, e.g. 'd'aithneoinn féin do ghlór.' Bíonn ceol á **sheinm**[35] freisin, ní nach ionadh, mar bharr siamsa. An té nach bhfuil in ann seinm i gceart is ag **stácadh** ceoil a bhíos sé. Mar atá san amhrán:

Do chúl re balla is tú ag stácadh ceoil,
Is ní chuirfeadh sin Sailí ag gáirí.[36]

Nuair a iarrtar ar dhuine scéal a insint tugtar deoch dó, mar 'is giorra deoch ná scéal.' Mar a chéile don amhránach:[37] 'ní féidir olann a shníomh gan bealadh, ní féidir amhrán a rá gan gloine.' Is **deas** an comhluadar an t-amhránaí maith.

Tá **an Fhiannaíocht**, i.e. scéalta na Féinne ag dul i léig sa saol deiridh seo, mar is beag duine a bhfuil na scéalta agus laoithe breátha Fiannaíochta ar eolas aige. Go dtí céad nó céad go leith bliain ó shin bhíodh seanscríbhinní Gaeilge ina lán áiteacha agus lucht a léite dá réir. Is fada cuimhne seanlinbh, agus is iomaí duine a chuala na scéalta sin á léamh, nó á n-aithris le linn a óige a chuir aoibhneas ar a lucht éisteachta nuair a bhí sé féin ina sheanfhear. Bhí an-mheas ar Chud mhac Rí na hIorua mar scéal: 'ní scéal go scéal Chuid' a deiridís, 'agus ní laoi go Laoi an Deirg.'[38]

Ní ag scéalaíocht ná ag gabháil fhoinn ná ag seinm ceoil a bhíos daoine i gcónaí ar an teallach in aimsir airneáin, ach ag cur suíochain ar an saol, ag seanchas ar an seansaol, agus ag rianaíocht, i.e. ag cur a bhfealsúnachta féin ar an saol ar eolas, nó ag cur an tsaoil i dtoll a chéile le chéile. Bíonn siad, nó bhídís, scaití, ag **nathaíocht**. Is ionann an **nathaíocht** ó cheart agus a bheith ag déanamh píosaí filíochta (ar a chéile), **lúibíní**, 's oró, a mhíle grá, etc. Is ionann **nath** agus filíocht, mar atá sa gcaint 'gan nath gan ábhar'. Is ionann nathaíocht, freisin, agus a bheith ag rá cainteanna grinn le chéile, focail a bhfuil gearradh iontu. Maidir le nathaíocht, caithfear trácht a dhéanamh uirthi ar ócáid eile. Bíonn lucht grinn, freisin, faraor, ag **scéaltóireacht** agus ag aithris agus ag **athléamh** ar a gcomharsana. Bíonn **geabsaireacht** agus freagraíocht trasna freisin ar bun ag daoine óga.

Níl mórán tráchta ar rincí ná damhsaí sa litríocht. Thar sáile a tháinig an chuid is mó acu, i.e. de na damhsaí 'Gaelacha'. An té a bhfuil coiscéim mhaith damhsa aige tá sé **ina dhaimhseoir** maith, daimhsíonn sé go maith. Bhí damhsa Francach ann a dtugaidís an *minuet* air, e.g. 'dhaimhseodh sé **minniú** ar leithead an phláta.'

Fiach agus Cnocadóireacht

Níl áit ar bith chomh hálainn ná chomh haerach le taobh cnoic nó gleanntán sléibhe sa samhradh, mar atá ráite in 'An Draighneán Donn':

> Faraor géar nach bhfuil mé féin agus grá mo chroí
> I ngleanntán sléibhe le héirí gréine agus an drúcht ina luí.[39]

Bhí malairt scéil ag fear an Eachréidh:

> Nach aoibhinn is nach aerach a mholas siad na sléibhte,
> Is gan rud ar bith sa méid sin ach glórtha baoth',
> Níl seamaide den fhéar ghlas ag fás tríd an gcré ann
> Ach tarraingt ar éigean ar thuláin fhraoich.[40]

Is breá croíúil an rud do dhuine a chú a thabhairt leis agus a dhul ag fiach faoi na gleannta. Ní miste dó madra caorach a bheith leis leis an ngiorria a dhúiseacht. 'Tóraigh giorria', nó 'dúisigh é', nó 'thart, thart is cuartaigh é', a déarfá leis an madra.

'Tá an cú ar **a bhonn**', nó 'ag fáil a bhonn' a déarfá nuair atá sí ar lorg an ghiorria. Ag **sirtheoireacht** thart a bhíos madra nuair a bhíos sé ag tóraíocht a mháistir nó ag lorg rud ar bith.

Nuair a dhúisítear giorria amach roimh an gcú, ansin bíonn **ligean** aige.[41] 'Ní bhfuair mé ligean ar bith' a déarfadh an té nár casadh aon ghiorria dó ina shiúl. Nuair a dhúisítear giorria san íochtar is iondúil go n-ionsaíonn sé an cnoc. Nuair a bhíos cuid mhaith de bharr an lae ag duine bíonn **conách** seilge air. Mar a déarfadh na seanscéalta: 'ba leo amhantar fiaigh agus conách sealga.'

Is iomaí cnocadóireacht a dhéanas duine seachas fiach ar ghiorriacha agus cartadh ar choiníní; ná ag foghlaeireacht ar chearca fraoigh, agus lachain fhiáine is coiligh feá agus partraiscí. Mar a dúirt Tomás Ó Cadhain (Dubhachta):

Bhí lámh ar ghunna aige is é amuigh ag fáiteall
A mharódh bardail is cearca fraoigh.[42]

Is iad na caoirigh an t-eallach is mó a thugas na cnocadóirí chun na gcnoc. Nuair atá duine ag dul suas taobh an chnoic, ag **ardú an chnoic** atá sé, nó ag **crochadh** an chnoic. Mar a bhí ráite sa tairngreacht: 'an t-ochtú bliain déag i ndiaidh na gcéadta beidh Gaeil ag crochadh an chnoic, an naoú bliain déag i ndiaidh na gcéadta, beidh Gaeil go glúine i bhfuil.' Nuair atá a aghaidh ar an íochtar ag duine, is ag dul **le fána** atá sé. Nuair atá bóthar sna cnoic, bíonn **taobh an chnoic** agus **taobh an fhánáin** air. Nuair a deirtear: 'tá ceann le fána mór ann', is ionann é sin agus an t-ardán a bheith an-rite. Is iondúil gurb é an cnoc a bhíos rite agus gur **fánán** a bhíos sa mbóthar. Ní 'cnoc' a bhíos sa mbóthar ach **ardán** nó **uchtóg**. 'Ag barr an **aird**' nó 'ag bun an aird' a deirtear.

Learg a thugtar ar thaobh cnoic nó páirce nuair nach bhfuil ceann le fána an-mhór ann. **Learg(ain)** a bhíos ar chnoc a bhfuil caitheamh deas le fána ann. An cnoc íseal a éiríos go mall i leaba a chéile **maoileann** a bhíos air, nó maoilinn.

Bíonn, uaireanta, **uchtóg** bheag rite sa mbóthar. Tugtar **carcair** in áiteacha ar ardán rite. Féach Carcair i gContae an Chláir in aice le Cinn Mhara, agus Carcair an Chaisleáin, an t-ard atá ag an gCaisléan i mBaile Átha Cliath. Cuir an charcair ghiúsaí, i.e. crannach ghiúsaí, ina chomórtas seo.

Maidir le taobh an chnoic, an áit a mbíonn carraig mhór ag freagairt amach ann bíonn **aill** nó **alltracha** ann agus bíonn **meall, meallta** agus **eascaí** lena n-ais. Is ionann **easca** sna cnoic agus log foscúil idir dhá chnocán nó dhá mheall. Cuir i gcás, tá Easca Raithní mar ainm ar áit sna cnoic. D'fhág sin gur áit thirim easca sna cnoic mar ní fhásfadh raithneach sa bhfliuchán. Is ionann san eanach é, i.e. easca, agus **ísleán** nó log, nó **gaothóg** a mbíonn uisce ann. Is ionann **meall** agus cnocán nó aill bheag atá ag seasamh amach ar éadan an chnoic. Bíonn cnocáin nó **tulach** (tulacha) nó **tuláin** nó **tortáin** i gcnoc nó in eanach. Ar uachtar mill is iondúil a bhíos tulach, nó bíonn an tulach ardaithe thar an gcuid eile den talamh. Níl i d**tulán** ach cnocán beag.

Is lú ná sin an **tortán**. 'Is leat na tortáin i gceann na dtulán' a deirtear le duine nuair atá sruth is gaoth, nó a óghró leis. Bíonn **tortóga** freisin ann. Is lú iad ná na tortáin agus bíonn siad i dtalamh bog an áit a mbeadh beithígh ag siúl nó i b**puiteacha** nuair a thriomaíos siad.

An áit ar chnoc a bhfuil sé ag maolú amach go dtí an barr, sin é **buaic** an chnoic. **Gualainn** atá ar chuid de chnoc atá ag gobadh amach do leataobh. Is ionann **bacán** agus uillinn bheag amach ar thaobh cnoic.

Cnoc atá géar as a bharr, **beann** nó **binn** atá ar a leithéid sin, mar an Bhinn Ghorm, an Bhinn Gharbh, na Beanna Beola, Binn Mhairg, etc. san Iomaire Rua. Bíonn cuma binne orthu agus iad ag claonadh isteach ar an dá thaobh. An cnoc nach bhfuil géar as a bharr, **mao(i)l** a thabharfaí ar a mhullach. Cuir i gcás, Maol Réidh in Umhall Uí Mháille.

Áit a bhfuil taobh an chnoic mar a bheadh sé gearrtha ar siúl agus é in aill an-mhór ar fad sin **scoltach**. Féach

Scoltacha na bhFormna, An Scoltach Mhór, an Scoltach ar chúl an Líonáin. Tá scoltach i Log an Charaid agus ceann eile i nGleann Choinnile ó dheas den Chaoláire i gContae Mhaigh Eo.

Téann **ailleadóirí** isteach sna halltracha iontu ag tóraíocht neadacha éan nó ligtear le fána iontu le rópaí iad le caoirigh a thabhairt amach astu. Is ionann **formna** agus áit réasúnta cothrom ar bharra cnoc nó barrshléibhe.

Tugtar **deirc** ar chuarchnoc a bhíos ar dhéanamh leathfháinne, nó cnoc a mbeadh log mór nó coire isteach ann. **Bacán** idir dhá dheirc atá ar an ngob a bhíos amach eatarthu.

Barrshliabh: sin go leor cnoc as a chéile greamaithe, e.g. Barrshliabh na Ráthadh sna Cnoic Bhreaca. **Leathan mór** a thugtar ar limistéar mór de thalamh cothrom sa sliabh. **Corrach** atá ar thalamh ríchothrom. In eanach nó portach a bhíos sé go hiondúil. Féach Currach Life agus Currach Chill Dara.

Maidir le sliabh é féin, is ionann é agus (1) drochthalamh: 'is éard a bhí ann drochshliabh' a déarfá, nó 'ní raibh ann ach dúshliabh.' Nó is ionann é agus (2) na cnoic ar fad, an méid acu a bhíos i gcuideachta. Sa tseanaimsir freisin, sin é an chiall a bhí leis. Tá sé ráite in *An Cath Cathardha*[43] ag trácht ar Shliabh Apeinnín san Iodáil gurb é an sliabh ab fhaide sa domhan agus gurb é b'athghairbhe (l. 1202). Is é an **sliabhadóir** an fear a chónaíos ar an sliabh agus an **cladóir** ar an gcladach. **Cnocadóir** an fear a bhíos ag siúl na gcnoc.

Tá seanfhocal ag muintir an Eachréidh: 'pós bean ón sliabh agus pós an sliabh ar fad.' An ceann is faide soir den Iomaire Rua[44] i gContae na Gaillimhe, Binn Sléibhe atá air, i.e. binn nó beann an tsléibhe. Soir uaidh sin atá **béal an Eachréidh** agus tamall maith soir tá **brollach** an Eachréidh nó **clár** an Eachréidh. Ní bhíonn d'ardáin ansin ach **droinníní** nó cnoic bheaga. Bíonn **droimíní** ann freisin agus **dromainn** nó droim. Má bhíonn taobh an chnoic ar fad, geall leis, ina charraig, **leac** nó **leic** atá ar a leithéid. Bíonn, go minic, **scáintí** nó scoilteanna i gcnoc den tsórt sin.

Marfach atá ar an **aill mharbh** nó an aill atá ag **caitheamh** nó aill chontúirteach. 'Tá sin marfach' a déarfá, i.e. áit a mharódh caoirigh. Cuir ina chomórtas seo, freisin, Sruth na Maoile Mairbhe i dtuaisceart na hÉireann, mar tá aill mharfach ansin. **Scailp, scailpín** a thugtar ar aill bheag, bhídeach ar an talamh íochtair. Bíonn sí, go hiondúil, ag caitheamh amach os a cionn. **Alt** atá ar thalamh crochta os cionn na farraige. Tá an focal sin in úsáid i dtuaisceart Chontae Mhaigh Eo. Mar a dúirt an Caisideach Bán:[45]

> Is trua gan mé agus ruan mo chléibh
> I ngleanntán sléibhe nó in alt chois cuain.

Strapa[46] atá ar shórt lota san aill nó giota rite den chnoc nuair a bheifeá ag dul ina aghaidh ag strapadóireacht. Baineann duine strapa amach lena chois, nó **tógann** sé an strapa nuair a bhíos sé ag strapadóireacht.

Creig atá ar mheall crua gan mórán créafóige a bhíos ag crochadh amach ar thaobh cnoic. Bíonn an charraig ag freagairt inti, e.g. Creig an Ghearráin Bháin, an Creig-shliabh. Bíonn **liathán** in áit a bhfuil leaca á dtaispeáint féin ar thaobh an chnoic.

Bearna atá ar áit íseal idir dhá chnoc. Is ionann bearnas, mórán, agus an rud céanna. **Mám** a thugtar ar log sna cnoic, nó idir dhá chnoc. Is airde é go hiondúil ná an bhearna. Cuir i gcás Mám Éan, Mám Toirc, Mám Gamhna, Mám Chloch a Lún[47] i nDúiche Sheoigheach.

An áit a mbeadh carraigeacha scoilte ó chéile mar a bheidís de bharr pléascadh, **losctha** atá orthu. **Loiscthí** ainm eile orthu. Tugtar **anacair** (an-shocair) ar áit chontúirteach ar bith.

Coire: Sin **log** cruinn i gcnoc ar dhéanamh coire. Mar shamplaí air sin tá Log an Choire i nDúiche Sheoigheach agus Log an Tairbh, Log na Caillí Croime agus na Lograí Dubha sna Cnoic Bhreaca. Bíonn coire ag bun gach uile easa. **Dabhach** a thugtar ar choire nuair a bhíos sé domhain agus uisce nó loch ann.

Cuircín nó **storaicín** nó **starraicín** a thugtar ar gheadán caol ard crochta nó ar áit dólom ar dheis gaoithe, nó áit fhuarsceirdeach, bhinnséidiúil. Féach Léim an Chuiricín i nGleann Sála. Bíonn a leithéid ar ghualainn nó más cnoic. Tugtar **fornocht** ar chnoc beag den chineál sin mar Chnoc Fornocht in aice le Cathair na Mart. Tá sé lom. Tá Fornocht (:Fárnocht) ar chnoc beag eile in aice le Corr na Móna i nDúiche Sheoigheach.

Gráinseach atá ar charraig mhór a mbeadh cuid di sa talamh agus cuid di nach mbeadh, agus **molán** ar chloch mhór a bhíos os cionn na talún, mar mholán eibhir.

Béil-leac atá ar chloch nó carraig bheag atá ina seasamh sa talamh nó ag éirí aníos as. **Fuarcán**[48] atá ar chloch bhriosc a dhéanfaí de ghaineamh na trá agus a thitfeadh as a chéile dá gcaiteá uait í.

Screamh nó **screimh** atá ar an ngaineamh a bhíos ina leac chloiche. Crústa a chiallaíos screamh ó cheart. An té a bhíos ag iarraidh corrscilling a shaothrú nó a chur le chéile bíonn sé ag **screamhaireacht** scillinge.

Is ionann **brocach** sna cnoic agus ábhach isteach faoi na carraigeacha a bheadh ina áit chónaithe agus chodlata ag broc nó ag sionnach. **Nead** a thugtar ar an áit a gcodlaíonn an giorria, agus **coinicéar** a bhíos ag coiníní.

Maidir leis na gleannta, tugtar gleann nó glinn nó gleanntán sléibhe orthu agus **gabhal** na ngleann ar an gcuma a bhí orthu nó na **gabhla glinne**.

Scailp a thugtar sna cnoic ar uaimh[49] a bhféadfadh duine a dhul isteach ann. Bíonn scoilteadh go hiondúil sa gcarraig inti. **Uachais** ainm eile air. Deirtear **uamhchais** freisin: 'déanfaidh sé uamhchais isteach ann.' Is ionann é agus áit charta. Dhéanfadh muc nó madra uamhchais. **Uaimh thalún** nó uamhain talún atá ar oscailt faoin talamh sa talamh réidh nó sa talamh íochtair.

Argaint atá ar scailp[50] nó scoilteadh idir na carraigeacha in Árainn. Bíonn go leor éanacha fiáine ann. **Ábhach**: áit oscailte idir chlocha sa gcnoc nó sa bhfarraige; áit chónaithe ag ainmhithe nó iasc é.

Seo cineálacha cloch a fhaightear sna cnoic: cloch **lionsca** a scoilteas ina leaca tanaí. Cloch **rinsce**: cineál is caoile arís a scoilteas agus a bhfuil dath soilseach uirthi. **Cloch ghréine** atá ar chloch gheal, shoilseach. Tá **an chloch ghainimh** bog mar a bheadh cloch speile. Ar bhealach eile, is seanfhocal é 'chomh crua leis an **gcloch ghlas**', mar tá sí an-chrua. Bíonn dath dúghorm ar **chloch iarainn** agus í an-chrua ar fad. Tá eolas ag feara Fáil **ar chloch aoil** agus **cloch eibhir**. Bíonn slinn agus slinnte ina lán áiteacha. Ainmneacha eile gaing, cir,[51] etc. An charraig atá in íochtar faoin talamh sin í **an bhunleac**. Tá go leor den **chloch ghainimh** in aice leis an gCaoláire i gContae Mhaigh Eo agus i gContae na Gaillimhe, i.e. san Iomaire Rua. Dath dearg atá uirthi. Maidir le clocha bua, nó clocha luachmhara, féach RIA, 24 b 3, lch 105-9.

Nuair a leagtar nó a rothlaítear bollán mór cloiche ar a leithéid eile, déanann sí **brónfháscadh**[52] nó brú-fháscadh uirthi.

Tar éis báisteach mhór nó i ndiaidh aimsire seaca, cuid den talamh a bhíos ar thaobh cnoic, sciorrann sé le fána. **Briseadh** a thugtar air sin; briste ar chuid mhaith acu; **maidhm ghriain** nó **mam griain** a bhíodh ag na seandaoine air. Níl aon bhaint ag an mbriseadh seo le **briseadh talún**. Is ionann é sin agus comhrac aonair.

Is ionann **sciorrthaí**[53] agus na clocha agus an bruscar cloch a bhíos ag titim ina mbaogacha le fána as éadan aille agus a bhíos cruinnithe ag a bun.

Is ionann **tamhnach** nó **tamhnóg** agus talamh bán réidh sa gcnoc. Tamhnach shléibhe freisin a thugtar uirthi. Féach Cnoc na Tamhnaí Báine, i.e. cnoc beag in aice le Sraith Salach. Ón **tamhan**, i.e. sail, nó lorga an chrainn, is cosúil, a ainmníodh í. Is cosúil gurbh ionann i dtosach í agus réiteach i gcoill agus go mbíodh tamhain na gcrann caite uirthi. **Báinseach** nó **báinseog**, sin paiste de thalamh bán sa sliabh nó sa gcnoc.

Seanadh: Measaim gurb éard a chiallaíos sé seantalamh bán sa sliabh, i.e. talamh nár oibríodh. Deir daoine gurb ionann é agus áit ghrianmhar(?). Tá

Seanadh na Gréine i gConamara, agus bheadh an ghrian nó an deisiúr faoi dhó ansin.

Léana: Talamh íseal é agus é leath-thais agus féar glas ag fás air. Féar garbh nó múrluachair a bhíos scaití air. **Ceapach** nó ceap: talamh roinnte amach nó a bhfuil fál air le haghaidh curaíochta. Nó is geadán beag an ceap, mar cheap nó **láithreachán** plandaí.

Is ionann **riasc** agus stríoc nó talamh sléibhe a bhíos íseal. Drochthalamh é agus bíonn cíb agus mionfhraoch ag fás air. Is beag nach ionann é agus eanach. Deirtear faoi thalamh go bhfuil sé **riascach**, i.e. go bhfuil riasca glasa agus gorma ann mar an ronnach. Féach an Gort Riascach ar chúl Choill an tSiáin. Is ionann 'ar a **leathriasc'** agus leathardaithe aníos, nó ar a chorróg agus a leathuillinn, nó ina luí ar a shlis.

Eanach: talamh sléibhe a bhíos leathfhiuch a mbíonn fraoch, **mionfhraoch** (i.e. féar garbh) agus a leithéid ag fás air. D'fhéadfadh sé a bheith crochta ag bun cnoic, nó íseal.

Leitir: Sin drochthalamh sléibhe agus é fliuch.[54] Leiceann sléibhe a bhíos ann go hiondúil. Féach Leitir Móir, Leitir Mealláin, Dúleitir in aice le Loch na Fuaiche, etc.

Criathrach atá ar thalamh portaigh agus é a bheith bog, fliuch agus poill ann mar a bheadh criathar. Bíonn tortáin nó tuláin fhraoigh anonn is anall ann. **Cíbleach**: drochthalamh a mbíonn cíb ag fás air.

Moing: Sin talamh nó log fliuch a bhfuil uisce ag rith air go síor. Nuair a thosaíos sruthán ag rith tríd an moing gearrann sé clais, nó **feadán** tríthi, agus triomaíonn na bruacha agus an talamh ar gach aon taobh de bharr an ghainimh a bhíos ag teacht le fána. **Mongán** a thugtar ar an tsraith a dhéantar ar an gcuma sin. Is ón bhféar fada a bhíos i moing a thugtar an t-ainm uirthi: mong, moing, i.e. folt nó gruaig.

B'fhéidir nach ón sloinne (Mongán) a tugadh an t-ainm sin ar Chorr Uí Mhongáin in aice le Leitir Fraic, ach ón mongán seo. Féach 'seangán ón mongán'. **Bogach** atá ar thalamh portaigh a bhíos ríbhog nó fliuch. Féach:

B'fhearr liom acra den bhogach bháite
Atá idir Máimín agus Inis an Draighin.[55]

Is ionann **móin** agus talamh portaigh agus é fliuch, íseal, e.g. 'ba bána ar mhóinte fraoigh'. Tugtar **móinín** ar thalamh réasúnta maith i sliabh. Is ionann **scraith bhogáin** agus craiceann a bheadh in uachtar ar linn agus go mbeadh sé ag crith nó ag ardú agus ag ísliú faoi do chosa. Scraith ghlugair ainm eile air, agus tonn bhogáin a thugtar in áiteacha air. Is ionann tonn agus craiceann, mar deirtear 'tá tonn mhaith aoise aici.' Bíonn sórt craiceann freisin ar **chaochpholl** agus shiúlfá isteach ann i ngan fhios duit. Bliain a dtiocfadh triomach mór righneodh sé agus d'fhéadfadh duine siúl air. Is ionann **soich** agus áit bhog a mbíonn fíoruisce ag éirí nó ag freagairt aníos as an talamh. Is ar thalamh bán a bhíos sé. Is talamh fuar, fliuch, fíoruisciúil é an **sladar**. Talamh dóibiúil **an mhoirt**. Talamh a bheadh ina mhoirt bheadh sé fliuch i rith an gheimhridh agus chruafadh sé sa samhradh. **Seicne** a thugtar ar shraith de **dhóib** reoite nó uaireanta de ghaineamh stalctha. Féach screamh (lch 177).

Glaise: sruthán ag dul tríd an sliabh. Bíonn bruacha nó srathóga glasa ar gach aon taobh di. Féach an Ghlaise Rua, an Ghlaise Bhuí (ag dul isteach i Loch na Fuaiche) ag Seanadh Farracháin (Dúiche Sheoigheach).

Feadán: eisceadh nó gearradh, nó díoga sa sliabh, nó clais tríd an sliabh, nó ar thalamh íseal. Déanann abhainn feadáin, nó **caológa** tríd an talamh cothrom, nó déanann daoine é. **Eisceadh**: gearradh trí thalamh fliuch nó corrach. **Clais**, sin gearradh i dtalamh in áit ar bith mar chlais ghainimh, nó chlais fhataí.

Maidir leis an uisce a bhíos ag dul le fána, **abhainn** an rud is mó: féach **bun na haibhne**; bíonn **abha** agus **bun na habhann** freisin ann. Is ionann **scairbh** na habhann agus leaba na habhann, nó **áth** abhann. Graibhéal,[56] gairbhéal a bhíos sa scairbh. Tugtar, in áiteacha, **scaineamh**[57] ar áth abhann. Abhainn a mbíonn loch á biathú bíonn **broinne** mhór aici mar **mháthair**.

Má bhíonn aill nó ceann le fána mór in abhainn bíonn **eas** nó **easán** inti. An t-eas a bhíos i sruthán, **scairdeán** é. An poll ciúin a bhíos síos ón sruth, nó ón eas, **támhpholl** atá air nó **linn**. **Linn mharbh** atá ar an áit nach bhfuil an t-uisce ar éigean ag rith, nó a bhfuil sé ina sheasamh. Bíonn, ina theannta sin, **coire** beag ag bun gach easa nó easáin agus bíonn **coire tuaifill** nó saobhchoire an áit a mbíonn an t-uisce ag casadh, agus 'tibhe' nó log beag ina uachtar.

Sruthar na habhann, nó **gaiseadh srutha**, atá ar an gcuid den abhainn a bhíos ag rith go tréan. Tugtar an **sruth** freisin air. An áit in abhainn a mbíonn an sruth ag rith ar chlocha bíonn **cúr** ar uachtar an uisce. Má bhíonn roinnt báistí ann bíonn **scoth-thuile** nó **bogfhuarlach** san abhainn. Le lá mór báistí, bíonn **tuile** nó **fuarlach** inti.

Tuile liag an tuile is mó ar fad, an tuile a thugas bruacha agus clocha le fána agus a **sceitheas** isteach ar thalamh ar gach aon taobh. **Tuile shí** a deirtear léi nuair a bhíos sé ag báisteach go hard sna cnoic agus gan báisteach ar bith a bheith le feiceáil in íochtar ach é ina lá breá.

Srath nó **srathóg** an talamh glas cothrom a bhíos ar gach taobh den abhainn lena hais. Sceitheann an t-uisce isteach air, lá tuile. **Talamh fuadaithe** an talamh a d'fhágfadh an abhainn ina diaidh.

Bonnán a thugtar ar an gcuid den abhainn a shníos isteach i loch nó i bhfarraige. **Inbhear éisc** atá ar abhainn nó béal abhann atá go maith le haghaidh breac agus bradán.

Poll a thugtar ar linn chiúin, dhomhain san abhainn, an áit nach bhfuil aon titim le fána mórán ag an uisce. Is faide agus is éadroime go hiondúil an **linn** ná an poll. **Linntreoga** a bhíos ar an mbóthar. **Duibheagán** atá ar pholl an-domhain ar fad a mbíonn dath dubh ar an uisce ann. Bíonn duibheagán nó poll duibheagáin i bhfarraige nó i loch freisin.

I dteannta na n-aibhneacha, bíonn an **sruth** agus na **sruthanna**. Deirtear na **sruite** in áiteacha. Is lú an

sruthán ná an sruth. **Sreabhlán**[58] a thugtar ar shruthán beag a bhíos ag rith tríd an bhféar. Má théann sé síos sa talamh bíonn slogaide nó poll slogaide ann. Má ritheann sé i bhfad faoin talamh bíonn **súmaire** agus **uisce faoi thalamh** ann. Tugtar súmaire freisin ar dhuine a shlogas gach a bhfaigheann sé den ól. 'Nach é an t-uisce faoi thalamh é' a deirtear faoi dhrochdhuine dorcha. **Muinicín**: poll cruinn nó bolcán i dtalamh íseal.

Áit anseo agus ansiúd a bhfairsingíonn an sruthán amach, bíonn **scláidreán** nó **sladrán** ann agus gaineamh.

Sruthghaineamh a thugtar ar an ngaineamh a thugas an sruth le fána agus atá ina thalamh. **Gaineamh téaltaithe** atá ar ghaineamh a ritheas ó do chosa ar thrá na farraige, i.e. gaineamh 'beo'.

Turlach atá ar áit a mbíonn loch sa ngeimhreadh agus é tirim sa samhradh, nó talamh faoi uisce.

Bíonn **latarnach** agus **rud na habhann** ag fás san abhainn, an áit nach mbíonn an sruth an-tréan. Bíonn **glasarnacht** ag fás ansin freisin agus i dtoibreacha fíoruisce, agus **caonach mionnáin** ag fás ar chlocha a bhíos faoi uisce. Bíonn **bileoga báite** ag fás sna lochanna agus sna locháin.

12 An Teach agus a Ghnóthaí

'An fear a rinne an bád ní hé a rinne an teach' a deirtear, mar dhóigh de gur os a chionn[1] atá an díon sa teach agus gur fúithi atá an díon sa mbád. Tithe adhmaid is mó a bhíodh fadó in Éirinn agus ceann tuí orthu. **Ailtire** a thugtaí ar an bhfear a bhíodh á ndéanamh. Ceann slinne, is cosúil, a bhíodh ar thithe na ndaoine móra.

Caisleoir a thugtaí ar an bhfear a bhíodh ag déanamh na gcaisleán. Bhí sé i gceist gurb é an Gobán Saor[2] a rinne na túir chruinne, ach níl aon chruthú speisialta leis, agus nach pearsa scéalaíochta a bhí ann.[3]

Tá na tithe ceann tuí anois i ndáil le bheith imithe, agus tithe ceann slinne atá ina n-áit, sin, nó tithe a bhfuil ceann léibheannach orthu.

Tuíodóir a chuireadh tuí ar na tithe ceann tuí. Dhéantaí an tuí a cheangal le **scoilb** nó le **súgáin**. Bhíodh an tuí a bhí ar na tithe á fuadach in aimsir stoirme agus bhítí ag cur scolb inti. Sin é an fáth ar dúradh 'ní hé lá na gaoithe lá na scolb.' Tá sé ráite go raibh Colm de Bhailís uair ag cur scolb ina theach, an áit a raibh an díon á fhuadach lá gaoithe móire. Bhí an tAthair Máirtín Málóid (as an Éill) ag dul an bealach: 'ní hé lá na gaoithe lá na scolb, a Choilm' a dúirt sé leis. ''Sé lá é agus ní hé an lá dhá lorg' a dúirt Colm.[4] Ní bheidh aon chuimhne ar an seanrá sin nuair a bheas na tithe ceann tuí ar fad imithe.

Le teach a dhéanamh, leagtar amach **fotha**[5] an tí i dtosach. Gearrtar amach an **bonn**. Téitear go **grinneall** agus as sin go dtí an charraig, nó an **leac liath**, sula leagtar aon chloch. Is féidir teach a dhéanamh ar an **leac liath**, mar is geall le carraig nó leis an mbunleac í.

Leagann an saor cloiche **an chloch bhoinn**. An **tsraith bhoinn** an tsraith a leagtar le talamh. Déanann an saor clocha coirnéil a **cheapadh** (i.e. a chumadh) agus an **tsraith** nó an **cúrsa** a leagan dá réir, agus féadfaidh sé gach cloch a dhíriú amach le **breacaire**. Ardaíonn sé ansin é ó shraith go sraith go dtí an chéad **chloch sciatháin**, i.e. an chéad chloch a leagtar leis an mbinn a chaolú isteach. Leagtar na sraitheanna ón gcloch sciatháin go dté tú go dtí **an chloch phréacháin**. Is í an chloch phréacháin a chríoch.

Cuirtear **clocha ceangail** isteach leis an mballa a láidriú. Téann siad ó thaobh go taobh sa mballa. Cuirtear **caid** nó caideanna isteach le breith ar na **scartha** agus leis na **scáintí** nó na **siúntaí** a bhíos idir na clocha a bhriseadh. Nuair a fiafraíodh den Ghobán Saor cén chaoi ar éirigh leis a theach a dhéanamh chomh maith sin, 'chuir mé caid ar chaid agus caid os a gcionn' a dúirt sé. An **scair** atá ar an méid de chloch nó de chaid atá ag breith ar an gcloch atá fúithi, sin, nó an **greim**. Féach lch 103.

Clocha coirnéil atá ar na clocha a théas sna coirnéil taobh amuigh. **An chloch chúinne** a théas sa gcúinne taobh istigh. Cuirtear freisin **bástbhalla**[6] suas le balla eile a láidriú, má bhíonn call leis. Déantar a leithéid go minic in aice le doras agus déanann sé foscadh don doras.

Colainn an tí a dhéantar a chéaduair, i.e. **taobh-bhallaí** an tí agus an **dá bhinn**. Ansin ní mór frámaí na ndoirse agus na bhfuinneog a chur isteach. **Giall** an dorais atá ar an éadan a chuirtear le fráma an dorais; giall na fuinneoige, ar an gcuma chéanna, ar éadan na fuinneoige. An **fardoras** atá ar an maide atá os cionn an dorais. An **lindéar** atá ar an gcloch atá os a chionn. **Clocha géill** a théas i ngiall an dorais. **An chomhla** an chuid den doras a dhúnas agus a osclaíos, i.e. an t-adhmad. Bíonn comhla freisin ar almóir. Ní mór do bhalla tí a bheith chomh díreach le **colg**.

Nuair a bhítear ag déanamh an tí, is iondúil gur ar a **socraíocht** a chuirtear go leor de na clocha isteach.

Cuirtear cloch ar a **heochair**, nó ar a **biseach**, má bhíonn **éadan** feiliúnach uirthi ar an taobh sin di leis an mballa a thógáil. 'Cuir ar a heochair í' a déarfá. Cuirtear **spallaí** idir na clocha lena gcoinneáil staidéarach. Mura g**cuirtear** na clocha i gceart tarraingíonn siad isteach an braon agus bíonn fraighfhliuchras nó taiseachan nó taisfhliuchras ar na ballaí.

An **tairseach** a bhíos in íochtar an dorais; **leac na tairsí** atá ar an gcloch a théas ansin, sin nó leac an dorais. Is iad **ursainneacha** an dorais na maidí ar gach aon taobh. **Foracás** na fuinneoige an leac a bhíos in íochtar na fuinneoige taobh amuigh leis an mbraon a ligean anuas. Cuirtear urchomhlaí ar na fuinneoga taobh amuigh, go mór mór fuinneoga siopa.

Bíonn **maide Éamainn** trasna ar chúl an dorais taobh istigh lena choinneáil dúnta. Is féidir doras **an fhoscaidh** a fhágáil oscailte, ach an doras a bhíos ar thaobh na gaoithe, fágtar dúnta é – sin é an **doras iata**.[7]

Déantar seomra, nó leathsheomra le haghaidh leapa amach as an gcisteanach. Sin í **an chailleach**, mar bíonn caille nó cuirtíní taobh amuigh uirthi. Má dhéantar seomra nó dhó amach as an gcisteanach, is **cúlteach** é. Airphortach nó urdhomhán a thugtaí fadó ar an bpóirse a bhíodh os comhair an dorais.

Nuair a bhíos an foirgneamh réidh go dtí an t-adhmad, cuirtear an t-adhmad suas. Nuair atá an t-adhmad agus an **tslinn** nó na **sclátaí** air, tá an **ceann** ar an teach.

Cuirtear **maide mullaigh**[8] ó bhinn go binn. Cuirtear na **cúplaí** isteach. An dá **rachta** agus an **maide trasna**, nó an **maide ceangail**, i.e. an boimbéal, sin cúpla nó **gabhal**. Teach nach bhfuil aon bhinn air, **gabhal éadain** a chuirtear isteach ann. Teach **maolbheannach** é sin. Cuirtear na **taobháin** os cionn na rachtaí agus iad sínte orthu ar fhad an tí. Na lataí éadroma a bhíos os cionn na dtaobhán, suas agus anuas, sin é an **caolach**. **Simléar caolach** a thugtar in áiteacha[9] (Cois Fharraige) ar shimléar ar bith atá déanta de shlata agus de dhriseacha, etc. **Simléar crannaí**, nó **crannaíl** a bhíos in áiteacha eile air.

Fraitheacha an tí a thugtar ar adhmad an tí uilig. Tugann daoine caolach[10] ar adhmad an tí ar fad, ach ní hé is cóir. 'Níl sé faoi fhraitheacha an tí' a deirtear go minic. **Scraitheacha** agus **díon**, i.e. tuí a chuirtí ar na tithe fadó. **Círín** an tí, nó **cíor** atá ar an bhfíorbharr. An **bunsop** atá ar íochtar an dín. Ina **stráicí** a chuirtear suas é.

Le súgáin agus buaracha a cheanglaítear an tuí in áiteacha. **Mogaill** atá ar an áit a dtrasnaíonn siad a chéile. In áiteacha eile, **scolb i bhfolach** a chuirtear isteach. Fuann siad na stráicí le snáthaid iarainn a bhíos acu le haghaidh na hócáide. Tuairim is dhá throigh ar fad a bhíos sí agus cró, nó súil, inti. Le téad barraigh a fhuaitear iad. An áit a bhfuil na scoilb ag trasnú a chéile taobh amuigh in aice le círín (cíor) an tí, sin iad na **baibíní**. Is iad a dhéanas an chíor.

An áit a bhfuil teach mór agus foirgeanta thart air, idir sciobóil agus eile, sin **cathair**. Cathair oireachais Éireann, i.e. an phríomhchathair, a thugtaí ar Theamhair. **Bábhún** a thugas muintir Mhionlaigh ar Choláiste na Gaillimhe, mar tá déanamh caisleáin nó balla cosanta air, mar a déarfadh duine, 'bábhún Luimnigh', i.e. ballaí cogaidh Luimnigh.

Práca nó **bráicín** a thugtar ar dhrochtheach, nó teach a bhfuil drochdhíon air. Theastódh **prácáil** éigin a chur air, a déarfaí, i.e. feabhas de chineál éigin.

Siúinéireacht: seo í an uirnis[11] a bhíodh ag an siúinéir: an **casúr**, an **siséal**, an **tua**. Is í an **tsáfach** cos na tua. An **tsámhach** atá in áiteacha uirthi; támhach, freisin, a thugtar ar chois an tsleáin. Sa gcró nó sa tsúil a chuirtear an tsáfach sa tua.

Riail a bhíos ag siúinéir le tomhas a dhéanamh, agus **bacart** leis an líne a dhéanamh trasna an chláir. Mar a dúirt an Seoigheach:

Níl orlach bacairt ionam slán.[12]

i.e. orlach 'cearnach'. Ag an gcúipéir is mó a bhíos an **tál** ag obair. Bíonn **scian fhonsaí** freisin aige, nuair is fonsaí adhmaid a bhíos aige. Bíonn **iarann feirthe** aige, ina theannta sin, le feire a dhéanamh le háit na tóna a ghearradh sa mbairille. **Canda** a thugtar ar chlár aonraic[13] an bhairille. **Ruibh** an áit a ghearrtar ar thóin an bhairille leis na maidí a chur síos ann. Is ionann feire agus gearradh ar dhéanamh **v**.

An **toireasc** nó an **trosc** a bhíos acu leis an adhmad a ghearradh. Sin é an seanainm a bhí ar an **sábh**. **Cáithín sáibh** an dusta nó an deannach a thagas leis an sábh, nó an toireasc. **Min sáibh** nó **mionrabh** ainmneacha eile air. **Gírle (má) guairle** an dusta a thagas nuair a bheifeá ag tolladh leis an tarathar nó an trathair. **Poll tarathair**[14] atá ar an bpoll a dhéanas sí. **Bachlóg** an rud atá ar a barr, nó **barlóg**. Na **sciatháin** an chuid atá isteach ón mbachlóg.

'Tá Johnny ina nead lachan agus a mhéar i bpoll trathar' a dúirt Seán Mac Ghiobúin nuair a rinneadh brath air[15] tar éis bhliain na bhFrancach. Bhaineadar na piléir as a chuid piostal agus chuireadar uisce iontu.

Bíonn **gimléad** ag obair ag an siúinéir le poll is lú ná sin a dhéanamh. **Meana** a bhíos aige le poll a dhéanamh d'áit scriú nó tairne; meana sáite an meana cruinn.

Bíonn **bís** aige leis an gclár nó an maide a choinneáil i bhfostú ann má bhíonn sé á dhaingniú, á ghearradh, nó ag déanamh **moirtísí** ann, nó rud ar bith dá shórt. **Dual** an giota beag de mhaide a théas sa bpoll cruinn le dhá chlár a shnaidhmeadh ina chéile. **Teanga** a théas sa moirtís. Nuair a bhítí ag cur faircle nó claibín ar an gcófra, ní insí a chuirtí air ná bacáin, ach **caincín** ar a dhá choirnéal, i.e. maide cruinn ag dul trí pholl.

Cuireann an siúinéir cosa an bhoird le chéile le ráillí agus moirtísí agus cláir agus cuireann sé **duilleog** nó **clár** an bhoird os a gcionn anuas. Maidir le **cosa**, etc., bíonn cos na cathaoireach ann, agus cos nó sáfach an tsleáin, **feac** na láí agus **lorga** agus **bróigín** na láí, **crann** na speile, agus **anlaí** an chéachta, agus **loistín** an phota, i.e. an chluas. Is cosúil gur **stua** a bhí sa síothal nó sa mbuicéad.[16] **Urlann** a bhíodh sa tsleá sa tSean-Ghaeilge, mar a bhí ráite i mbás Chonnla:[17]

Nuair a chaithinn an tsleá go crua, teann,
Is fuar, fann a chaiteá í agus í ag titim i ndiaidh a hurlainne.

Ansin tá an plána:[18] **lann** an phlána a dhéanas an glanadh, agus baineann sí **slis** nó **slisneach** den adhmad:

An áit an snoitear an crann,
Is ann a bhíos a shlisneach.[19]

atá ráite sa seanduan. Ach is í an tua a bhí i gceist ansin leis an snoí a dhéanamh, agus baineann sise freisin slis amach. Bhíodh **plána múnlaithe** acu a dtugaidís **ubh chirce** air. Bíonn leicneán nó ding leis an lann a dhaingniú sa bplána. An giota beag den adhmad a théas faoi d'ionga, sin **fleasc**.

Bhí a cheird féin ag an **deileadóir**. Bhí **deil** aige agus **dheilfeadh** sé maide duit. An té a bhíos ag síorchaint ar an rud céanna, **deilín** a bhíos ar bun aige nó **seamsán**.

Seo cuid de na hadhmaid a bhíodh acu: péine bhán, péine dhearg,[20] péine bhuí, déil dhearg, fuinseog, dair, giúis nó giúsach, giúsach ghallda,[21] leamhán, beith, caorthann, seiceamar, cuileann, coll, crann críothain, sceach gheal, draighean, draighneán, feoras, cnó capaill, cnó gallda, abhaill nó crann úll, nó abhaillteoir, fáibhile, maide dubh (= dair dhubh), etc.

'Is ding de féin a scoilteas an leamhán'[22] a deirtear. An t-adhmad a bhíos amuigh faoin mbáisteach, lobhann sé. **Críonlobhadh** a tharlaíos dó taobh istigh, nuair a bhíos na giúróga á tholladh.

Maidir le siúinéireacht an tí taobh istigh, bíonn **spiara** nó an **balla trasna** idir na seomraí. Fraigh a bhí ar bhalla den tsórt sin sa tseanaimsir. 'Ní luaithe craiceann na seanchaorach ar an bhfraigh ná craiceann na caorach óige'[23] atá ráite sa seanfhocal.

Giarsa a bhíos ann leis an urlár a choinneáil suas. **Sail**, saltracha, a théas trasna leis an **teach bairr** a choinneáil

suas agus bíonn an **staighre** ag dul suas go dtí é. Dhá
stór ar airde a bhíos teach den tsórt sin. 'Gustal' a thug
an Caisideach Bán[24] ar 'stór' má chuir sé síos an focal i
gceart. In áiteacha eile, is é an chaoi a ndeirtear é go
mbíonn an teach dhá urlár, trí urlár, etc. ar airde. Bíonn
liastaí agus **leacairí** nó **cúlmhaidí** ar chúl doirse.

Tugtar **gabhal éadain** ar theach nach bhfuil aon bhinn
air. Gabhal éadain freisin a thugtar ar an ngabhal, nó an
cúpla is gaire don bhinn. 'Má théann na boicht go
hursainn gabhfaidh siad go gabhal éadain'[25] atá ráite.
Nuair a deirtear go bhfuil teach lán 'go farrabachall', is
cosúil gur lota(?) nó **cúl-lota** beag os cionn na tine a bhíos
i gceist.

Maide an tsimléir atá ar an maide a théas trasna os
cionn an tsimléir sna tithe tíre. Áit suite le hais na tine an
bac. Is é an **tinteán** áit na tine. Is ionann **fadús** agus áit a
bheadh i seomra le haghaidh tine, nó áit **fadaithe.** Bíonn
an **teallach** lena ais. Le **tlú** a chuirtear tine síos. Déantar
í a **choigilt** gach oíche, agus a **fhadú** gach maidin. **Dhá
bhreanglán** a bhíos ar an tlú agus **bos** ar gach breanglán.
Béalóg a bhíos ar an teanchair.

Brothlacháin is mó a bhíos i dtithe an bhaile mhóir, ach
teallach béaloscailte a bhíos sna tithe faoin tuath, an áit a
mbíonn móin á dó. Is é an chaoi a gcrochtar an pota i
dteallach den tsórt sin le lúb as an **gcrochadh** (croch). Is
féidir an crochadh a chasadh isteach agus amach. Bíonn
splancacha sa tine agus nuair a bhíos siad ionann is a
bheith dóite, ní bhíonn fágtha ach **an ghríosach,** na
sméaróidí agus an **luaith.** Bíonn sméaróidí dearga ann
agus sméaróidí dubha, i.e. an chuid a bhíos as. Bíonn
dealáin agus **aithinní** ag éirí as maidí nó míotháin nó
cipíní a bhíos á ndó ar an tine.

Seomra fada fairsing a bhíos sa **gcisteanach** sna tithe
tíre, mar is inti is mó a dhéantar obair an tí idir níochán
agus fuint cácaí, bácáil agus bruith agus róstadh agus
réiteach bia. Ní mór áit a bheith inti le haghaidh potaí
agus gléasanna cócaireachta agus neasa[26] eile. Ní mór
drisiúr agus bord (nó boird) a bheith inti le plátaí, miasa,

sceana, beannacha, gréithe, cupáin, etc. a leagan orthu, nó a chur i dtaisce iontu. Bíonn cnóirí i dtithe le bheith ag **meilt cnó**.

Bíonn **loistín** ar gach aon taobh ar an bpota leis an lúb a chur isteach ann, mar a bhíos lámh ar an gcupán. **Cluas** nó **caincín** an phota a thugtar freisin air. Cluasa, ina cheann sin, a fhágtar ar phael. **Coire** a thugtar ar phota mór le haghaidh dathúcháin, nó le feoil a bhruith, an áit a mbeadh bainis nó a leithéid. Bhíodh **oigheann mór** le haghaidh na hócáide freisin.

Ar **losaid**[27] a dhéantar an cáca a fhuint. Nuair a bhíos an plúr agus an bainne, bainne géar, nó bláthach, nó gabháil, ar fad fuinte trína chéile, sin **taos**. 'D'fhuin sí cáca' a déarfá, agus 'is furasta fuint in aice na mine.' Tá an focal céanna i 'móin fhuinte'.[28] Ní bhíodh aon mheas ar 'an gcáca leathan gan mórán taois ann'. **Oigheann** nó **bácús** a bhíos le cáca a bhácáil. Friochtán a bhí ann le feoil a fhriochadh. Bhíodh grideall freisin le haghaidh na hócáide. Thugtaí potaí leathan freisin ar phota na gcácaí. An **claibín** nó an **clúdú** (i.e. an faircle) a bhíos os cionn an cháca. **Leac an phota** a thugadh na seandaoine air. Is ionann **scilléad** agus pota beag.

Cuirtear **gabháil** (:góil) trí cháca nó builín (bairín) lena ardú. Timpeall is dhá scór bliain ó shin bhí sórt gabháil ag imeacht sa tír a dtugaidís 'an tsióg' uirthi. **Bairín breac** a bhíodh ar an gcáca a mbíodh rísíní agus curansaí ann. Déantar cácaí milse eile ina cheann sin, agus is fonn le malraigh a bheith á **scealpadh** má fhaigheann siad an deis.

Min choirce, min chaiscín agus **plúr geal** a bhíodh mar ábhar cáca. Tugtar caiscín freisin ar an min choirce. 'An fotha is faide ón mbróin agus bainne na bó a rug anuraidh'[29] – deir siad gurb in é an bheatha is fearr.

Ní bhíodh le déanamh leis an min choirce ach an cáca a fhuint as an uisce. Chuirtí beagán plúir tríd lena dhéanamh greamaitheach, sin nó uisce te. Ansin chuirtí an cáca ina sheasamh le **crannán**, i.e. sórt fráma i bhfianaise na tine, agus a bheith á **bharriontú** leis an tine go mbeadh sé bácáilte. **Róistín** an gléas a bhíos acu le feoil a róstadh, agus **grideall**[30] a bhíodh ann le roinnt bácála a dhéanamh.

Bhí cineál ruda, fadó, ann in áit ime a dtugaidís **buíoc** air, mar a bhí ráite sa duan 'i bhfad ón ngréin is maith é an buíoc.' Tá sé i gceist gur de gheir nó saill agus cnónna a dhéanaidís é.[31]

Dhéantaí **maistreadh** i **gcuinneog**[32] a gcuirtear an t-**uachtar** isteach inti agus **loine** lena **bhualadh**. Chuideodh an teas leis an maistreadh a dhéanamh. Sin é an fáth a gcuirtí na splancacha faoin gcuinneog agus ní le piseoga. Nuair a bhíos an t-im cruinnithe ar uachtar an bhainne, tógtar as an mbláthach é agus déantar **meascán** de nó prionta. 'Nár thaga súiche ar do loine mura ndéantá ach **gogán** sa tseachtain',[33] i.e. meascán – sin seanfhocal a bhíodh i gContae Shligigh acu. An **caisín** a thugtar ar an gcuid uachtair den chuinneog. Ní mór don chuinneog agus gach uile bhlas d'intreabh na cisteanaí agus an tí a bheith sciúrtha, glan, geal, gléigeal. Teach **iarmhaiseach**, i.e. deisiúil agus gach uile shórt a bheith ina áit féin, agus teach **stráiciúil**, an teach nach bhfuil, nó teach a bhíos ina cheamach nó ina chontum. Teach a fhágtar aon achar gan glanadh bíonn **téadra damhán alla** nó **cailimhineoga** ag cruinniú ann, agus bíonn sé 'broghach, brocach'. Teach cuimseartha **giogáilte**, teach glan.

Maidir le huisce, bíonn uisce fuar ann, uisce bog, i.e. teas beag a bheith ann, uisce **alabhog,** uisce meath-the, uisce te, uisce bruite. Nuair a thosaíos na **plubóga** ag tíocht ar an uisce bíonn sé ag **fiuchadh**. Nuair a bhíos beagán beag teasa i rud bíonn sé **i dteas** bhainne na bó agat.

Rud is maith leat a bhruith go mall, tugann tú **mallbhruith** dó, nó fágann tú faoi mhallbhruith é. Dá mbeadh rud a gheobhadh an iomarca den bhruith bheadh na **fiuchta fionna** bainte as. Nuair a bhíos rud ag tosú ag bruith, bíonn an t-uisce ag geonaíl.

Nuair a bhíos fataí tirime ann sceitheann siad sula mbí
siad bruite i gceart. I gcás den tsórt sin, bíonn siad ag
gáirí, nuair a bhíos a gcraicne, nó a seithí briste.
Déantar na fataí a sheithiú ansin, nó a lomairt, i.e. na
craicne a bhaint díobh. Fataí nach mbíonn bruite sách
maith bíonn siad **cnagbhruite** agus bíonn **gealach** istigh
iontu, i.e. spota bán ina lár. An poll a bhíos i lár an fhata
mhóir, sin é an **cuasán**. Fata a bhfuil craiceann maith
taobh amuigh air agus é lofa taobh istigh tá sé **fabhtach**.
Nuair a bhíos fataí tamall ag fuarú, níos fuaire ná mar ba
cheart, bíonn siad **patuar**.

Fata **carrach** fata a dtagann sórt meirg ar a chraiceann
taobh amuigh. Bíonn sé slán taobh istigh. Fata **piorra** fata
lofa i ndiaidh seaca. Fata **spaga** fata a bhíos dóite ag an
sioc, nó fata **seaca**. Fataí gréine, nó fataí dó gréine, fataí a
bhíos dóite ag an ngrian. Bíonn fata breaclofa, nó
boglofa, nó crualofa ann freisin. Bíonn fataí gréine ar na
gais.

Nuair a bhíos go leor éadaí á **ní** i dteach, bítear 'ag
níochán ann'. 'Déanfaidh tú iad seo a ní', nó 'déanfaidh
tú iad a **shruthlú** ar an uisce', a déarfá freisin. Déantar an
t-éadach a shruthlú ar an uisce leis an ngallaoireach a
bhaint as.

Cuirtear na héadaí ar **bogadh** i dtosach agus cuirtear
eadarthráth nó dhá eadarthráth, nó dhá dhreas gallaoir-
each orthu. Uanfach a thugtaí ar an gcúr a thagadh ar
uisce, nó ar ghallaoireach agus uisce. **Susta** atá anois air.
Sciúrtar éadaí agus baintear an susta astu, i.e. an
ghallaoireach shalach.

Ansin déantar iad a shruthlú ar an uisce, nó tugtar go
dtí an abhainn iad agus tugtar lascadh den t**slis** dóibh.
Rinne Ó Callanáin, file, amhrán don tslis.[34] An níochán a
dhéantar go deifreach Dé Sathairn, '**boislín** broghach
(i.e. salach) an tSathairn' a thugtar air. Is ionann **bosla**,
boslach, agus mám nó ladhar, e.g. naoi mbosla de
ghaineamh mín na trá.

Tar éis na héadaí a shruthlú ar an uisce, déantar iad a
fháscadh. Ansin scartar ar an **tuar** iad, agus fágtar ansin

ag **tuaradh** iad go ngeala siad. 'Is breá an tuar atá amuigh aici' a déarfadh bean eile.

Sindile[35] a bhíodh acu ag corraí an phota leite. 'Chaith sí síos sa meadair mhantaigh é agus chas sí an sindile santach ann' a bhíodh ráite sna seanscéalta. Bíonn an sindile cruinn ina íochtar agus ag caolú isteach go dtí áit na láimhe.[36]

Farcha[37] nó farchán a bhí ar ghléas le múirín a bhriseadh le cur trí aoileach le haghaidh leasaithe. Bhí cos fhada sa bhfarcha. **Máilléad** a bhíos acu ag bualadh isteach scolb.

Nuair a bhíos na héadaí tirim, cuirtear i dtairneán nó in almóir iad. **Tagann faoi** na héadaí olla, nó éiríonn siad tais má fhágtar i bhfad in almóir gan aeráil iad. Má chuirtear isteach fliuch iad tagann **grán dubh** orthu mar a thagas **caonach liath** ar bhróga, nó leathar fliuch nó tais. **Glasar**[38] a thagas ar umha, nó prás.

Maidir le **dathú olla**, bhíodh **scraith chloch, mádar, plúirín** agus fraoch le haghaidh an **dathúcháin**. Dathaíonn siad freisin le **copóg shráide**. Tugann sí dath an éin ghé don olann. Dath donn a thugas an scraith chloch di. Cuireann siad **ailím** isteach le hí a **ruamadh** i dtosach. Coinneoidh sé ó theilgean í. Bhíodh freisin **dúch** as portaigh le haghaidh dathúcháin. Bíonn ola os a chionn san áit a mbíonn sé. Tá dath san **airgead luachra** freisin agus ina lán luibheanna eile, is cosúil.

Bhíodh raithneach acu leis an líon a ghealadh. Bhíodh an-díol ar an raithneach an uair sin, agus airgead á dhéanamh uirthi. 'Hurú le raithnigh, is mairg nach mbainfeadh í'[39] a dúirt cailleach Mhám Trasna nuair a bhíodh sí ag déanamh airgid ar dhíol na raithní. Bhainidís stailc freisin aisti.

Ní bhíodh mórán troscáin sna tithe tíre fadó ach leapacha, boird is cathaoireacha is binsí. Cófra agus almóir[40] a bhíodh acu le rudaí a chur i dtaisce iontu, agus seo iad a bhí sna ríochtaí eile freisin san am. Bíonn **drisiúr**, nó **colabhar**[41] le soithí nó leabhair a leagan orthu. Rudaí nua-aimseartha maidir leis an tír na cathaoireacha sócúlacha agus an tolg a bhíos i bparlús, agus an bord gléasta i seomra codlata nó an scáthánbhord. *Intreb*[42] a bhí sa tSean-Ghaeilge ar ghléas an tí ar fad idir throscán, soithí, gréithe, sceana, beannacha, potaí, túláin, miasa, coirí, oighinn, scátháin agus neasa, nó rudaí áirgiúla eile. Bhíodh **cam** agus **slige** acu le luaidhe a leá iontu nuair a bhítí ag cur cosa i bpotaí, etc. **Bord éadain** an bord a bhíos le balla. Bíonn doirteal i gcoirnéal na cisteanaí i dtithe baile mhóir le soithí a níochán ann.

Leaba ard an leaba atá crochta go maith ón urlár. Ba é an **seol** fráma na leapa agus an cnaiste[43] clár den fhráma. Leaba chodlata an t-iomlán, i.e. leaba chlúmhach nó eile.

Seoltán a bhí ar leaba bheag mar a bheadh leaba nó cliabhán páiste. **Leaba shráideog** a bhí ar leaba a dhéanfaí ar chathaoireacha, ar tholg nó ar an urlár dá mbeadh ganntan leapacha ann nuair a thiocfadh strainséir. Bhíodh mata tuí[44] faoin leaba chlúmhach, agus **braillín, pluideanna, súsa** agus **cuilt** nó breacán os a cionn. Nuair atá an leaba feistithe mar is cóir, tá sí **cóirithe**. Mura mbeadh neart éadaí leapa ag duine **thairis** sa ngeimhreadh bheadh sé préachta. Ar **cheannadhairt** na leapa nó piliúr a leagas duine a chloigeann nuair a théas sé a chodladh.

Cáiteoga a bhíodh ar an urlár mar thaipéis nó **éadach urláir,** agus **scaraoidí,** i.e. éadach cláir ar na boird. Déantar an bord a **leagan,** i.e. scaraoid, soithí, sceana, etc. a leagan air.

Trinsiúr a thugadh na seandaoine ar phláta agus ceirnín a bhí air sa seansaol uilig. Is cosúil gur cuma chearnach a bhí air. **Gréithe** a bhíos sna soithí, nó poirceallán.

Maidir le rónóg fiacal agus rónóg bhearrtha, rudaí nua-aimseartha atá iontu. Ach tá an scáthán agus an rásúr (an altain) ann le fada riamh.

Bhíodh tóir mhór ag Gaeil na seanaimsire ar fholcadh agus fothragadh, agus tá fós, ach is rud nua-aimseartha an foilcsheomra. Bhíodh **tithe allais**[45] acu sa tseanaimsir le hallas a bhaint astu.

Níor fhan mórán de na seanainmneacha a bhí ar na soithí beo sa Nua-Ghaeilge. Bhíodh 'gloine ar an mbord agus cnagaire'[46] le haghaidh óil. Sórt crúsca, nó eascra mór a bhí sa gcnagaire. Ní raibh aon soitheach ag teastáil ó Raiftearaí ach an chuid seo nuair a bhí sé ag ól:

Bhí an cárt ar an rasta agus cos ins an mbairille,
An ghloine ar an gclár agus bean an tí ag riar,
Níor airíomar tada, bhí an t-earra chomh breá sin,
Gur éalaigh an lá orainn isteach is an ghrian.[47]

Nuair a bhíos an soitheach lán, is í an **éadáil** an méid a bhíos istigh ann. Má bhíonn an soitheach ag **ligean tríd**, ritheann an éadáil amach as. Má bhíonn poll ar bhád, is ag **ligean isteach** a bhíos sí. Má chuirtear an iomarca uisce i soitheach bíonn sé ag **cur thar maoil**. Cuirtear **maoil** freisin ar chliabh fataí nó cliabh móna.

Seo cuid eile de na **soithí** a bhfuil trácht orthu sa tSean-Ghaeilge: *ian, éna*:[48] soitheach fíona mar shórt muga. *Cuach*: mar a bheadh cupán nó gloine leathan. *Corn*: is cosúil gur soitheach adhairce a bhí i gceist i dtosach leis. *Cúad*: sórt cupán. *Cingit*: cineál coirn nó cupáin. *Escop*:[49] sort miosúr le haghaidh fíona. *Escand*: soitheach le huisce a thaoscadh. *Escra*: corn nó cupán le haghaidh fíon a ól nó a roinnt. Bhí cos aisti. *Cilorn*: soitheach nó buicéad le haghaidh uisce. *Bleide*: cupán le haghaidh fíona nó leanna. Bhí sé béalfhairsing.[50] *Muide*: cuinneog nó a leithéid. *Derb*: pael nó cuinneog. *Folderb*, soitheach is lú ná sin. *Rúsc*: soitheach mór le haghaidh ime. *Síthal*: tá an focal **síothlán** sa Nua-Ghaeilge. B'ionann síothal agus sórt pael nó buicéad. Leis an síothlán a dhéantar bainne a **shíothlú**. Nuair a fháisctear an sú as rud a bhruitear, is é a **scagadh** a dhéantar. *Milan*:[51] sórt canna. *Stúagach*[52] a bhí ar shoitheach a raibh stua nó lúb as, i.e. sórt buicéad. *Drolmach* a bhí ar shórt tobán.[53] *Masal*,[54] sórt cuach nó scála le haghaidh óil. D'fhág sin go mbíodh soithí, cuid mhaith, acu.

Níor mhór do bhean mhaith tí a dhul i mbun a gnó go **barainneach** mar is 'i dtús an mhála atá an tíos a dhéanamh.'[55] Ní fhágfadh sin nach mbeadh **an fhéile** agus an **córtas** inti mar 'ní dheachaigh fial go hifreann.'[56] Bhí an fhéile oibleagáideach de réir an dlí, de réir mar atá tugtha síos sa bhFéineachas.[57] Bhí tithe féile timpeall na tíre beagnach go dtí lenár linn féin.

An té a thugas bia maith agus neart de dá shearbh-óntaí agus dá lucht oibre agus do mhuintir a thí, is **biatach** maith é. 'Tá sé de cháil ort, bail ó Dhia ort, gur biatach maith thú' a déarfaí leat.

Maidir leis an mbia, **beatha** atá air go mbí sé i riocht a ite. ''Bhfuil aon bheatha istigh?', i.e. feoil, arán, tae, siúcra, etc. 'Is maith an bia an chaora dhubh', i.e. nuair atá sí bruite.

Bia rí ruacain,
Bia tuata bairnigh,
Bia caillí faochain
Agus í dhá bpiocadh lena snáthaid.[58]

Maidir leis an bhfeoil, is í an **tairteoil** an fheoil chrua nó dhearg. **Saill** an fheoil bhán. Bíonn **geir** sa gcaora, **blonag** sa muc agus **saill** sa mart. Muiceoil, mairteoil agus laofheoil, feoil sicíní, etc., na feolta is mó a thagas i gceist, sin agus feoil choinín agus **anraith** giorria. Má bhíonn an iomarca saille sa bhfeoil bíonn go leor **súilíní** ar an **anraith**.

Iasc agus oiseoil agus saill bhroic,
Ba hí mo chuid i nGleann dá Lao.[59]

Bhíodh broic mhuice ann agus broic mhadra. Itear na broic mhuice ach ní itear na broic mhadra. Nuair a mharaítear muc déantar í a **scóladh** le huisce bruite agus an fionnadh (:fionnach) a bhaint di le sceana.

Ansin gearrtar ina píosaí í agus **sailltear** í, i.e. salann a chur uirthi, i.e. í a chur sa salann. Nuair a thógtar as an **sáile** í agus nuair a bhíos sí tamall crochta, bíonn sí ina **bagún**. Glantar na putóga agus cuirtear mionfheoil, rís, min choirce nó a leithéidí isteach iontu agus déantar **ispíní** díobh. **Búiste** a chuirtear isteach sa ngé nó sa lacha nó sa gcoileach Francach a bhíos á róstadh. Is féidir feoil ar bith a shailleadh ach amháin nach sailltear giorria mar níl aon mhaith sa **ngiorria goirt**.

Maidir le hiasc[60] agus ealta, i.e. éanacha, a itear, féach 'Bainis Pheige Ní Eaghra'.[61] Bhíodh langa is trosc is scolabard Francach acu, bhíodh breac is bradán, ronnach, scadán, bran is ballach, cnúdán dearg 'mar chúnamh 'un an fhéasta'. Bhíodh 'turbard, fliúc is sól (leatha bhuí), leathóga, gliomach múrach is portán mór' acu. Bhíodh fia mór beannach, broc an ghleanna sin is an eilit mhaol acu, uan agus luán, gabhar agus meannán. Bhíodh 'naosc is feadóg, mias mhaith druideog, creabhar caoch is céirseach, cúpla colm bheas ina gcolainn sin is an bonnán léana', 'lon dubh gallda, crotach ramhar, patraí uisce', [...] 'lacha is bardal, gé is gandal', etc. Is é an **luán** an t-uan nó an meannán atá ramhar mar an **lao biata**, e.g. 'tá sé ina luán, tá sé chomh ramhar sin.'

Bia nuaí an bia nach gcleachtann tú go minic. 'Is mór an bia nuaí dhúinn é' a deirtear, agus go mbíonn 'saine bia ag lucht saibhris'. Nuair a fheiceas duine bia nua, go háirithe, má bhíonn confadh ocrais air, bíonn a **shúile ar leá** chuige.

Bíonn cuid den bhia **oiltiúil**, i.e. nach bhfuil éasca ar a ithe. Duine a bhíos **éisealach** ní íosfadh sé é. Glacann sé **col** leis. Thiocfaidh sé ina aghaidh, nó chuirfeadh sé glonn air, nó tolgadh múisce.

Bia den tsórt sin nach réitíonn le duine bíonn sé **tromchroíoch**, i.e. 'trom ar an gcroí', nó ar an ngoile. Dá n-iteá rud le cois de, luífeadh sé ort. 'Níl rud ar bith chomh croíúil leis an tae' a deirtear.

Ní bhíonn aon **chothú**, ná mórán, i gcuid den bhia mar chabáiste, siúcra, etc. Duine a bhfuil tóir ar bhianna milse aige, is duine **beadaí** é.

An té a itheas cuid mhaith bíonn **goile** maith aige. Itheann a leithéid **foracan** maith nó **muinis** mhaith. Duine nach n-íosfadh mórán, 'is beag an fhoghail a rinne tú' a déarfá leis. Duine nach n-itheann mórán is nach n-ólann mórán is duine **féata**[62] é. Nuair nach mbíonn duine in ann mórán a ithe ní bhíonn aon **tothlú** aige leis an mbia. Duine a itheas go leor, itheann sé an tsáith Mhuimhneach, cé ar bith céard é. Is cosúil go mbíonn goile géar aige agus **ídiú** na beatha ann. **Craosaire** an duine a itheas an iomarca.

Seo bianna eile a réitítear agus a itear: brachán, leite, cáfraith, anraith, gríscín nó gríscíní, crúibíní muice nó caorach. Nuair a bhruitear muineál agus eagán agus aebha agus sciatháin na gé i gcuideachta, sin é **an ghé bheag** nó na **géanna beaga**.[63] Gríscíní a dhéantar d'aebha agus croí an tsicín.

Nuair a bhruitear bainne is **posóid** é, agus tagann **scamall** nó **barr garbh** air nuair a bhíos sé ag fuarú. Bíonn barr **casta** air sula bhfiucha sé. Má chuirtear **bainne géar** tríd déanann sé **gruth** agus **meadhg**. Má chuirtear builín (bairín) tríd, is **builín bruite** é.

Maróg[64] a thugtaí sa tSean-Ghaeilge ar bhia milis a bhíodh i ndeireadh béile. Déantar uibheacha a bhruith nó a fhriochtnú, nó déantar bia milis de **ghealacán** nó de **bhuíocán** na huibhe. Déantar iad a **choipeadh** freisin. Cuirtear **téachtáin** á dtéachtadh freisin mar bhia milis, agus bíonn uachtar oighreata ina lán áiteacha anois. Tá go leor tráchta ar bhianna sa seanscéal úd Aisling Mheic Con Glinne as *An Leabhar Breac*.[65]

Déantar deoch d'uisce agus min choirce, sin **suán**. Nuair atá sé gan ghéarú tá sé ina shuán. Nuair atá sé géar tá sé ina bhoighreán.[66] Is iad na deochanna meisciúla a bhíodh agus a bhíos acu: uisce beatha, nó 'fuisce', nó fuisce poitín; fíon, mar atá fíon saic[67] agus fíon Spáinneach. Tá an raic agus an **bolcán** a bhí i dtrácht ag Seán Ó Neachtain[68] imithe i léig anois. Dhéantaí **sosán** de shiúcra candaí agus uisce bruite mar leigheas ar an triuch nó an chasacht.

Bia **tur** bia gan **anlann**, mar arán tur, nó fataí tura. Nuair a bhíos fataí agus im á n-ithe, is é an t-im an t-anlann. Is anlann, scaití, an fheoil ar an gcuma chéanna. Mar a dúirt Éamann na nAmhrán:[69]

Gur ar mhargaí Chríche Fódla ab ansa léi spórtáil,
Ag ceannach a cuid feola le haghaidh anlainn.

Agus 'is maith an t-anlann an t-ocras'[70] atá ráite freisin.

Is cosúil nach mbíodh sa seansaol in Éirinn ach dhá bhéile sa lá agus 'raisín':[71] ceann ar a dó dhéag agus ceann eile deireadh lae, agus raisín beag ag dul amach dóibh ar maidin. Bíonn **tae beag** ag daoine anois, tamall tar éis dinnéir, tuairim is a trí nó a ceathair a chlog. Bricfeasta, dinnéar agus suipéar a bhíos anois ann. Is ionann **céalacan** agus a bheith i do throscadh.

Bíonn **bruithneoga** fataí agus **toiteoga** bairneach corruair acu. Is ionann bruithneog agus fata rósta.

Dhéantaí na bairnigh a róstadh taobh amuigh an lá a bheifí ag obair cois na farraige. Sin iad na **toiteoga**. Dhéanfaidís **greadlach** nó tine le hiad a róstadh. Prochóg nó bruthóg a bhíos ag gasúir, i.e. na huibheacha a bhíos cruinn acu le haghaidh na Cásca. Dhéantaí maróg den charraigín[72] freisin lena bhruith ar bhainne. Nuair a théas daoine amach le béile a bheith acu amuigh faoin spéir, **cóisir** shamhraidh a bhíos acu.

Rud a fhaigheas an iomarca den deatach bíonn sé toitrithe[73]. Feoil a fhaigheas an iomarca den róstadh bíonn sí ina súóg, i.e. go mbíonn an sú uilig imithe aisti. **Toit** a thugas siad ar dheatach as simléar in aice le Loch Con.

Cearca, etc.: sicín a thugtar ar an gcearc óg. Nuair atá sí ina leathchearc, **eireog** a thugtar uirthi más cearc, **coileach** ar a mhalairt.

Cearc a bhíos ag breith uibheacha, **béaróg** a thugtar uirthi. Nuair a thosaíos cearca ag breith, bíonn siad ag **seadachan** nó ag déanamh neide. An ubh a fhágtar sa nead nuair a bhíos cearca ag breith, sin í an **ubh sheide**. Nuair a thagas **gor** ar chearc is **cearc ghoir** í, agus cuirtear uibheacha fúithi agus bíonn sí ar gor orthu i gcró na gcearc. Tagann **scoilb** ar na huibheacha sula dtaga na sicíní amach. Scoilteann siad agus is gearr go dtosaí na sicíní ag cur a ngob amach, nó ag 'gobadh' amach.

Is iad na **scalltáin** an éanlaith óg fhiáin sula dtaga clúmhach orthu. **Neadachán** atá ar an éan óg atá sa nead. Tugtar ar pháiste freisin é, e.g. 'le póigín ó mo neadachán'. **Cuainín**[74] a thugtar ar an éan óg a bhíos ag an éan aille, nó a leithéid. Nuair a bhíos scata éanlaithe ag cearc, nó gé, nó lacha, **ál** a bhíos aici. Tá sé ráite 'nár scoilt cearc an áil a heagán',[75] i.e. go dtugann sí gach a bhfaigheann sí don ál.

Bíonn **ál banbh** ag muc, i.e. ag an gcráin, máithreach na muc. An chráin freisin a thugtar ar luch a mbíonn **cuain** nó ál luch aici. *Sod* a bhí sa tSean-Ghaeilge ar an mbleacht,[76] nó madra baineann, agus bíonn cuain aicise freisin, i.e. na coileáin.

Cearca **cocacha** na cearca a mbíonn coc orthu. **Cíor** a bhíos go hiondúil orthu. Bíonn cearca **plucacha** freisin ann. Bíonn **sprochaille** faoina 'smig' ag an gcoileach. Mar atá ráite san amhrán: 'is ramhar do chráig agus do sprochaille mhór.'[77] Bíonn **ladhracha** ar an gcrág aige. **Ciolach** nó ciolachán a thugtar ar chearc a mbíonn clúmhach catach uirthi. **Fruisil** a thugtar freisin ar a leithéid má bhíonn an clúmhach ina sheasamh ar a muineál. Tugtar ciolach ar ghé freisin.

Tagann **galar cleiteach** ar chearca nuair a bhíos an seanchlúmhach ag titim díobh. **Galar marfach** atá ar an ngalar nach dtigeann siad uaidh, i.e. **tinneas na gcearc**.

Ansin bíonn gé, nó gé is gandal ar an tsráid. Éan gé[78] an t-éan óg. Nuair a thagas fás dó, **goisín** a bhíos ann, i.e. nuair a bhíos sé bliain d'aois; leathghé nó athghé ansin é.

Cleití a bhíos ar na sciatháin, agus **clúmhach** ar an gcuid eile den éan. **Fionnadh an pheanna** an rud bán a bhíos istigh sa gcleite. **Eiteog** an giota aonraic den chlúmhach. **Fannchlúmh** a thugtaí ar an gclúmhach mín a bhíos ar ghéanna is ar lachain.

Bíonn géanna agus lachain ag **luipearnach** ó thaobh go taobh nuair a bhíos siad ag siúl, agus téann siad ag **lapaireacht** i linnte uisce. **Scamall** a bhíos ar lapa nó cos na gé.

Meachain nó **beacha**: bíonn **coirceoga** beach (nó meachan) ag daoine áirithe agus faightear **cuasnóga**

meala sna páirceanna sa samhradh, go mór mór in áit a mbíonn caonach agus féar, nó sciúnach, i.e. féar tanaí lag, os a chionn. Téann an bheach thart ó bhláth go bláth ag **diúl** nó ag cruinniú meala astu. Is **milteog** an chuasnóg nuair atá an mhil inti.

Téachtann an mhil sna cuasnóga. Má bhaineann tú le beach cuirfidh sí **ga** ionnat agus bíonn an lot an-nimhneach. Níl sí comhurchóideach leis an mbeach chapaill (**fothach**). Nuair a bhíos go leor beach i gcuideachta, sin **scaoth** nó **saithe** beach agus téann siad ag **guairdeall** nó ar **síobadh** sa samhradh, i.e. ar imirce. **Múchtar** an choirceog uaireanta leis an máthairab a bhaint amach. **Madraí bána** na beacha óga nuair a bhíos siad ina bpéisteanna.

Éadaí
Ní bhíonn mórán airnéise[79] ag táilliúr ach amháin siosúr, miosúr agus méaracán, snáithe, snáthaid agus cailc. Tógann sé **miosúr** (nó tomhas) an duine a dteastaíonn culaith uaidh. Ar chrann tochardta[80] a bhíos an snáithe.

Is iomaí trácht a bhíodh ar éadaí sa seansaol, ach tá bunáite na bhfocal a bhíodh acu imithe as an gcaint. Deirtear **culaith** éadaigh agus **feisteas** éadaigh agus **beart** a bhíodh ar rud ar bith a chaithfeadh duine. 'Beart sealga nite in ór' a bhí i dtrácht ag an gCaisideach Bán. Is iad na **bunéadaí** na héadaí réasúnta caite nach mbeadh róchaite ná ina n**giobail**. Culaith nua nó éadaí Domhnaigh[81] na héadaí is fearr. **Balcaisí** nó seanbhalcaisí nó giobail na seanéadaí. Tugtar **ceirteacha** agus **ceamacha** freisin orthu:

Ní bás le fuacht a fuair mo sheanduine,
Bhí seanéadaí, bunéadaí is éadaí maith' úra air,
Bhí seanbhróga, bunbhróga, is bróga maith' úra air.

Fíor-dhrochéadaí atá sna ceamacha. 'Uabhar ghiolla na ceamaí'[82] a deirtear le duine droch-cheirteach a mbeidh éirí in airde nó ligean amach agus ionraíocht ann.

Cuirtear **preabáin** nó paistí ar éadach a mbeadh poll
air, nó ar éadaí caite. Tugtar preabán freisin ar phaiste
talún, e.g.

Gabháltas sé n-acra den phreabáinín daor.

An **féileadh** atá ar an gculaith a bhíos fós ar chuid de
na hAlbanaigh, i.e. an brat, an breacán, agus an bosán,
i.e. an sparán. Tugtar **breacán** fós in Éirinn ar *plaid*, e.g.
píosa breacáin.[83]

Timpeall is leathchéad bliain ó shin, agus as sin go dtí
céad bliain, nó b'fhéidir céad go leith bliain ó shin, **casóg
sciortach** nó cóta fada agus **bríste glúnach** a bhíodh ar
na fir. Stocaí gorma a bhíodh orthu agus bróga ísle, hata
ard, **bóna** geal agus **carbhat** nó **cnota**. Mar a bhí ag
Murchadh Ó Maoláin; bhíodh

Bheist de thogha an éadaigh, casóg mar an gcéanna,
Cóta mór den *bhearskin* ab éadroime agus ab fhearr.[84]

orthu. Bríste glúnach a bhí ar an saighdiúir atá línithe
i Soiscéal Mór Cholm Cille,[85] i.e. an tseanchulaith
Ghaelach.

Bhí an cóta sciortach gearr abhus agus fada taobh
thiar. **Cába** a bhíos ar uachtar na casóige agus **flapa** síos
uaidh sin. Déantar cnaipí a **chur** nó a fhuáil iontu, agus
déantar **polláire** nó **lúbán** leis an gcnaipe a chur tríd.

Bhíodh bríste fada ann chomh maith le bríste glúnach.
Gabhal an bhríste an áit a scarann an dá lorga ó chéile.
Lorga an bhríste, sin áit na coise. Tugtar **leathchaoin**
bríste freisin uirthi. Tugtar **brísteálach** ar dhuine a
bheadh gléasta go maith le bríste glúnach, etc. Bhíodh
seighlíní nó seighníní ann faoin nglúin leis an mbríste a
choinneáil feistithe, i.e. sna brístí fada, agus **gairtéalacha**
ar na stocaí. **Báiníní** a chaitheas muintir na Gaeltachta
fós mar éadach oibre.

Maidir le bean,[86] tá sí **ina cóiriú** nuair atá sí gléasta
amach in iomlán a cuid éadaigh, nó tá sí **gafa, gléasta**.
Gúna atá ar an gculaith a bhíos uirthi, i.e. culaith as a

chéile. **Brat bráide** atá ar bhrat a bhíos ar na guaillí, nó timpeall ar an muineál, e.g. 'caith an brat sin ar do bhráid.'

Nuair atá **cornán** éadaigh agat, **ciumhais** an éadaigh atá ar an dá thaobh agus an **ceann** nó **an chríoch** an áit a ngearrfá é. 'Tá **imeall** deas ar do chóta' a deirtear. Bhíodh **gairéad** ann agus **éadaí gairéadacha** nó faiseanta sa seansaol mar a bhíos anois. 'Is ann a bhí an gairéad' a deiridís. Éadaí nach bhfuil sa bhfaisean tá siad **seanaimseartha**.

Nuair atá éadach fillte ar a chéile, mura luí an dá cheann cothrom lena chéile, is é sin, má tá ceann gearr thar an taobh eile, tá **leathfhad** ann. D'fhágfadh duine leathfhad i bpluid freisin, i.e. bheadh sí as a filleadh.

Nuair a thosaíos gúnadóir ag fuáil éadaigh cuireann sí snáithe **ar a chúl**, i.e. **cúlsnáithe**, nó cuireann sí **gúshnáithe**[87] faoi, i.e. snáithe bréagach. Ansin fuann sí an dá phíosa le chéile. Nuair atá an dá phíosa fuaite ina chéile, **uaim** a thugtar ar an gceangal sin. Fuann sí gach cuid dá réir. Bíonn **íorna** (**íornán**) snáithe aici nuair a bhíos sí ag fuáil. Cuireann sí **tointe** sa tsnáthaid, i.e. i **gcró** na snáthaide. Ní mór an snáithe a **thochras** ina **cheirtlín** i dtosach.

Áit ar bith a bhfuil oscailt, má chuirtear píosa ann le críoch, nó slacht a chur air, is **d'éadan** a chuirtear air é. Is ionann **déanamh sleamhain** ar chulaith agus gan faic, nó mórán **froigisí** ná **rufaí** ná **filltíní**[88] a chur uirthi. Déantar **múnlú** timpeall ar an muineál, etc. leis an gcuma cheart a thabhairt di.

Maidir leis an bhfuáil, cuirtear **fáithim** ar éadach, i.e. ciumhais a fhilleadh isteach faoi agus a fhuáil. Nuair a dhéanas duine é sin, ag **leagan fáithime** a bhíos sí, nó ag **tógáil** fáithime. Cuirtear **fonsa**[89] ar éadaí freisin.

Nuair a bhíos na snáitheanna ag trasnú a chéile sa bhfuáil, **fuáil fhrancach**[90] atá air sin. **Uaim fhrancach** atá ar uaim nuair a fhuaitear ar an taobh ceart ar dtús é agus é a iompú droim ar ais agus é a fhuáil ar an taobh eile, i.e. an taobh bunoscionn.

Greim a thugtar ar gach iarraidh den tsnáthaid agus den tsnáithe tríd an éadach: 'cuir snaidhm (ar an snáithe) agus ní chaillfidh tú an chéad ghreim.' **Greim reatha**, i.e. greim a d'fhéadfá a roiseadh nó a scaoileadh arís le breith ar cheann an tsnáithe agus a tharraingt.

Nuair a bhíos éadach caite go maith, bíonn sé **súchaite** nó **ré**chaite nó **bun**chaite. Bíonn a leithéid ag **sceitheadh** ag na muinchillí nó san íochtar, nó ag **scoradh**. I gcás den tsórt sin, déantar a fhuáil **faoina mhullach** nó cuirtear **greim** faoina mhullach. **Leimhín** a thugtar ar éadach tanaí nach dtugann aon chaitheamh uaidh: 'níl ann ach leimhín.' Éadach **scagach** a thugtar ar éadach nach bhfitear go dlúth.

Nuair a bhíos stocaí cniotáilte,[91] is féidir iad a **roiseadh**[92] arís, i.e. an snáithe ar fad i ndiaidh a chéile a tharraingt amach. Roiseann an t-éadach mar an gcéanna, nó bíonn sé ag sceitheadh nuair a bhíos sé caite. Nuair a bhíos stocaí á gcaitheamh, cuirtear **cliath** orthu, nó **deasaítear** iad. **Crualúb** a thugtar ar chineál áirithe lúibe a bhíos i stocaí.

Nuair a dhéantar an t-éadach a fhuáil go mícheart, fágtar **suaitheadh fuála** ann, i.e. an t-éadach a bheith míchothrom. Ach éadach a ndéantar a chúngú in aon turas, **cruinnithe** a chuirtear ann, nó **pléataí**, i.e. i gcás é a dhaingniú ar chrios nó a leithéid. **Sreang** a chuirtear sa g**cóta beag** lena chúngú timpeall ar an mbásta. Sreang a chuirtear **trí chuirtíní** fuinneoige freisin. **Crios** a thugtar ar stiall a fhuaitear ar an éadach, nó mar atá ráite san amhrán:

Bhí crios den tsíoda is míne uirthi agus snaidhm air faoina lár.[93]

An t-éadach a chuirtear taobh istigh sa gculaith, sin é an **líonán**. Chuirtí **adhartáin** chadáis le geadán áirithe a láidriú nó a líonadh, nó chuiridís **trucar**[94] isteach le corróg a thabhairt dóibh, i.e. do na mná.

Bíonn dhá thaobh ar éadach: an taobh **ceart** agus an taobh **bunoscionn** nó taobh an tuathail. Bíonn ribí catacha ag éirí amach ar chuid de na héadaí, i.e. éadach gibíneach: **gibíní** nó **caiteoga** a thugtar orthu sin. Bíonn **scothóga** mar shlacht ar éadach cláir nó brat.

Bíonn **naprún**[95] nó **práiscín** ar bhean ag obair lena culaith a choinneáil glan. Is ionann **sciúlán** agus naprún beag. Seo focail a bhí sa tSean-Ghaeilge ar chineálacha fallainge: *fuan, leann, brat.*

Is é **com** na culaithe an chuid atá thart ar an gcliabhrach: 'cén mhaith an com gan na muinchillí' a deirtear. Tugtar com[96] ar an mbásta freisin, i.e. caol na cabhlach. **Cóta coim** an cóta a mbíonn com agus **cabhail** air. Bhíodh cóta cabhlach ar na gasúir fir fadó i gConamara go mbídís sna déaga. Tugtar **compar** freisin ar an méid a bhíos thart ar an gcliabhrach, agus **sciorta** ar an íochtar.

An áit a mbíonn fairsingiú ag teastáil ar chulaith, nó léine, cuirtear **asclán** isteach iontu. **Eang** a thugtar ar thriantán d'éadach a chuirtear faoin ascaill, nó ina leithéid d'áit le fairsinge a thabhairt dó. Má bhíonn leathfhad san éadach cuirtear **ladhar** nó ladhracha ann leis na himill a thabhairt díreach. Ní ritheann an ladhar go barr. Nuair a bhíos culaith déanta cuirtear iarann te uirthi leis na **fuálacha** agus na **fithíní** a dhíriú amach.

Cuirtear, uaireanta, **cochall** nó **cába** thart le muineál na culaithe. **Cuachóg** an tsnaidhm a chuirtear ar an tsreang, nó an crios a bhíos faoin mbásta, sin **snaidhm reatha** dhúbailte. **Cuachshnaidhm** a thugtar freisin uirthi. **Glas-snaidhm**, sin snaidhm dhúbailte, nó snaidhm nach bhfuil éasca ar a scaoileadh. Cuirtear cuachóg freisin ar bharriallacha bróg.

Nuair a bhíos culaith i ndáil le bheith déanta, **féach-ann** duine **air** í. Culaith a bhíos go deas luite, nó feiliúnach, **tagann** sí **do** dhuine, nó d'fhéachfadh sé go deas fúithi. Má bhíonn sí sa méid cheart **feileann** sí **é**. **Feileann** sí **dó** má bhíonn sí feiliúnach ar bhealach eile, nó fónann sí é. Mar a chéile le bróga sa méid cheart, feileann siad duine. 'Is deas a thagas sé dhuit' a deirtear faoi éadach a bhreathnaíos go deas ar dhuine.

Má bhíonn culaith rómhór agus gan déanamh maith uirthi bíonn sí **liopasta**, nó róliopasta nó míchumtha.

Rud místuama ar bith bíonn sé liopastach nó liopasta, nó
amscaí, e.g. 'is amscaí na bróga atá air.' Má bhíonn
culaith, nó cóta nó fallaing róbheag, nó róchaol ag duine
bíonn a leithéid rógheaib aige. 'Tá sé beagáinín
rógheaib[97] agat' a deirtear, nó tá sé beagáinín tarcais-
neach, i.e. ag dearcadh róbheag, róghiortach. **Coc** a
thugtaí fadó ar hata mná. Mar a dúirt Bríd Ní Ghadhra
san amhrán:

> Agus gearraidh amach mo chónra d'fhíorscoith is de cheap na
> gclár,
> Is má tá Seán Ó hEidhin[98] i Maínis, bíodh sí déanta óna láimh.
> Bíodh mo choc is mo ribín inti istigh is í go ródheas ar mo
> cheann,
> Is triúr ban deas fó shléibhte le mo chaoineadh lá mo bháis.[99]

Maidir le héadach naoineán, bíonn **bindealán** nó crios
imleacáin timpeall ar a chom agus **pluideog** anuas ar fad
air agus timpeall ar a chosa. Bíonn **crios ceangail**, nó
crios ar an bpluideog le cosa an naoineáin a choinneáil te,
clúdaithe. Mar atá ráite san amhrán:

> D'oilfinn is d'oilfinn is d'oilfinn mo pháiste,
> Chuirfinn crios ceangail air is bindealán fáiscthe.[100]

13   An Gréasaí

Maidir leis an ngréasaí,[1] ní bhíonn aon uirnis aige ach an **meana,** an **ceap,** an scian agus an casúr. Deir siad 'gur maith an rud meana i dtroid agus nach iontach nach mbíonn sé ann'.

Bíonn **céirín** freisin aige le cur ar an **ruóg** a bhíos aige ag fuáil na mbróg. Ag **deasú** bróg a bhíos an **caibléara.**

As an bhfocal Laidin *braccae*[2] a chiallaigh triús, nó bríste, a tháinig an focal bróg. Cuir ina chomórtas an focal Angla-Shacsanach *brok* (i.e. Sean-Bhéarla).

Bhí an chiall úd, bróg, leis an bhfocal sa Leabhar Laighneach: *nigfit a mbróca 'na tig (LL,* l. 19265). B'ionann é agus crú capaill sa leagan: *bróga imna gabraib,* (crúite ar na capaill) sa bhFéineachas.[3]

Cuarán: focal eile ar chineál bróige a bhí in aimsir na Sean-Ghaeilge. Is cosúil gur sórt bróg (íseal) úrleathair a bhí i dtosach sa gcuarán. **Maolas:** ainm eile a bhí ar bhróg íseal. **Acrann, Iallacrann** ainm eile.

Is ionann **buataisí** agus bróga arda, i.e. bróg a rachadh go leath na lorga, nó tuilleadh. Is cosúil gur as an mBéarla *boots* a d'fhás sé. Ina theannta sin, bíonn bróga arda ann agus bróga ísle. Bhí **coisbheart** freisin mar ainm ar bhróga, mar atá san amhrán:

Má táimse gan choisbheart, céad glór le Críost,
Ag siúl corraí is bogaí is an tóir i mo dhiaidh.

Bróga **úrleathair** a chaitheas siad de ghnás in Árainn ag siúl ar na carraigeacha. Tá siad fóinteach le haghaidh na hócáide.

Bíonn trí mheana ann: meana cam leis na **fobhoinn** a fhuáil ar na huachtair taobh istigh. Ansin tá meana beag le haghaidh lascthaí, agus meana na bpiogaí. Bíonn ceithre choirnéal air siúd.

Lascadh, lascthaí atá ar an áit a dtagann an dá chuid den **uachtar** le chéile.

Bonn na bróige, boinn na mbróg, atá ar an gcuid atá ar an talamh, i.e. an **tsáil** agus an **tosach**. Nuair a bhíos na bróga á gcaitheamh, cuirtear **tosaigh** orthu, péire tosach. Leath-thosach a thugtar ar cheann acu. Cuirtear **cnaga** ar bhonn bróige áit a mbíonn sí caite, go mór mór faoin ordóg. 'Cuir cnaga faoi m'ordóg' a déarfá leis an ngréasaí.

Is ionann **bairbín**[4] agus píosa a chuirtear ar an mbarr ar an uachtar. **Taoibhín** atá ar phíosa eile ar an uachtar. Cuirtear **buinne** thart, uaireanta, idir an dá bhonn, sin sórt beiltín agus é líonta suas le seanleathar. Tugtar buinne freisin ar fhonsa adhmaid a bhíos ar bhairille.

Cuirtear **crú** ar sháil bróige, i.e. ar na bróga móra, garbha. Cuirtear **boilg** iontu leis an uisce a choinneáil amach. Cuirtear **súile buí** sna bróga, an áit a dtéann **an bharriall** nó na barriallacha isteach lena gceangal.

Is mar seo a chuir Raiftearaí síos ar an ngréasaí agus na bróga:

Ná bac leis an gcás is ná labhair (gan fáth),
Ó thug sé 'mo láimh iad déanta,
Fuaite le cnáib ó lasca go sáil,
Chomh sleamhain le cnáimh dhá mhíne.
Uachtairí tláth' nach bpléascfaidh in aon áit,
Agus bannaí go bráth nach scaoilfidh,
Níor mhór liomsa féin dá bhfanainn leis ráithe,
Tá an obair chomh breá sin déanta.

Má b'fhada an oíche 'réir, níor chodail sé néal,
Ach ag obair go géar le dúthracht,
Le cnáib agus céir agus iall fhada réidh,
Go ndearna sé péire dhamhsa.
A sála, a mbéil ní scarfaidh go héag,
'S boinn mhaithe dhá réir sin fúthu,
Ní dhearna sé bréag ach malairt bheag lae,
'S ná foscail do bhéal, a Bhúrcaigh.[5]

An té a shiúlas díreach, 'siúlann sé gan fiar i mbróg.'
Mar a dúradh faoi Úna Nic Dhiarmada (i.e. Úna Bhán):

Do chos deas lúfar, 's í a shiúilfeadh gan fiar i mbróig.[6]

An té a iompaíos amach ar an tsáil, nó a iompaíos na hordóga amach óna chéile nuair atá sé ag siúl, tá sé **bosach**. In áiteacha, ní thugtar **bosach** ach ar an té atá ag iompú isteach ar a chos. Más iad na glúine atá ag iompú amach óna chéile, bíonn **lán** ann. Tagann lán i bpáiste má chuirtear ag siúl é róluath. An té a bhfuil a ghlúine ag bualadh faoina chéile, is é an chaoi a siúlann sé **scrábach** nó cúng.

Lúibín ó lú, ó lú is bí láidir,
Bíonn mo ghrá taitneamhach an lá a shiúlas sé scrábach.[7]

14 An Gabha

Bhí trí chineál gaibhne ann, an gabha geal, a bhíodh ag obair le hór agus airgead, an gabha dubh, a bhíos ag cur cruite ar chapaill, agus an gabha sioraigh(?),[1] a bhíodh ag déanamh rásúr agus sceana.

An cheárta an áit a n-oibríonn an gabha. Seo cuid den uirnis a bhíos sa gceárta aige: an **inneoin**, an t-**ord beag**, nó an **casúr**, an t-**ord mór**, an **teanchair**, na **boilg**, a bhíos ag séideadh na tine aige, agus **an bhís**. Maidir leis an inneoin, bíonn **ceap** na hinneonach ann (i.e. an chuid is troime di) agus **gob** na hinneonach, i.e. an gob atá amach. An t-**umar** atá ar an áit a gcoinníonn sé an t-uisce le caitheamh ar an ngual agus leis an iarann te a fhuarú, i.e. umar an uisce.

Tugann sé **goradh** don iarann, agus nuair a bhíos an t-iarann sách te, bíonn **orlaí**, agus an t-ord mór ina láimh aige ag **lascadh** an iarainn, i.e. lena tharraingt. Dá mbeadh gabha ag déanamh láí agus fear ag orlaíocht aige, 'tharraing sé aoile[2] den ghoradh sin' a déarfá. Ba mhaith an t-orlaí a tharraingeodh dhá aoile le goradh. Comhfhad is a bhíos an t-orlaí ag tarraingt bíonn an gabha ag cur cuma ar an iarann leis an ord beag. Má **théachtann**, i.e. má fhuaraíonn an goradh caithfidh sé goradh eile a thabhairt dó.

Nuair a bhíos an gabha ag déanamh crú cuireann sé **rásáil**, sin **feire** thart sa gcrú le go ngabhfaidh cloigeann an tairne isteach cothrom leis an gcrú. 'An treoir chum na dtairní' a thug Raiftearaí[3] air. Bioraíonn sé na tairní in aimsir sheaca, sin **tairní seaca**.

Bíonn **raspa** aige leis an gcrúb a laghdú, agus cuidíonn sé le barr an tairne a **leacú** taobh amuigh.

210

Oighe chuimealta a bhíos aige leis an obair is fíneálta a dhéanamh. Bíonn **pruitsil** aige le poll a dhéanamh san iarann, nó le breacadh a dhéanamh.

Tugtar, go minic, an **teallach** ar uirnis an ghabha, i.e. na boilg, an tine, an inneoin agus an t-umar: e.g. 'd'iarr sé iasacht an teallaigh air.' Deirtear 'd'iarr sé iasacht na mboilg air' freisin.

Nuair a bhíos an gabha ag obair le **cruach** cuireann sé **faghairt** ann le go gcoinneoidh sé an faobhar, nó le go bhfanfaidh sé bioraithe. Gach uile ghoradh a thugas an gabha don iarann éiríonn **an chairdeach** de nó 'dreas'.[4] Nuair a bhídís ag déanamh lánta, chuiridís cruach isteach san iarann; d'fhuinidís an chruach isteach ann.

Maidir leis na boilg, bíonn an **maide boilg** ag an ngabha lena n-oibriú, nó an **luagán** mar a thugtar freisin air. Nuair a lascas sé an t-iarann leis an ord cuireann sé cith gealán, nó aithinní ag spréachadh tríd an gceárta.

Giústún atá ar phíopa a bhíos i gceann na mbolg. Bíonn a ghob sa tine.

Tá sé ráite san amhrán a rinneadh d'Fheichín Ó Laidhe:

Tá na boilg chomh bríomhar, té a dhéanfadh iad a fháscadh,
Go lasfaidís an caolach dhá mbeadh trian de fliuch báite.[5]

Ceapann daoine gurb ionann an caolach agus caolach an tí, i.e. na lataí beaga a bhíos ar na taobháin, ach is cosúil gur páirt de na boilg atá i gceist anseo. Is mar sin a thuigeas daoine é, i.e. píopa(?) as an mbolg.

Tá duan déanta do ghabha arb ainm dó Éamonn Mac Cathail Riabhaigh:

An gabha fialmhar ina cheárta, [...]
Ghní sé fáinní speile,
Ghní sé greidill agus branra,[6]
Ghní sé corrthail[7] mheadair,
Is deas mar do-ní lansa,
Ghní sé cromán deile,

Gearrthóir gloine agus teanchair,
Ghní sé bís ghlaice,
Is *firelock* maiseach Francach,
Ghní sé scríobáin d'eachraidh,
Chuireas ceatha fionnaidh.
Ghní gach iarann seasmhach,
Is is breachtnaí do-ní sé prionta,
etc.[8]

Seo píosa a chum Raiftearaí do Bheairtle Gabha:

Is é Beairtle an glancheardaí is fearr ins an tír seo,
Dhéanfadh sé laí, spáid, sleán agus píce,
An leaba go sásta is coltar glan, díreach,
A threabhfadh na báinte gan bhásta gan fuílleach.
Céacht, cliath agus bráca, idir Márta is Féil' Bríde,
Gan lorg a láimhe ní thig leo a bheith críochnaithe;
An tsluasaid a charnfadh an lán as an díoga,
Grápa na dtrí mbrionglán le sáthadh faoin aoileach.

Dhéanfadh glasphláta go sásta, agus eochair,
An pócar is a' gráta is gan aimhreas an crochadh,
An tlú don pharlús, an haspa is an bolta,
Insí agus tairní agus bacáin do dhoirsí;
An *trigger* don phiostal is an gunna is é a dhéanfadh,
An ráipéar 'san bagnet is na teanntáin nach staonfadh,
Sleá, speal, nó corrán má théann siad i maoile[9]
Tugtar chuig Bartley iad is is fogas dóibh faobhar.

Bioráin bhrostaithe[10] ghéara 's é dhéanfadh go stuama
Agus béalbhaigh do shrianta, díol iarla nó diúca,
Stíoróip do mharcach nach gclisfeadh sa gcúrsa,
Agus [...] go sásta le leathracha a dhúnadh.
Siséal is plána, tua, tál, agus tarathar,
An sábh mór a ghearrfadh gach uile shórt maide,
Crú d'each rása agus cruite[11] fán asal,
Siosúr don táilliúr le bréidín a ghearradh.

Fáisgeadh(?)[12] muileann páipéir is na tibeir(?) ar fheabhas,
Gearrthóir don scláitéara le dul ag obair,
Meá chum na scála a mheáfadh a dtiocfadh,
Bior gan aon bhásta, briogúin is sceibhir,

Gléas meáchain do mhuilte nach bhfeacfadh is nach lúbfadh,
Is na breacairí a ghearrfadh gan rud ar bith cúnta,
An deimheas a bhearrfadh an chaora as a clúdach,
Bun spóil[13] don fhíodóir is fearsad dá thuirne.

Ghléasfadh sé cóiste, cathaoir is bara láimhe,
An phiocóid is an gráta, an róistín 's an fráma;
'S é dhéanfadh go róghlic an treoir chum na dtairní,
Bosca na bíse agus ord mór na ceártan,
Na rásúirí is daoire is scian phinn[14] ar fheabhas,
Gach uile ghléas faobhair gan scíth ar bith ná tuirse,
Eochair don óstóir le casadh ina choca,
[...] don chócaire is lúibreachán don phota.[15]

Is é an céachta an gléas oibre is mó a dhéanas an gabha tíre.

15 An Céachta

Tá dhá chineál céachta ann, an céachta[1] Gaelach agus an céachta Gallda, mar a dúirt an t-amhrán:

Dhéanfainn céachta Gaelach a réabfadh an t-iomaire ar a fhad.[2]

Leis an gcéachta a dhéantar **treabhadh**, agus is é an **treabhdóir** an fear a bhíos á oibriú. **Aireamh** a bhíodh fadó ar an treabhdóir agus is ag **ar** a bhíodh sé in áit a bheith ag 'treabhadh'.

B'ionann treabh[3] agus teach, nó áit chónaithe. Mar atá ráite sa duan:

Ní bádóir go lán tseoil,
Ní tuíodóir go cúinne,
Ní haireamh go caolfhód,
Ní fíodóir go súsa.[4]

B'ionann 'treabhadh' agus teach a choinneáil i gcóir. Tá beagán den chiall bhunaidh sa seanleagan: 'dhá gcailltí a raibh beo leat sa saol chaithfeá féin treabhadh.'[5] Tá an t-ainm Rinn Oiriún (<Oireamhan) ar scoth i Loch Coirib in aice le Gleann Iar Chonnacht.

'Iarnach air'[6] a bhíodh fadó ar iarainn chéachta. Tá an fhréamh sa bhfocal 'comhar' agus freisin, is cosúil, sa bhfocal 'tuar'.[7] Is dócha gurbh ionann i dtosach comhar na gcomharsan agus comhthreabhadh.

Is iad na gaibhne a dhéanadh na céachtaí iarainn, agus siúinéirí a dhéanadh na seanchéachtaí adhmaid, mar a d'fheicfeá fós ag obair i dtalamh chlochach in aice le Cinn Mhara.

Ar an gcéachta[8] bíonn:

Na hanlaí, a mbíonn greim ag an treabhdóir orthu leis an gcéachta a choinneáil díreach sa scríob. Bíonn **Trasnáin** idir na hanlaí lena gcoinneáil daingnithe dá chéile. **Riasta**: bhíodh na hanlaí i bhfostú i bpíosa tiubh darach a dtugtar an riasta air.

An Stricéad: bhíodh pláta iarainn faoi agus le taobh an riasta sa gcaoi is nach gcaithfeadh an riasta. Sin é an stricéad.

An Clár: bíonn an clár boltáilte le heasna ar an gcrois. Is é an clár a leagas nó a chaitheas an fód. Clár sceithe a bhíodh ar na seanchéachtaí ach cláir mhiotail a bhíodh ar an gcuid is deireanaí acu.

An Leaba: amach ón stricéad bhíodh an leaba leis an scríob a ardú. De mhiotal a dhéantaí an leaba sna seanchéachtaí féin. Is é a hainm iomlán an **leaba shoic**. Is í a ghearras an fód in íochtar. Má bhíonn an leaba ag dul ródhomhain sa bhfód deirtear go bhfuil an iomarca talún inti, agus má bhíonn sí ag dul rómhór sa **scríob** deirtear go bhfuil an iomarca sainte inti, i.e. ag breith isteach ar an talamh do leataobh.

Soc, i.e. an leaba shoic: an leaba is mó a thugtar anois air. Féach Gabha an tSoic: Gabha an tSoip[9] agus [amhrán] Raiftearaí thuas, lch 212.

An Coltar, nó an choltar: d'iarann a dhéantar an coltar. Is éard atá ann mar a bheadh scian leathan. Is é a scoilteas an fód agus a ghearras é os cionn na leapa. Tá sé sáite suas i gcró sa mbéim agus é i bhfostú ansin le cúilíní, leicneáin agus stapail. Bíonn cúilín ar a chúl, ceann eile ar a aghaidh, leicneán ar gach taobh de agus na stapail thart ar an mbéim.

Tá an focal in ainmneacha áite mar Shál an Choltair sna Grigíneacha idir Béal Átha na mBreac agus Muintir Eoin i nDúiche Sheoigheach.

Má bhíonn fear ag treabhadh píosa de thalamh bán, mura gcoinní sé an scríob cothrom i gcónaí ar aon doimhneacht agus ar aon leithead amháin amach roimhe lena shúil ní fhéadfadh sí luí cothrom.

Cinnfhearann: an méid talún a bhíos thart timpeall le claí agus nach dtreabhtar.

An Chrois: is aon phíosa amháin an béim agus ceann de na hanlaí agus tá boltaí á cheangal sin den chrois. Tá easna as an gcrois agus is ar an easna seo atá an clár boltáilte. Féach an riasta. Faoin gcrois a bhíos an **bonn**.[10]

An Béim: an áit atá leis an gcoltar a shá ann agus cuirtear i bhfostú ansin é le cúilíní agus leicneáin. Amach ón gcrois atá sé, agus bíonn an coltar ag dul tríd. Tá **cluasa** an chéachta taobh amuigh den bhéim – ar cheann an bhéim.

Na Cúilíní: píosaí iarainn a chuirtear ar chúl an choltair lena dhaingniú. Is iad na deangthacha iad a cheanglaíos an coltar.

Leicneáin: iarainn a chuirtear isteach le leiceann an choltair lena dhaingniú ar an dá thaobh. Bíonn poill bheaga sna cúilíní agus sna leicneáin le haghaidh slabhra, nó sreangáin, le nach gcaillfear iad.

Stapal: bhíodh stapail thart timpeall ar an mbéim agus ar an gcoltar.

Ceannraca: gléas leis an gcéachta a chur in úd leis an gcoltar a ligean síos sa bhfód nó aníos as. Téann an ceannraca trí na cluasa.

Slabhra: bíonn an slabhra agus an ceannraca greamaithe dá chéile le ball beag a dtugtar béilín air.

Béilín: bíonn an ball seo ar dhéanamh U, agus pionna, nó biorán sáite ann. Is é a fheileas ar an gceannraca. Bíonn slaibhrín le cur ar an mbéilín.

Poilliústaí: bhíodh píosa iarainn ar gach taobh de cheann an bhéim agus poill tríothu féin agus an béim le pionna, nó biorán a chur trasna leis an gceannraca a chur i bhfostú sa mbéim. Na poilliústaí a thugtaí ar na píosaí iarainn seo.

An spadal a thugtaí ar an tsluasaidín a bhí leis an gcéachta a ghlanadh. **Láí** an chéachta a thugtar in áiteacha uirthi.

Crannóg a thugtar ar chabhail an chéachta. Sin é an méid den chéachta a bheadh fágtha nuair a bheadh an clár, na hanlaí, an béim, an leaba, agus an coltar bainte as agus nach mbeadh fágtha ach an riasta agus an stricéad.

Cuing, cuingeacha, an chuing mhór agus an chuing bheag: an chuing bheag a bhíos ann nuair a bhíos aon chapall amháin ag obair. Bíonn an chuing mhór agus dhá chuing bheaga ag obair le dhá chapall. **Úmacha** a thugas siad ar na slabhraí atá ceangailte de na cuingeacha. Bíonn na húmacha crochta as na **dromacháin** a bhíos ar dhroim an chapaill. Bíonn siad ceangailte d'**amaí** an **choiléir**

Cliath fhuirste atá le **fuirseadh** a dhéanamh. Tá cúig **bhalc** sa gcliath fhuirste agus trí thrasnán ag dul trasna. Tá cúig pholl ar gach uile bhalc acu sin, agus tá cúig bhior iarainn ag dul síos i ngach uile bhalc acu. Tá rud ar a dtugann siad **lámh tharraingte** ansin uirthi. Iarann atá sa láimh tharraingte agus tá slabhra ón láimh tharraingte ag dul isteach ar an gcuing mhór. Tugann siad **púcáin** ar iarainn atá ag dul isteach ar an gcuing mhór. Tá dhá chrúca as an gcuing mhór ag dul isteach i bpúcáin atá sna cuingeacha beaga (i.e. an dá chuing bheaga).

An dromachán a bhíos ar dhroim an chapaill nuair a bhíos sí ag treabhadh. Tá trácht ar threabhadh san amhrán úd 'Mám an Cheo':

Bhris an bonn, an béim 's an clár,
D'imigh na hanlaí amach as mo láimh,
Treabhadh gach aon dó féin, is é is fearr,
Is ní rachaidh mé lá choíche i gcomhar leat. [...]

Scríobhfaidh mé leitir 'un an Mhuilinn Chearr
I gcoinne gléas treafa nach raibh riamh san áit,
Soc agus coltar do réabfas bán,
Threabhfadh corraigh agus móinte.[11]

An té a mbíonn péire capall aige, go mór mór ag treabhadh in éineacht, bíonn **seisreach** aige. Mar atá ráite in 'An Cholainn gan Cheann', etc.

Tá capall in do sheisrigh agus tá sí ar easpa ama.
An té nach n-ólfaidh an deascaidh, bíodh sé ar easpa an leanna.

Nó mar atá in 'Mám an Cheo':

Shíneamar seisreach an dara lá (de) Mhárt',
Chuir an Loingseach fead as a chuala a lán,
Scap na capaill anonn is anall,
Is chuaigh ár gcéachta i dtalamh go rómhór.[12]

An té a bhfuil tú ag obair in éineacht leis tá tú ag **síneadh** ag obair leis, mar a déarfá, 'an codaí ba leisciúla ar shín mé riamh ag obair leis'.

16 Cineálacha Daoine

Is minic is féidir go leor eolais a thabhairt ar dhuine in aon fhocal amháin.[1] Is minic freisin nach é meas ach dímheas, nó drochmheas a chuireas an focal sin i gcéill. Cuir i gcás, dá n-abraíodh duine 'níl ann ach **bacach**', bheadh a fhios agat gur duine tútach, suarach a bheadh ann. Is ionann duine bacach agus duine a bhfuil éalang nó anó ar a chois. Má abraíonn duine ''séard atá ann **creagaire**', is éard a bheadh le tuiscint gur duine crua, coinneálach a bheadh ann a bheadh ró-ghar dó féin.

Ar an gcuma chéanna, an t-**anrachtán**, d'fheicfeadh sé an oiread den bhochtaineacht is go mbeadh greim daingean docht aige ar gach uile phingin dá mbeadh aige. Bheadh an **scannairín** mar a chéile.

An scanrachán: sin é an duine atá scanraithe faoina chuid, is faitíos i gcónaí air nach bhfaighidh sé a cheart.

Scraimíneach: duine suarach gan tógáil a bhíos ag ligean gothaí air féin. **Scraimín** leagan eile ar dhuine leisciúil.

Raillimín: is cosúil leis an scraimíneach é ach gur suaraí an gotha a bhíos air.

Púdarlach: duine dorcha, dúnárasach nach labhraíonn le haon duine ar éigean agus nach dtugann fios a intinne d'aon neach.

Mucaire: is measa arís é ná an púdarlach mar tá sé aranta gan mhúineadh. Duine tuaifisceach é.

Brúisc: duine aranta, garbh gan mhúineadh ná láíocht. Duine taghdach é a dtagann bruach nó sprochaille air.

Suanaí: duine domhain, dúnárasach nach labhraíonn mórán agus nach dtugann fios a intinne d'aon duine. Is láiche é ná an púdarlach. Duine rúnmhar é nach bhféadfá aon adhmad a bhaint as.

Cnuastóir: duine crua, coinneálach mar an creagaire.

Creagaire: an duine crua, coinneálach nach gcaithfeadh aon airgead is nach ndéanfadh rud fiúntach. Dúirt Raiftearaí gurb é

> Sú na heorna glaise [...]
> A chuirfeadh i dtiúin an creagaire
> Nár chaith aon phínn le ráith'.[2]

Somachán: duine bog ramhar réchúiseach. Tá Ó Somacháin mar shloinne in áiteacha (in aice le Loch Measca).

Codaí: duine mall gan ghearradh nach ndéanann mórán maitheasa ach ag righneáil thart.

Scrataí: duine bog leisciúil gan gníomh ná obair ann.

Leadaí: duine leisciúil nach bhfuil aon fhíriúlacht chun na hoibre ann. Duine a bhíos ag striollachas é.

Scraiste: duine leisciúil gan mhaith. Mar a dúirt Raiftearaí: 'Ní Búrcach thusa ach fuílleach scraistí.' As 'cnaiste'[3] ó cheart é.

Ríste: is cosúil leis an leadaí é. Ní bhíonn aon mhaith leis ag obair. Duine righin é. Bíonn sé ag leargaireacht nó ag leadaíocht thart.

Ránaí: duine mall righin nach mór duit a bheith i gcónaí á sporadh. Ní bhainfidh tú aon cheart de/di, ach féachfaidh seisean/sise le gach uile cheart a bhaint díot. Tugtar ránaí ar dhuine beag freisin.

Codladh ina dhúiseacht: duine mall gan aon ghearradh ann, a bhfuil néal éigin air.

Snámhaí: duine atá mall marbh ag déanamh aon cheo, agus é lag.

Bolaistín: fear beag, beathaithe ramhar. Tugtar ar ghasúr ramhar é.

Sacadán: a leithéid eile ach gur lú an meas a bheadh agat air. Is lú an mhaith agus is mó an dochar a bheadh ann.

Guntán: duine gearr, teann gan aon ghotha maith ná déanamh air, nó **puntán** nó **stalcán**.

Bromachán: duine mór garbh nach bhfuil aon chur ar a shon féin ann. Duine nach n-éiríonn leis sa saol deirtear leis 'go dtáinig sé abhaile ina bhromachán bliana' ('An Seanduine Dóite').

Bleitheach a thugtar ar fhear mór, garbh, láidir, ramhar – a bheadh chomh ramhar le sac arbhair a bheifí a thabhairt chun an mhuilinn: ''séard a bhí ann bleitheach mór láidir' a déarfá.

Ramaire: fear mór, cam, nó gan déanamh. Tugtar **scramaide**, i.e. seanmhaide mór, cam ar a leithéid eile. Tugtar ar sheanfhear, nó fear leisciúil é. Thug Raiftearaí[4] sean**scramaire** ar a leithéid eile.

Portalach: duine gan chuma ar nós portáin, e.g. ''séard a bhí ann portalach de dhuine a raibh a thóin i bhfad siar agus a bholg i bhfad aniar.'

Burlamán atá ar dhuine gan cuma air féin ná ar a chuid éadaigh.

Scruit: sin duine caol caite mar a bheadh conablach duine mhairbh, mar atá ráite san amhrán:

'Sé Seán 'ac Philip an scruit, níl ann ach ceo,
Is lom í a chruit agus is dubh é a chnáimh gan feoil.
(Feidhlim Mac Dhúghaill)

Is geall le 'scáil i mbuidéal' é.

Reanglaí: duine caol cnámhach.

Scáil i mbuidéal: duine gan chuma ná dathúlacht – focal scamhailéireachta.

Scalltán a thugtar ar dhuine – go minic duine óg nach dtaitneodh leat. Bheadh sé mar dhóigh de scallta le huisce bruite, nó gan aon fhionnadh ar a chraiceann. Nó mar a déarfaí le fear a mbeadh plait ann: 'tá a cheann scallta go maith ag an aois.' Tugtar scalltán ar éan gan chlúmhach, agus cuirtear an duine i gcomórtas leis.

Sramachán: duine a mbeadh sramaí i gcónaí ar a shúile – duine suarach.

Sneáchán: duine a mbeadh sneá ann – duine salach suarach. **Tréadánach** a leithéid eile.

Srobachán: duine salach a mbeadh drochéadaí air, e.g. 'agus é ina shrobachán os comhair na ndaoine'.

Sciorrachán: duine a gceapfá dó go bhfuil sé salach nó treáinneach.

Spreasán: duine lag, lúbach gan éitir ná lúth.

Bathlachán: duine garbh nó duine nó gasúr beag gan suim.

Carrachán: duine a bhfuil ceann carrach air. Is iondúil gur duine beag óg nó óigeanta é nach dtaitneodh leat, nó duine postúil, teannpháirteach.

Crabadán: duine beag crabanta a bheadh sean-chríonna dó féin agus a d'imreodh cleas ort dá bhféadadh.

Ceolán: duine gan aon chloigeann air ná meáchan ann a dhéanfadh gleo ar bheagán ábhair.

Gleorán: sórt ceolán é a bheadh ag ól agus ag déan-amh gleo ar aontaí nó i láthair an phobail. Bíonn sé gliograch glórach.

Scallóid: duine tolléadrom taghdach. Thabharfadh sé fogha fút go tobann, ach tá sé éasca é a thabhairt ar ais. Duine a mbíonn treall ann.

Glincín: is cosúil leis an gceolán é ach go mbíonn cur i gcéill ann ach gan aon éirim ná meáchan ann.

Geidimín: duine gan aon mheáchan a ghéillfeadh do gach uile amadán agus gan fios a intinne féin aige.

Abhlóir: duine a mbíonn a lán ealaíon seafóideach agus cleasaíocht ar bun aige agus cainteanna gan feidhm, e.g. 'níl ann ach abhlóir.'[5]

Táthaire: sin duine a d'fhanfadh i do bhun ar feadh an lae agus é ag súil le bia nó deoch, nó éadáil a fháil uait. **Táifeadóir** ainm eile air.

Stocaire: duine a théas isteach i dteach in am bia ag súil le béile. Is é a bhíodh ag séideadh nó ag seinm an stoic sa seansaol ag fógairt go raibh an fear mór ag tíocht.

Failpéaraí: duine a bheadh ag faire thart ar thiarna mór nó i dteach mór ag súil le héadáil éigin a fháil dó féin.

Bolscaire: duine a dhéanas **bolscaireacht**, i.e. a bheith go mínáireach ag moladh ruda gan mhaith, mar a bhíos cuid de na páipéir nuachta. Bhíodh **bolscairí boird** fadó ag ríthe agus ag daoine móra le bheith á moladh, agus is dócha go mbíonn fós.

Péisteánach: duine suarach a bhféadfadh gach uile dhuine siúl air.

Sclamhaire: duine a bhfuil sclamh ann, duine leath-fhiáin.

Sclaibéaraí: duine a mbeadh go leor bladair aige leat. Duine gan mórán dochair ná anachain é, ach go mbíonn an-chuimse le rá aige ar mhaithe leis féin.

Slusaí: duine a bheadh an-tláith, an-bhladrach leat, agus é go minic ag iarraidh a bheith ag fás suas ort. Duine múinte i gcónaí é. Sórt *diplomat* é.

Plásaí: an slusaí ach gan é a bheith baileach chomh stuama ná chomh hábalta leis. Duine támhach é.

Caimiléara: an duine cam-intinneach a ligfeadh air go raibh ugach maith aige duit agus a d'iompódh i d'aghaidh ar do chruóg. **Leitiméara**[6] a leithéid eile ach gur measa é.

Crochadóir: duine a chrochfadh thú dá bhféadadh. Dhéanfadh sé feall ort nó brath.

Stuilcéara: duine a bheadh ag iarraidh fás suas ort.

Plobaire: duine bog gan aon ghearradh ann agus intinn lag aige, nó duine a mbeadh meacan an chaointe ina ghlór.

Pleidhce:[7] amadán de dhuine a déarfadh rud nach gcreidfeadh sé agus a dhéanfadh rud le boige gan aon ábhar. Duine é a thabharfadh aird ar an mbolscaire.

Bobarán (nó **bobarún**): duine dall gan mhúineadh ná tuiscint ná caoithiúlacht. Féach an focal Spáinnise *bobarron*, i.e. beagán díchéillí nó dall.

Líob: duine réchúiseach gan aon ghearradh ná stuaim ná fearúlacht ann.

Leathdhuine: duine gan ghearradh ná ciall; duine seafóideach; leathamadán.

Leibide: is cosúil leis an líob é ach gurb í a mhístuaim is mó a bhíos i gceist. Bíonn caint leibideach gan feidhm aige.

Driúcaí: duine a mbeadh cuma an fhuaicht, nó cuma na donachta air, nó cuma na haoise air. Tugtar ar ghasúr beag é a mbeadh fuacht air.

Strachaille: duine mór fada gan a chuid éadaigh a bheith sách feistithe air. Tugtar ar bhean freisin é:

An strachaille mná agus í lán de dhuifin 's de ghruaim,
A stoca ina láimh, a sláimín olla is í ar cuairt.

Pocaire: duine mór, místuama, nó ramhar nach mbíonn sách feistithe, sin nó duine a bhíos ag pacaireacht. Is ionann ó cheart pocaire agus malcaire.[8] Is ionann **pacaire** agus duine a mbíonn paca air, nó duine a bhíos ag iarraidh éadáil a thabhairt leis.

Tiomsaitheoir: duine a bhíos ag cruinniú ceirteacha.

Ráscaire: sin duine a bhíos ag iarraidh siamsa agus spóirt dó (nó di) féin agus a bhíos le macnas agus spraoi ag damhsaí agus ar aontaí, go mór mór cailín.

Longadán: duine nach bhfuil sách fáiscthe.

Cleathaire nó **cleithire**: fear mór, fada, caol. Tugtar ar dhuine óg atá ag éirí suas é: 'tá sé ag déanamh cleithire d'fhear ard.' Tá baint aige le cliath nó cleith; 'tiocfaidh sé chugam an cleathaire cam.'

Geamaire: duine de na geamairí a chuireas **aghaidh fidil**, nó dath ar a n-éadan agus a théas thart chuig bainiseacha ag súil le deoch nó airgead. Is ionann é beagnach agus mac soipín.

Cleamaire: mar a chéile mórán é féin is an geamaire.

Rúpálach (rúpálaí): sin duine a dhéanfadh go leor oibre duit más go místuama féin é, e.g. 'is áibhéil an rúpálach ag obair é.' 'Rúpálaí mór atá ann.'

Síleálach: (síleálaí): duine a d'oibreodh go crua agus go dian agus a bheadh ina sclábhaí mór oibre: 'is iontach an síleálach é.' Bíonn sé i gcónaí as an obair agus é ar a dhícheall.

Saothraíoch: duine eile a dhéanfadh saothar mór agus a chuirfeadh rud ar fáil. Duine dícheallach, ionnúsach é. Tugtar **saothraí** freisin air.

Tuineadóir: duine a bheadh tuineanta leis an rud go ndéanadh sé é. Duine a d'fhéachfadh na dóigheanna agus na handóigheanna leis an rud.

Soláthrach (soláthraí): duine a dhéanfadh soláthar (bia, nó eile).

Tapaíoch: duine a dheifreodh nó a thapódh do ghnó duit; ní bhíonn buille marbh ar bith ina chuid oibre.

Oibrí (nó oibríoch): fear atá go maith ag obair: 'is maith an t-oibrí é.'

Rúscaire: duine driopásach[9] a bhfuil sracadh mór oibre ann a bheadh i gcónaí ar a dhícheall ag deifriú leis an obair. Bíonn sé antlásach[10] leis an obair ag rúscadh nó ag ropadh leis. Féach *rúsc*, craiceann nó coirt an chrainn. Bhíodh rúscadh bataí san áit a mbíodh troid.

Forránach: duine lúth, láidir, go mór mór duine óg. Mar atá ráite san amhrán: 'is a liachta forránach breá, lúfar, láidir ag gabháil thar sáile nach bhfillfidh choích'.'

Spalpaire: sin duine lúth, láidir, freisin a mbeadh fonn air a bheith 'ag spalpadh na mionn'. 'Is é an spalpaire binn tréitheach é ab fhéile is ab áille.' Duine soirbh é, duine nach mbíonn mórán mairge air.

Scafaire: duine óg, lúth, láidir, croíúil. Is cosúil leis an spalpaire é ach gur duine óg go hiondúil é is gurb é a ghníomh agus nach í a chaint a thagas i gceist.

Radaí: duine a bhíos ag bladar le mná, nó ag cúirtéireacht.

Ruagaire reatha: duine a bhíos ag imeacht nó á ruaigeadh ó áit go háit. Is iondúil nach mbíonn aon cháil mhaith air.

Cluanaí: duine lách, bladrach, caoin.

Staraí: duine a bhíos ag cumadh scéalta, a lán acu bréagach, mar atá ráite: 'a staraí na lúb, ná bain thusa fúm.' Féach 'ní bréag ná stair a dúirt mé leat a chiúinbhean deas na bpéarlaí.'

Seargánach: an duine searbh a mhillfeadh gach uile ghnó agus a chuirfeadh deireadh le sult agus siamsa – 'an seargánach seang a lagaíos gach ní'.

Gráiscín: duine a labhródh caint gháirsiúil.

Na Mná

Is lú na focail atá ceaptha do na mná ach gur measa cuid acu. Cuir i gcás:

Óinseach: bean gan chiall; óinseoigín; **óinsín**: bean óg den chineál céanna.

Nuallóg: bean óg gan aon cheann, a dhéanfadh rud díchéillí.

Agóid: (1) in áiteacha: leathdhuine de bhean, bean gan aon ghearradh ná eolas; (2) bean dhrochmhúinte, thaghdach.

Straoill nó **straoilleog**: bean nach bhfuil glan ina pearsa ná i mbun tí.

Scubaide: cailín beag, suarach i ngotha, gan phioc-úlacht. Tugtar ar fhear óg freisin é.

Toice: bean gan mhaith.

Amaide, amaid: straoill nó síofrach mná gan mórán maitheasa.

Síofra:[11] bean mar dhuine a d'fhágfadh na sióga ina ndiaidh, e.g. 'síofrach mná dona gan chéill'.

Staidhce:[12] cailín nó bean a bheadh ina seasamh mar a bheadh cuaille gan a bheith ag déanamh aon mhaitheas. Duine a bhíos le stainc (nó stailc).

Matal: bean leisciúil gan mhaith, mar a déarfá 'sin í an matal agus an matal gan mhaith.'

Caile: bean chrua, dhoicheallach nach bhféadfá aon cheart a bhaint di. Bíonn an caile drochbhéasach.

Rálach: bean a bhfuil drochthréithe aici. Mar a dúirt Raiftearaí:[13] 'a rálach gan náire gan chuibheas gan chiall'; 'má phósann tú an rálach beidh aiféala do sháith ort.'

Ruóg: bean dhrochmhúinte

Raicleach: bean dhrochmhúinte a bhfuil go leor dá comhairle féin ag teastáil uaithi.

Ruibhseach: bean aranta, challóideach, dhroch-mhúinte. Bheadh sí ag scamhailéireacht ort. Bíonn sí géar, goibéalta.

Clipire: bean óg cheanndána a bheadh cliste le mórtas a dhéanamh le fir. Ní drochbhean amach is amach í. Tugtar clipire ar fhear is ar bhean.

Siopach: bean a bhíos ag cur isteach ar ghnó nach mbaineann di.

Smúiríneach: bean ghruama, chantalach.

Cuairsce: bean mhór, thoirtiúil, gharbh. As cuar-scé(?).

Ceirtlín: bean ramhar agus gan í an-mhór, i.e. burla de bhean.

Burla: bean gan aon chuma.

Ruacán caillí: seanbhean a mbeadh giobail d'éadaí uirthi.

Péiceallach: bean nó duine nó rud mór millteach.

Slámóg: bean bheag shuarach i ngotha. Mar atá ráite san amhrán: 'is a liachta slámóg go deas 'na suí', i.e. áit mhaith a bheith aici. Ní bhíonn sé ar fad ná ar leithead inti.

Sliseog: bean chaol; 'níl inti ach sliseog (sliseoigín).'

Reanglaí (reanglach): bean chaol chnámhach.

Coigealach: bean nó fear a bheadh greamaithe sa teallach agus nach bhfuil fonn uirthi (nó air) aon mhaitheas a dhéanamh:

Ní díol truaighe é choích' go mbuailtear air coigealach mná,
A dhéanfas gual dubh naoi n-uaire dhá chroí ina lár.[14]

'Tá tú ansin i do choigealach' a deirtear.

Sochmán (suachmán): bean bheag nó fear beag ramhar gan déanamh maith ná slacht ná dath. 'Níl inti ach suachmán.' Bíonn siad réchúiseach freisin.

Raitín: bean bhríomhar nach bhfuil ard.

Glaisneog: bean a bhfuil dath buí ar a craiceann,[15] bean bhláthbhuí.

Péacóg: bean óg a bhfuil tóir aici ar éadaí feiceálacha. Bean phráinniúil aisti féin í.

Prúntach: (1) éan, nó (2) bean mhór leitheadach.

Bruinneall: maighdean dheas óg. Mar atá san amhrán:

A bhruinneall gan smál,
A bhfuil an dealramh deas i do ghrua,
Cé hé an t-ógánach bán,
Ab fhearr liom seal leat á lua.[16]

Dathúlacht

Seo focail a bhaineas le dathúlacht:
Aoileann: bean óg, dhathúil (i.e. oíl-find).[17]
Spéirbhean: bean bhreá.
Spéir na gréine: cailín óg, aerach, dathúil a mbíonn éadaí gáifeacha uirthi.
Cailín Spéiriúil: Sin é an moladh is mó ar bhean. Mar a dúirt Raiftearaí in 'Eanach Dhúin':

Bhí Máire Ní Ruáin ann, buinneán gléigeal,
An cailín spéiriúil bhí againn san áit.[18]

Mar seo a labhair sé le Peige Ní Maoilmhichíl (Peige Mistéal):

Níor rugadh ariamh aon bhean sa tír
A bhainfeadh dhíot an barr,
Ó scriosadh an Traoi mar gheall ar mhnaoi
Is ó cuireadh Deirdre 'un báis.[19]

Ach ceapann gach súil taitneamh, mar a deirtear. Focail eile: bean sciamhach, i.e. bean dhathúil, bean shlachtmhar, álainn, dhóighiúil.

Maidir le duine snúúil deas a mbíonn loinnir ina shúile agus ina dhreach, bíonn an **dreach solais** aige, mar a bhí ag Diarmaid dreachsholas Ó Duibhne.

Is é an moladh is mó ar an gcraiceann go bhfuil:

A cneas mar an sneachta in uaigneas
Agus an ghrian ag lasadh suas leis.[20]

Nó,

Gur gile a taobh ná an eala shéimh théid ar linn gach ló,
Is a mhaiseach bhéasach, ghasta, thréitheach, aoibhinn, óg.

Maidir leis an **snua**, is éard atá molta 'snua na gcaor' a bheith sa ngrua, nó mar a dúirt an Caisideach Bán:

Ar dhath na gcaor do ghrua atá.[21]

Nó mar a deir file eile:

Ainnir na gcuach is do ghrua thrí ghartha mar an gcaoir.[22]

Má bhíonn **an ghrua** mar na caora, ní mór 'leaca bhán mar an aol' a bheith ann, nó 'leaca mhín bhán mar an sneachta ar thaobh rátha'. Nó mar a dúirt Cearbhallán na n-amhrán: 'do ghrua mar na caora caorthainn, snua na gile thríd sin.'

Maidir leis an mbéal, bhí draid an chnúdáin molta nó an 'déad gheal chúng', is 'béal tanaí faoi sin'. Mholaidís ar fad an 'béal tanaí dílis' nó 'an grísbhéilín, claontréitheach, binnbhriathrach, sámhghlórtha'.

Bhí trí chineál scéimhe i gceist: **scéimh na finne** agus **scéimh na duibhe** agus **scéimh na doinne**. Is í scéimh na finne is mó a fuair moladh sna hamhráin, mar is cosúil gurb í is tréine a bhí ag an mbunadh Ceilteach, sin agus 'gile na ruacha' an ghile gan bhuíochas.

Mhol file amháin, ar chaoi ar bith, scéimh na duibhe:

Tá na rósaí mar an lile ag iomadh fá bhord a béil,
Agus scéimh na duibhe ag an mbruinnill is áille méin.[23]

Agus mhol an Caisideach Bán freisin í:

Tá do sciamhfholt daite mar eite an fhiaigh
Scaipthe, scartha leatsa síos.[24]

Sa seansaol uilig, is í scéimh na duibhe is mó a bhí faoi mheas. Bíodh a chruthú sin ar scéal Dheirdre[25] (a raibh scéimh na finne aici féin) agus Naoise. Tá a leithéid eile, beagnach, sa scéal úd *Táin Bó Fraích*. Bhain Fraoch caora caorthainn agus rinne Fionnabhair ionadh d'áilleacht na

dtrí dhath: gile an chraicinn, deirge na gcaor agus
áilleacht (duibhe in Leabhar Buí Leacáin) a ghruaige.[26]

Ach ar bhealach eile:

> Tá buíphéarlaí dá dlaoi léithi
> Ag an mnaoi bhéasaigh, bhreá, mhómhar
> Síos léithi mar luí gréine,
> Ar thaobh sléibhe tráthnóna.[27]

Agus dúirt Tomás Láidir Mac Coisteala faoi Úna Bhán:

> A naoi n-órfholt léi gan alt ag casadh go bróig,
> Is dar liom féin go raibh a hurla mar an t-ór leáite.[28]

Agus arís:

> Tá a gruag 'na trí duala is í fite ina trilseáin óir,
> Is an té a bheadh gan amharc go dtiubhradh sí an tsoilse dhó.[29]

Bhí tóir, mar atá inniu, ar **ghruaig fheamainneach**[30]
agus an **cúl craobhach**, mar atá ráite:

> Gaoth ag iomramh do chúil chraobhaigh,
> Aghaidh fhionnbhán an aonaigh ort.

Moltar an ghruaig chatach, ní nach ionadh:

> Tá cúl gruaige ar mo bhuachaill is í ag casadh ina barr,
> Níl spuaic air ón tsluasaid ach a fhuip ina láimh.[31]

Agus:

> A mhuirnín deas na gcoirnín cas
> Tá ag tuirling ar gach taobh dhíot.[32]

Maidir leis an **tsúil**, is iad a **glaise** agus a **moille** is mó
a fuair moladh, sin agus an **leagan súl**: e.g. 'a súil bhreá
ghlas mar an drúcht ar an bhfaich''; 'is glaise a súil ná an

féar is ná an drúcht'; 'a súil mar an gcriostal'; agus 'béilín ciúin an tsuanroisc'; 'ba í siúd ainnirín na moille rosc', etc. Féach freisin: 'do mhéin mhaith is do leagan súl'; 'is tú is deise méin agus leagan súl.'

Caoile na malaí a thagas is gceist:

Do mhala ghann mar scríb pinn.

A chiúinbhean bhéasach na malaí caola,
Na gcuachfholt aerach atá fáinneach, fionn.[33]

Nó

A malaidh chaol, donn, mar a scríobhfaí le peann,
Is go bhfuil an fhíorscoith ainnti mar atá sí.[34]

Maidir leis an déanamh, d'fhaigheadh an airde moladh:

Buachaill caol ard atá in mo ghrá,
Agus é lom, tanaí, crua.

Is é an moladh a bhíos ar fhear maith crua, go bhfuil sé **ligthe, scaoilte**, agus ar bhean phiocúil, bheo, scioptha, go bhfuil sí **crua, fáiscthe**. Duine a bhíos róramhar, bíonn sé **as a shlacht**.

An Gaol

Is í a bhean an duine is gaire i ngaol d'fhear, agus a fear an duine is gaire i ngaol do bhean. Ansin, tá an t-athair agus an mháthair, an mac agus an iníon, an deartháir agus an deirfiúr. *Amnair* a bhí sa tSean-Ghaeilge ar dheartháir athar, nó máthar, i.e. uncail. **Nia** a bhí ar mhac dearthár nó deirféar agus **neacht** ar an iníon. **Col ceathrair** (col ceathar) a thugtar ar an ngaol atá ag clann bheirt deartháireacha dá chéile: 'col ceathar dhom é'; 'tá sé ina chol ceathar (ceathrair) aige.' **Col ceathracha** nó colanna ceathrach atá ar go leor acu. Is col ceathracha, dá réir, clann bheirt deirfiúracha, nó clann an dearthár agus clann na deirféar. Tá sé ina leathfhocal gur 'geall le duine ón deirfiúr agus duine ón deartháir iad'. An chlann a bhíos ag col ceathracha is **col seisir** gach duine acu dá chéile: colanna seisir go leor acu.

Col mórsheisir céim is faide amach ná sin, agus ansin **col ochtair** agus col naonúir. Tá an gaol **scaipthe** ansin. An méid atá i ngaol le chéile, is **gaolta** iad. Agus 'is fearr beagán den ghaol ná mórán den charthanas.'[35] Is ionann **cara** agus an té atá mór leat, nó a dhéanfadh gar duit. Tá an dá fhocal le chéile sa leagan: 'a chairde gaoil, caoinidh amárach mé.'

An té a bhíos ina chol ceathrair agat bíonn sé **gar i ngaol** duit. An té nach bhfuil aon ghaol agat leis, 'ní raibh **gaol ná dáimh** agam leis' a déarfá. Is ionann an dáimh[36] ó cheart agus an gaol a thagas le cleamhnas.

Nuair a bhíos fear pósta ag d'iníon nó ag do dheirfiúr, sin é do **chliamhain**. An bhean a bhíos pósta ag do dheartháir, nó ag do mhac is **banchliamhain** duit í. Na **cleamhnaithe** atá ar go leor acu. Na daoine atá gaolmhar agat, sin iad do **dhaoine muintreacha** nó do ghaolta. D'athair, do mháthair, do dheártháireacha agus do dheirfiúracha, etc., sin iad do **mhuintir**. 'Cén chaoi a bhfuil do **chúram**' a déarfá le duine a bhfuil bean agus clann aige.

Is é d'**athair mór** athair d'athar, nó athair do mháthar, agus do **sheanathair** a athair sin. Is ionann, in áiteacha, seanathair agus an t-athair mór. **Deaideo** a thugas malrach nó gasúr ar a athair mór, agus **mamó** ar a mháthair mhór. Tugtar **deaide mór** agus **gaide** mór, **mama mhór** mar a chéile orthu.

Is é an t-ua mac an mhic, nó na hiníne, agus an t-iarmhó a mhac sin, agus an t-*indua* a mhac sin arís.

Bhí sé ráite sa tSean-Ghaeilge mar seo *bid cond cách co hua*,[37] i.e. go mbeidh urlámh dhlisteanach ag gach ua ar oidhreacht a athar mhóir. D'fhág sin, is cosúil, nach ndeachaigh an fine sa bhfíor-sheanaimsir thar mhac an mhic, i.e. an tríú **glúin**. An tseoid a bhíodh ag dream daoine ó ghlún go glún *seoid fine* a thugtaí uirthi sa Meán-Ghaeilge.

An té a shíolraíos ó dhuine is é an chaoi a dtagann sé **díreach ar a threibh**: 'tháinig sé díreach ar threibh Éamainn', etc. a déarfá nó 'tháinig sé ar a shliocht.' An duine a thagas ar do threibh mar sin is **ginealach** leat é. 'Níl ginealach leis sa tír' a déarfaí. Is duine uasal **ó ghinealach** an té a shíolraíos ó dhaoine uaisle. **An mhuirín** an méid clainne a bhíos ag duine; bíonn muirín mhór **air** nó muirín bheag. Nuair a mhéadós siad, beidh **cúnamh** (mór) aige.

Má scarann fear agus a bhean phósta ó chéile bíonn **colscaradh** eatarthu agus téann siad **ar leithlis**. 'Dheamhan lá téagair a dhéanfas sé léi' a déarfaí dá mbeadh briseadh amach eatarthu.

An té a thógtar i gceart bail a athair agus a mháthair is é an chaoi a n-**aithrítear** agus a **máithrítear** é. Mar atá sé ráite in 'An Draighneán Donn':

Is cailín a haithríodh agus a máithríodh mé.

Agus mar a dúirt Pádraig Daeid:

Ar mhalaidh Shliabh Chairn 'sé (i.e. 'sea) máithríodh mise le
    cruithneachta Gaeil,
Ní hionann sin is tusa a d'fhágaibh Cill Chainnigh i dtréas.[38]

Cuirtear bean **i gcrích** nuair a phósas sí, agus cuirtear fear i gcrích nuair a fhaigheas sé post. Déantar bean a chur i gcrích freisin le post a fháil di. Bean a **rachadh ó chrích** bean nach bpósfadh. **(F)uachaid**[39] atá inti ansin. Sin é an fáth a n-abraítear 'dea-chríoch ort'.

An fear a phósas déanann sé **téagar**. Is ionann téagar a dhéanamh ó cheart agus maoin a chruinniú nó a chur le chéile. Fear **téagartha** fear a bhfuil neart maoine aige, nó fear leathan, láidir. Is fear **láidir** freisin fear a bhfuil go leor stoic aige. Nó, mar atá ráite san amhrán:

Ní dhéanfaidh mé aon lá téagair go dté mé don Oileán Úr,
Go mbí mo phíopaí gléasta agus téadra ar m'fhidil cheoil.

Fear óg deisiúil atá feiliúnach ar bhealaí eile, is maith an **oidhe phósta** é. Má bhíonn tú á mholadh, 'ba mhaith an díol air bean mhaith a fháil' a déarfá, nó 'ba mhaith an oidhe air í.' Fear atá saibhir sách, tá sé i **leorchruth**.

Dá mbeadh fear i bhfad ag súil le bean áirithe a fháil, is nach bhfaigheadh sé í, déarfadh na comharsana 'gur chaith sé na bróga léi', nó 'gur chaith sé a cheirteacha léi', nó a chuid éadaí, nó 'go ndearna sé cosán dearg go dtína teach'; nó, dá mbeadh sé ceanúil uirthi, 'go lífeadh sé an cosán 'na diaidh'. Mar a dúirt an Caisideach Bán:

Chaith mé léi na bróga go soiche [i.e. go dtí] na búclaí.

Dá mbeadh fear ann nach dtaitneodh le bean agus nárbh áil léi de, ní bheadh sí ag **meath** ina chionn, i.e. ag cur ama amú leis, agus chuirfeadh sí di i gcuideachta é.

Fear agus bean a bhíos mór le chéile bíonn siad á lua[40] le chéile, mar atá ráite san amhrán:

Bhí tú do do lua liom ó bhí tú in do leanbán.[41]

Agus 'go luaitear na céadta le chéile nach bpósann go bráth'. 'Luadh sinn go hóg le chéile' sampla eile de.

Nuair a bhíos beirt á lua le chéile mar sin, ní fhágann sin go bhfuil gealladh pósta eatarthu, ach amháin go mbíonn na comharsana á ndéanamh amach dá chéile. Mar a dúirt Stiofán Ó Lorcáin le Bríd Ní Ghadhra:

Chaith mé an bhliain anuraidh leat,
Mar bhí mé óg gan chéill,
Do do mhealladh is do do chealgadh
Is do do dhéanamh amach dom féin.[42]

Nuair atá sé socraithe go bpósfaidh beirt a chéile tá an **cleamhnas** déanta. Bíonn **bainis** ar bun an lá a phósas siad agus bíonn a ngaolta ar an mbainis. Ní thugann an bhean cuairt ar a muintir go mbí mí caite tar éis an phósta. Sin í **an chuairt mhíosa**. Bíonn **éirí amach** acu tar éis an phósta, i.e. tugann siad na cairde ag ól leo.

Fear a ndéantar cleamhnas dó gan é a bheith baileach sásta leis, is é an chaoi a m**buailtear** an bhean air.

Lánúin, nó lánúin phósta, fear agus bean atá pósta le chéile. Tugtar in áiteacha – sa gceart – lánúin ar bheirt ar bith, agus go fiú ar ghé agus gandal. Má chailltear an fear is baintreach an bhean. Má chailltear an bhean, is baintreach an fear, i.e. baintreach fir.

Má fhaigheann an t-athair, nó an mháthair, nó an bheirt acu bás, is **dílleachta**[43] an páiste. Tugtar dílleachta ar uan freisin má fhaigheann a mháthair bás.

Baistear páiste cúpla lá tar éis a bhreithe agus cara (cairdeas) as Críost a théas chun baiste leis, nó a thógas as umar baiste é. Bíonn bainis bhaiste ansin ann. **Bainis Mheiriceá** a bhíos do dhaoine atá ag dul go Meiriceá.

Comhaireamh Airgid

Mar seo a dhéantar airgead a chomhaireamh: feoirling, leathphingin, pingin, pingin go leith, dhá phingin, dhá phingin is leathphingin, trí pingine, trí pingine is leathphingin, toistiún, bonn is leathphingin, cúig pingine, sé pingine, seacht bpingine, dhá thoistiún, dhá bhonn is leathphingin, naoi, deich bpingine, aon phingin déag, scilling, trí phingin déag, ceithre phingin déag, cúig phingin déag, nó scilling is trí pingine, scilling is toistiún, ocht bpingin déag, nó scilling is sé pingine, dhá scilling, dó is trí pingine, dó is toistiún, leathchoróin, (dó is sé pingine), trí scillinge, trí is toistiún, trí is sé pingine, ceithre scillinge, ceathair is sé pingine, coróin, coróin is sé pingine, sé scillinge, sé phíosa, i.e. sé is sé pingine, seacht scillinge, seacht is sé pingine, deich scillinge, deich is sé pingine, aon déag, nó aon scilling déag, dó dhéag, nó dhá scilling déag, dó dhéag is sé pingine, trí déag, ceathair déag, cúig déag, (= cúig scillinge déag), seacht, ocht, naoi déag, punt, scilling is punt, dó is punt, trí is punt, (punt agus trí scillinge), ceathair is punt, coróin is punt, sé fichead, nó sé is punt, seacht fichead, ocht, naoi, deich fichead, aon déag (aon scilling déag) is punt, dó dhéag, etc., agus punt, dhá phunt, trí phunt, ceithre phunt, cúig phunt, sé phunt, seacht, ocht, naoi bpunt, dhá phunt coróin, dhá phunt sé scillinge, trí phunt coróin, trí phunt deich, trí phunt aon déag, trí phunt dó dhéag, etc., fiche punt, punt is fiche, dhá phunt is fiche, dhá phunt fhichead, etc.

Bhí airgead fadó ann ba lú ná leathphingin ná feoirling, is cosúil, i.e. **sciúrtóg** agus **cianóg**. 'Ní fiú sciúrtóg é' a deirtear faoi rud nach fiú tada. 'Deamhan cianóg rua a bhí aige' a déarfá. As teanga na Portaingéile a tháinig moidear, i.e. trí agus naoi bpingine, tuairim is, agus réal as caint na Spáinne *real*.

Nótaí

Caibidil 1 Beannachtaí

1 Is é an t-aighne a dhéanadh an chúis a thagra nó a phlé faoin bhFéineachas. Níor mhór dó caint mhúinte a bheith aige. Aighneas an phlé a bhíodh ar bun aige. [Féach freisin *GEIL*, lgh 56-57].

2 Féach *dess imriadam* in *TEmire*, lch 26.

3 Féach *SÉUC*, l. 49.

4 San áit ar tógadh Seán. Féach *SÉUC*, Réamhrá, lch v.

5 Mar fhreagra ar 'go mbeannaí Dia dhuit', chluinfeá 'go mbeannaí an fear céanna dhuit', le hainm Mhuire a fhágáil as. Leis an gcreideamh Protastúnach a tháinig sin isteach i gcorráit, ag corrdhuine.

6 As Contae an Chláir a tháinig an t-amhrán seo 'Risteard Ó Broin', [*AChG*, lch 71].

7 'Failte' in áit 'fáilte' a deirtear i nDúiche Sheoigheach, taobh Charna, srl; 'slainte' in áit 'sláinte' dá réir.

8 Féach *Ériu*, 6 (1912), lch 7.

9 Féach lch 14.

10 Féach lgh 14-16.

11 Níl aon bhaint ag an bhfocal seo le 'mairim' (beo), mar atá mínithe in *An Lia Fáil*, 2 (1926), lch 182. 'Go maile tú' a bhí roimhe sin ann, agus 'go meala tú'; *ro-meala, da-roimle* roimhe siúd. As *do-meil*, i.e. leas nó sásamh a bhaint as rud, a shíolraigh sé [= *tomhail* in *FGB*].

12 Go 'humachaidh' (Anna Nic Giolla Ruaidh, seanbhean Ghleann Éada [Co Liatroma]).

13 Tá béim an ghutha ar an gcéad siolla den fhocal sa gciall seo.

14 [Douglas Hyde, *Leabhar Sgéalaigheachta* (Baile Átha Cliath, 1889), lch 157.]

15 [Féach *Béaloideas*, 4 (1933-34), lch 137, uimh. 16.]

16 Féach lch 233.

17 [*AGCC*, lch 67; féach freisin lch 72.]

18 Féach *dess imriadam dúib* in *TEmire*, lch 26.

19 Féach an tSean-Ghaeilge *aingid* 'cosnaíonn'.

20 Is dócha gurb é *th'óidh-ru, th'óidh* atá anseo. Féach *An Lia Fáil*, 2 (1926), lch 181.

21 Is ionann ciall amháin sa tSean-Ghaeilge don fhocal 'aithne' agus 'a thabhairt i seilbh' = *deposit*. 'Seachain, ní ag cur aithne ort é', caoi eile. [Maidir le bríonna éagsúla a bhí anallód ag *aithne*, féach *DIL*, s.v.].

22 [*SCh*, 2, 3423.]

Caibidil 2 Sloinnte

1 Féach Pól Breatnach, *Studies* (1935), lch 244.

2 B'in fíor-sheanghnás, e.g. Conchubhar mac Nessa.

3 Seo samplaí eile a bhfuil an t-ó (h., ua) rompu, ach ní fhágann sin gurb é an bhrí atá le 'ó' iontu atá anois leis: Ragnall h. Imair 914, Sitriuc h.

Imair 927, Loingsech h. Lethlobair 932, Scolaigi H. Aedhacain 947, Aedh
h. Ruarc m[ac] Tigernain 947, Flaithbertach H. Neill 949 (i.e. mac mic
Néill Ghlúnduibh), Ruaidri ua Canannan 947, Niall Oa Canannan 950,
Flann H(ua) Cleirigh 952, O Ruairc 954.

4 Féach *LAU*, lgh 138-39.
5 Tá míniú ar bhunús an leagain seo in *Ériu*, 6 (1912), lch 58 ar lean.
6 Nó Crehan. Féach An Croichíneach, i.e. Crean. [Maidir leis na
leaganacha Béarla de chuid de na sloinnte seo, féach Muiris Ó
Droighneáin, *An Sloinnteoir Gaeilge agus an tAinmneoir*, 3ú heag. (Baile
Átha Cliath, 1982), agus Patrick Woulfe, *Sloinnte Gaedheal is Gall*, (Baile
Átha Cliath, 1923). Ní i gcónaí a réitíonn na leaganacha a thugtar sna
foinsí sin le leaganacha an Mháilligh, áfach].
7 ['Na Gleannta', féach *CO*, lch 78.]
8 Hansbury, Ansboro i mBéarla.
9 Crean, tuaisceart Mhaigh Eo.
10 Féach an t-athrú as **de** go **a** in 'trí **a** chlog', etc. Bhí an t-athrú tagtha in
aimsir *Leabhar Buí Leacáin* (1398 AD), e.g. Uátér a Búrc.
11 Nó Durkan i mBéarla.
12 Leonard i mBéarla.
13 De Freyne.
14 Forde (Co.Liatroma), nó Kineavy.
15 Kilraine.
16 [Féach *SCh*, 1, 1631.]
17 Ó Phádraig Mhac Meanman, An Cloigeann, Baile Chruaich, togha
seanchaí, a fuair mé é seo.
18 Tully.
19 Jennings i mBéarla.
20 Mac Hales.
21 Ba de Chlann Uí Maoldomhnaigh Seán na Sagart.
22 Féach an t-athrú ó **ml** go **bl**, *LAU*, lch 95.
23 Tá a leithéid freisin i nGaeilge na hAlban. Mag Réill, Mag Ríll a
dhéanann siad de Mhac Néill i mBarra, Mhag Réill i gCo. Mhaigh Eo.
24 ['Conndae Mhuigheo', féach *AMS*, lch 4 agus *Duanaire Gaedhilge Róis Ní
Ógáin: Cnuasach de na sean-amhráin is áille agus is mó clú*, eag. Diarmaid Ó
Doibhlin (Baile Átha Cliath, 1995), lch 79.]
25 *Find fer Umaill* a bhí freisin air. B'ionann *fer* agus mac.

Caibidil 3 Na Féilte

1 Ón Laidin *vigilia, viglia* a d'fhás an focal féile. *Veglia* an chuma a bhí air
nuair a tháinig sé isteach sa nGaeilge. D'imigh an *g* agus d'fhág sin
síneadh ar an *e*, le fad cúitithe. Tháinig *f* as an *v* i dtús focail timpeall na
bliana 600 AD; féach *LAU*, lch 117; 'Fíle' a thiocfadh díreach as *vig(i)lia*.
Gwyl an focal Breatnaise, Iodáilis *veglia*. [Maidir leis an bhfocal seo agus
focail eile a tháinig ón Laidin, féach Damian McManus, 'A Chronology
of the Latin loan-words in Early Irish' in *Ériu*, 34 (1983), 21-71].
2 Féach Thurneysen, *Heldensage*, lch 7. Idir 797-808 a cumadh an Féilire.
Chuir Whitley Stokes i dtoll a chéile faoi dhó é: (1) *Proceedings of the Royal
Irish Academy* (1880) agus (2) don Henry Bradshaw Society (1905)
[athchló, Baile Átha Cliath, 1984].
3 [Maidir le cóipeanna den téacs féach *RIA Cat.*, Index 1, lch 167. In eagar
ag A. Cameron, *Reliquiae Celtica*, 1 (Inbhirnis, 1892), lgh 141-49.]
4 [Féach N. J. A. Williams, *Cniogaide, Cnagaide* (Baile Átha Cliath, 1988), lch
107, maidir le leaganacha den rann seo.]
5 Féach RIA, 23 d 1, lch 11 (Riaghail Uí Dhubhagáin). Lá Fhéile Eoin ainm

eile ar Lá 'Fhéile' tSin Seáin, an 24ú lá de Mheitheamh; Lá Saint Seáin ainm eile air (RIA, 23 d 1, lch 5).

6 Féach RIA, 23 a 1, lch 11; Nollaig Bheg bheannuighthe, bithbhuan, RIA, 23 d 1, lch 38.

7 Maidir le 'Lá Caille', [mar] a thugtar in áiteacha air, ó *Kalendae* (i.e. Calainn) sa Laidin a d'fhás sé.

8 As an mBéarla, is dócha, é seo.

9 [*An Stoc*, Deireadh Foghmhair 1928, lch 3.]

10 *Scéala Éireann*, 6 Eanáir 1935.

11 Féach RIA, 23 d 1 v. 38 (Riaghail Uí Dhubhagáin).

12 Féach RIA, 23 d 1, lch 14 (Riaghail Uí Dhubhagáin).

13 Ó *ieiunium* sa Laidin a d'fhás *aíne*, 'aoine' sa nGaeilge ach gurb é *aiúnium* an chuma a tháinig ar an bhfocal as ar tógadh an focal Gaeilge (Féach Pedersen, *VGK*, 1, lch 215, etc.).

14 Is ionann 'dia' agus 'lá' (Laidin *dies*) agus is é atá freisin sa bhfocal 'inniu' [<*indiu*] agus 'inné' [<*indé*]. Is ionann 'Domhnach' agus *(dies) dominica*, i.e. lá an Tiarna.

15 Nó 'chathaireach'? *Beatha Cholm Cille* [eag. O'Kelleher, Schoepperle, (Illinois, 1918)], lch 118, l. 25 = *Ember Days*. Is ionann 'cadar' agus ceithre cinn i gcuideachta, nó an ceathrú cuid.

16 Eoin (féach Iain in Albain) an focal a tháinig díreach as an Laidin. Seán an focal a tháinig as an bhFraincis. Féach 'Máire' as an Fraincis *Marie* a tháinig é féin as Laidin *Maria*. 'Muire' an seanfhocal a tháinig as an mbunfhocal *Mrjia* – gan aon ghuta sa gcéad siolla.

17 Ó shean-Tomás Breatnach, gabha, Corr na Móna, a fuair mé é seo ['Úna Bhán', féach *CO*, lch 6].

18 P. Mac Meanman, Baile Chruaich.

19 Féach *The Voyage of Bran*, 2, lgh 301-03; *LL* 30591-92; *Leabhar Bhaile an Mhóta* 393 a; *Leabhar Mór Leacáin* 500 a.

20 'Labha' a deirtear mar logha i gcúrsaí creidimh. Ach féach Lugh, Logha (:Lógh). [Gheofar cur síos ar na nósanna a bhain leis an bhféile seo in *The Festival of Lughnasa*, M. Mac Neill (Baile Átha Cliath, 1962)].

21 [RIA, 23 d 1, lch 11 (Riaghail Uí Dhubhagáin).]

22 [Féach *An Claidheamh Soluis*, Leabhar 13, uimh. 4, lch 5, (Aibreán 1911)]

23 Tá Teampall Chaillín ag Ceann Léime, Co. na Gaillimhe. Féach freisin tagairt do *Leabhar Fíonacha* ag P. Ó hEidhin in *Journal of the Society of Antiquaries of Ireland*, 61, (1931), lgh 39-54.

24 P. Ó Meadhraigh.

25 Mír, i.e. giota beag.

26 Maidir leis na trátha sa tSean-Ghaeilge, féach Best, 'The Canonical Hours' in 'Miscellany to Kuno Meyer', lgh 142-46, *Ériu*, 3 (1907), lch 117.

27 i.e. d'ith.

28 i.e. *vesper*.

29 Féach *Duanta Eoghain Ruaidh Mhic an Bhaird*, eag. T. Ó Raghallaigh (Gaillimh, 1930) lch 228:
Ó nóin a ndiaigh coimpléide
go deoigh nAifrinn amárach.

30 Micheál Ó Cadhain, 'Laoidh Chruailleáin na Ruailleáin'. Féach *MMhS*, lch 95.

31 Sa mBreatnais *gwawr*.

32 Féach '*Iartrath nona* [...] *tic in colum 'na chomdáil*', *SR*, 2585.

33 Nó tugtar *evening* air óna sé a chlog amach in áiteacha i Sasana sa samhradh féin: 'that part of the day during and shortly after sundown' atá air i bhfoclóir Wyld.

34 Táthar ag ceapadh go bhfuil gaol ag **airne** le 'aire', i.e. aire-ne mar atá

grán: gráinne, fionn: fionna.

35 Rag-airne. Féach rag-obair (Ó Duinnín) [agus *ragaire, ragaireacht FGB*].

36 Micheál Ó Cadhain, 'Laoidh Chruailleáin na Ruailleán'. Féach *MMhS*, lch 100.

37 *Betelgeuse* an t-ainm atá ar cheann de na péiceallaigh is mó acu.

38 *Belt of Orion*(?).

39 *Sword of Orion.*

40 Táim buíoch de Mháirín, bean Mhicheáil Uí Churraidhin, as an gCarraig, Corr na Móna, as an eolas seo a thabhairt dom.

41 *AU*, AD 1018, i.e. *comet.*

42 'Micheál Luke Pháidín', féach *MMhS*, lch 87.

43 Déantar sort aidiacht den 'mhárach' seo.

44 Scríobhtar Eanair sa mícheart di.

45 Bhí mí Lú acu in Acaill uirthi, ach níl a fhios agam an raibh aon bhunús leis.

46 Tá dhá fhocal a bhfuil an seantabharthach in *u* nó a lorg le feiceáil ina ndeireadh: *inniu* [<*indiu*] ón bhfocal *dia*, 'lá', agus *ló* as an tSean-Ghaeilge *láu.*

47 i.e. Rí Seoirse(?), [sa bhliain 1752, le linn do Sheoirse II a bheith ina rí, a athraíodh ó Fhéilire Iúil go Féilire Ghréagóra].

48 Féach *Acall*. l. 351, *aíbinn gach inam Arann*, agus *ISP*, lch 22.

Caibidil 4 An Aimsir

1 'Bríd Ní Ghadhra', nó 'Bríd Ní Ghníomha'(?), a chum Stiofán Ó Lorcáin as Conamara. Is é 'Bríd Ní Ghadhra' is cóir. [Féach *CO*, lch 87. Tá na línte seo le fáil freisin i leaganacha de 'Amhrán Mhaínse'. Féach *NDh*, 3, lch 24].

2 Féach 'uain', i.e. iasacht.

3 I Mionlach (teasúch).

4 Tugtar brothallach feamainne ar an bhfeamainn a chuireas an tonn i dtír, i.e. bruth-faoi-thír. Bíonn spalpach mór freisin ann, i.e. *drought.*

5 Féach freisin, triath, gin. treathan, i.e. an fharraige. Nó an Chincís? [féach *SCh*, 1, 2276].

6 Mag Íontaigh i Rinn na Feirste.

7 Féach Pedersen, *VGK*, 1, lgh 488-89, etc., i.e. báit-seach [ach féach *DIL*, s.v. *baistech*].

8 Féach *coimchloud* sa tSean-Ghaeilge (gan séimhiú ar an *m*).

9 Tugtar 'an riabhach' [riach] go minic ar an diabhal i gConnachta. 'Tá an riach ort,' cuir i gcás. [Dhá fhocal ar leith iad *riabhach* agus *riach* de réir *FGB*].

10 i.e. *Indian Summer.*

11 Nó 'annadh', as Sean-Ghaeilge *adnad, andud* [nó *anad*].

12 Sórt *mirage*. [Féach *FGB*, s.v. *sonra*, *LFRM*, *FFG*, s.v. *sunda*].

13 Gaillimh, Mionlach.

14 ['Do Mhíle Fáilte, a Bhuachaillín'. Féach *Faoi Rothaí na Gréine: Amhráin as Conamara a bhailigh Máirtín Ó Cadhain*, eag. R. uí Ógáin (Baile Átha Cliath, 1999), lch 133.]

15 [Féach *caithréabachaí* 'terrible bad weather', Séamus Mac Con Iomaire, *An Stoc*, Iúl-Lughnas 1929, lch 3.]

16 Tá an fhréamh chéanna sa bhfocal 'cladhaire', i.e. duine a d'fhanfadh sa trinse in aimsir chatha, nó duine a bhíos mall ag déanamh aon cheo, e.g. 'rith, a chladhaire!'

17 D'fheicfeá a leithéid san Eilvéis in aimsir shamhraidh nuair a bhíos an sneachta ag leá, i.e. tuile gan aon bháisteach.

18 Is ionann anseo 'fábhall' agus *tendency.*

19   *Phosphorescent light* [*will-o'-the-wisp FGB*].
20   Féach Sean-Ghaeilge *féith forsind fhairrge*, i.e. calm.
21   i.e. *squall.*
22   Féach *CC*, lch 178.
23   Cuaranfa: focal nuachumtha ar *tornado* [*cyclone FGB*].
24   Féach lch 37.
25   [*AChG*, lch 21.]
26   [Féach *CO*, lch 5.]
27   e.g. *snigid gam* [G. Murphy, *Early Irish Lyrics* (Oxford, 1956) lch 160].
28   In aice leis an gCaisleán Riabhach [Co. Ros Comáin]. In 'An Draighneán Donn' atá an líne seo [féach *AChG*, lch 118].
29   ['An Draighneán Donn', *AChG*, lch 16.]
30   ['Cuaichín Ghleann Néifinn', *AChG*, lch 90.]

Caibidil 5 An Féar agus an tArbhar
1   Seo focail eile ar cuireadh s- ina dtosach: (s)preab, (s)roich, (s)méarach, (s)driog, (s)druid, (s)aileastar, (s)creachán, (s)gead, (s)créach, (s)cnaiste, (s)cruit, (s)cromaire, (s)creallach, (s)bang, (s)péic, (s)pré, (s)tua, (s)brúille, (s)pairt, (s)riabh(án), sdreoilín, agus a lán eile. [Féach T. F. O'Rahilly, *Scottish Gaelic Studies*, 2 (1927), lgh 24-29].
2   Nó Cailleach Bhérre. Sórt bandé arbhair a bhí i dtosach inti, is cosúil. Féach *Ériu*, 7 (1914), lch 240. [Féach freisin G. Ó Crualaoich, *Béaloideas*, 56 (1988), lgh 153-78; *Béaloideas*, 62-63 (1994-95), lgh 147-62].
3   ['Aodh Óg Ó Ruairc', *AChG*, lch 33.]
4   Féach *ADCC*, 2, lch 94.
5   [Féach *Oidheadh Chloinne Uisnigh*, *Irish Texts Society*, 56, eag. C. Mac Giolla Léith (Londain, 1993), línte 221-22.]
6   Ní hionann an chiall atá leis an bhfocal 'téigh' maidir le duine mar déarfá: 'thosaigh Máirtín ag téamh', i.e. go raibh faitíos air.
7   Bíonn iomlaoid idir *d* agus *g* sna focail seo: déidín: géidín, dreas: greas, dinglis: ginglis, etc.
8   Féach *airthenn*, *Fled Bricrend* [eag. E. Windisch, *Ir. Texte*, 1, lch 285; G. Henderson, *Irish Texts Society*, 2 (Londain, 1899), lch 80] §63.
9   *Feóirnín* ainm a bhí air sa Meán-Ghaeilge. Féach *Acall.*, 6307.
10   Órán Mór. ['Bháitéar Óg a Bláca', féach *AChG*, lch 23].
11   Is cosúil go bhfuil gaol aige le *semenn* (rivet) sa tSean-Ghaeilge.
12   Féach Pedersen, *VGK*, 2, lch 57.
13   Féach arís lgh 178-80.
14   Cineál *hyacinth.*
15   *Crowsfoot* [glasair léana = *spearwort*, *FGB*, s.v. *glasair*].
16   [Féach *SCh*, 2, 3407.]
17   Féach *An Seanchas Mór*, *ALI*, 1, lch 124 maidir le téarmaí muilinn [Féach freisin G. Mac Eoin, 'The Early Irish vocabulary of mills and milling', in *Studies on Early Ireland. Essays in Honour of M. V. Duignan*, eag. B. G. Scott (Béal Feirste, 1981), lgh 15-19].
18   [Cúige a bhaineann anois leis an bPolainn.]
19   [Féach *SCh*, 1, 452-53].
20   [*AChG*, lch 84.]
21   Féach lch 53.
22   Tugtar goin olann [goine olla] ar an olann atá ag éirí amach nuair a tharraingítear an olann de chraiceann caorach.
23   Cuir i gcás i dtuaisceart Cho. Mhaigh Eo, etc. **Sceallán** an focal bunaidh ó **sceall**, píosa a scoiltear.
24   Bréanra in áiteacha, i.e. bréan-ar.

25   *SÉUC*, l. 128
26   I gCo. Mhaigh Eo ó thuaidh.
27   Is cosúil gurb í an theirc ó cheart í.
28   = loss-fheac(?). Loiseach a thugas tuilleadh air.
29   *Oíle* sa tSean-Ghaeilge, i.e. leiceann.
30   'An Draighneán Donn' [*AChG*, lch 119].
31   'Sé fáth mo bhuartha', *AChG*, lch 31.

Caibidil 6   An Mhóin

1   [*SCh*, 2, 3824.]
2   Deirtear faoi dhuine a mbíonn an deilín céanna i gcónaí ar bun aige go mbíonn sé ar aon sioscadh amháin i gcónaí. Féach lch 188.
3   Féach *MMhS*, lgh 13, 112. Is ón mbunadh sin a shíolraigh Roger Casement i dtaobh a mháthar. B'as Co. na Gaillimhe í.
4   Tugtar banrach in áiteacha ar phionna caorach. Féach lch 71.
5   Féach lgh 165-66.
6   An Cheathrú Rua – M. ó Flathartaigh.

Caibidil 7   An tAonach, Beithígh, etc.

1   ['Cuach na hÉireann'. Féach *AGI*, lch 37. *CO*, lch 11, 'Bruach na Cairthe Léith".]
2   Féach *Táin1*, l. 1054, *ba maith bláth in c[h]laidib lat*.
3   Féach 'bheadh dúthracht fada ar an léas', *MMhS*, lch 49. Is cosúil gurb éard a chiallaigh sé i dtosach *good will*.
4   i.e. bó-fheadán?
5   ['Caora mhór an t-uan i bhfad' an gnáthleagan. Féach *SCh*, 1, 391; 2, 4388.]
6   Féach Sean-Ghaeilge *oí*, i.e. caora, Laidin *ovis*.
7   i.e. bó-sheirín.
8   As *com-iung*.
9   Féach P. Ua Concheanainn, *An Stoc*, Feabhra 1929, lch 8.
10   Nó Scéth/Sciath.
11   Nó an claimhe [fir.]; féach claimhreach.
12   *ringworm*
13   *Dry murrain* sa mBéarla
14   As 'ceann-fhionn' le díshamhlú. Féach Thurneysen (*ZCP*, 19 (1933), lch 201.
15   *Fetlock* i mBéarla [= *hough FGB*, s.v.].
16   Cairín, i.e. feoil gan saill [*flesh without fat*]. *Ó Cl.*, s.v.
17   [glinne = 'ribe d'fhionnadh capaill' in *FFG*, s.v.]
18   Féach *Ir. Texte*, 3, lch 103, §193. [Féach freisin, *DIL*, s.v. *gibne*].
19   Nó *mount*.
20   Bíonn loscadh tiaraigh ar an asal nuair a bhíos sé gearrtha ag an tiarach. Is ar asal a bhíos an tiarach.
21   i.e. *é-scíth*.
22   As *imb-réim*.
23   [Maidir leis an amhrán 'Eilínór (Eibhlín) a rún', féach *NDh*, 1, lch 126; *NDh*, 3, lgh 38-39; *Éigse*, 2 (1940), lgh 208-12.]
24   [Féach *SCh*, 1, 1880.]
25   [Faoin gceannfhocal céanna atá siad in *FGB* (s.v. *ascar*), áfach.]
26   No *whinnying*. Bíonn eascann freisin ag cuachaíl.
27   Féach *Ériu*, 3 (1907), lch 198.
28   'An tSean-Bhó' (Seán Mac Coinnigh). Féach *Urlabh.*, lch 167.
29   ['An Caisideach Bán,' *AChG*, lch 20.]

30 Féach Seán Ó Ruadháin, *Pádhraic Mháire Bhán* (Baile Átha Cliath, 1932; eag. nua, 1994). Féach 'taibhreamh', etc.

31 Féach *in-loing* sa bhFéineachas, i.e. an rud a chuirtear ar thalamh le seilbh a ghlacadh [féach freisin *tellach*, Fergus Kelly, *GEIL*, lgh 186-87].

32 Anna Nic Giolla Ruaidh, Gleann Éada [Co. Liatroma].

Caibidil 8 An Fharraige

1 As an Laidin *ōceanus*.

2 Dán Dhonnchadha Mhóir Uí Dhálaigh (M. Ó Cadhain, An Chraobhach; P. Ó hOrnaidhe, Cnoc Duagh). [Féach T. Ó Máille, *Archivium Hibernicum*, 2, (1913), lgh 256-73.]

3 Tá 'lear' i gciall eile sa leagan 'faoi lear', 'is dom féin tá a lear go deo' in *MMhS*, lch 12. Féach freisin Clann Lir.

4 Níl sé dearfa ar chor ar bith go bhfuil aon bhaint ag an bhfocal seo le taoide. Feictear dom gurb é an focal bunaidh atá in 'tadall fairrge re a formna' in *Agallamh na Senórach* (*Acall.*, l. 340) agus gur uaidh a thiocfadh taidhlle(?), i.e. an rud a thigeas arís agus arís eile.

5 'Coll (Coill?) na Binn" a thugtar in áiteacha air. [Féach *AGI*, lch 84 maidir leis an amhrán seo].

6 i.e. tor-linn.

7 Ainm atá ar chuid den fheamainn a ndéantar an cheilp di ['oarweed', *FGB*, s.v. *ceann*].

8 Féach Séamus Mac Con Iomaire, *An Stoc*, Bealtaine 1926, lch 6.

9 Maidir le heolas iomlán a fháil orthu seo agus ar iascán trá, seoltóireacht, etc., ní mór an leabhar atá scríofa ag Séamas Mac an Iomaire ar chladaí Chonamara a léamh [*CC*, lgh 205-68]. Féach an t-údar céanna [Séamus Mac Con Iomaire] in *An Stoc*, Márta 1926, lch 6.

10 Cáith-fhliodh?

11 An dá ainm Gourock agus Greenock in Albain, thiocfadh dóibh gur as Guaireach agus Grianach, i.e. áit ghainmheach, a d'fhásadar.

12 Nó gaineamh glan nach bhfuil rómhín.

13 Murbhach (:murúch) atá i gCo. an Chláir air. Féach Morrough, Co. Chill Mhantáin agus Loch Garman. Bhí Murbhach freisin i dTír Chonaill; as *mur-bong-*, *mur-bhoch*; nó is sórt sconsa é a dhéanas an fharraige.

14 As *ro-fhidh*, i.e. ro-choill an focal seo 'rudh' ó cheart (Féach Thurneysen [*ZCP*, 14 (1923), lch 5]). Tá scoth talún san Oileán Sciathanach in Albain a dtugtar Rudha an Éireannaich air. [Féach freisin *DIL*, s.v. *ruba*; *Dwelly*, s.v. *rudha*].

15 Peadar Ua Concheanainn (Árainn). Féach *ailad, ulad, aulaith* sa tSean-Ghaeilge, agus na hUltaí Beaga, ainm reilige atá i nDúiche Sheoigheach (Muintir Eoghain).

16 ['Brighid Ní Bheirn', féach *Fil. Cais.*, lch 60; *ACh*, lch 259.]

17 B'ionann 'leatha' i gCríochaibh Leatha is dócha agus leathan-tír(?).

18 Séamus Mac Con Iomaire; *land-locked bay* a thugtar sa mBéarla air.

19 *MMhS*, lch 106.

20 Féach 'ó Luimneach an mheathsháile', *ISP*, lch 22.

21 Féach *rámteán tuinne dar taíb cúain*, *LL*, 38032.

22 'Caiptín Ó Máille', [*AChG*, lch 129].

23 ['An Turcach Mór'], *MMhS*, lch 31.

24 Ón bhfocal *maidid* 'briseann' (Sean-Ghaeilge).

25 Féach *underset* sa Bhéarla.

26 'Antoine Mhac Conmara', *MMhS*, lch 46.

27 Féach Fraincis *vague*.

28 [*AChG*, lch 105.]

29   In *An Stoc*, Meitheamh 1927, lch 6.
30   'Slúipín Bhachain', *An Stoc*, Mí na Nodlag 1917, lch 5. Ba as Conamara Caiptín Ó Máille (i.e. as Baile na Cille). Pádraic Ó Domhnaill a chuir i gcló é.
31   [*An Stoc*, Mí na Nodlag 1930, lch 5.]
32   Féach 'thug sé scalach breá óil dom.' 'D'ól sé gáilleog mhaith.'
33   *Féith forsind fhairrge* a bhí sa tSean-Ghaeilge [Féach *DIL*, s.v. 3 *féth*].
34   Is dóigh gurb é seo an rud a dtugann lucht na n-eitleán *air pocket* air [*doldrums*].
35   Féach Peadar Ó Concheanainn, *Inis Meáin*, [eag. nua, (Baile Átha Cliath, 1993), lch 9 agus Tomás de Bhaldraithe, *Ériu*, 34 (1983), lgh 185-86].
36   [*AChG*, lch 18.]
37   [*AChG*, lch 9: ón amhrán 'Béal Átha hAmhnais' na línte seo.]
38   As sin, is cosúil, a d'fhás an focal 'bordáil': 'tá bordáil is trí cinn ann', i.e. timpeall is trí cinn. An fear a raibh an chos tinn air agus é sínte ar thaobh na Cruaiche nuair a chonaic sé an bád ag tornáil ar an gcuan (Cuan Mó, nó Béal na gCliath) 'beidh tú ag bordáil is ag bordáil go mbuaile tú isteach ar an gcois mé' a dúirt sé.
39   ['An tSail Chuach', *AChG*, lch 19.]
40   Séamus Mac Con Iomaire, *An Stoc*, Márta 1927, lch 2.
41   'Caiptín Ó Máille', [*AChG*, lch 129].
42   'Caiptín Ó Máille', [*AChG*, lch 129].
43   ['Neileach', *AChG*, lch 140.]
44   [*AChG*, lch 140.]
45   'Caiptín Ó Máille', [*AChG*, lch 129].
46   *Starboard* i mBéarla. Tá siad seo sa mícheart ag *Ó Duinnín*.
47   *Larboard* [*port*] i mBéarla. Féach Séamus Mac Con Iomaire, *An Stoc*, Feabhra 1927, lch 8; Meitheamh 1927, lch 6.
48   Féach 'téad tíre' etc., lch 93.
49   *Nobbie*.
50   [Maidir le déanamh an bháid, etc., féach *The Galway Hookers*, Richard J. Scott (Baile Átha Cliath, 1983) lgh 19-36. Ní réitíonn an cur síos ar na cineálacha bád ag Ó Máille agus an cur síos atá san fhoinse sin i ngach aon chás.]
51   Féach Fraincis *naperone*. Níor thug na Béarlóirí an focal i gceart leo (*apron*) [i.e. *a napron > an apron*].
52   [*AChG*, lch 105]. Is éard a bhí inti báidín láimhe a bhí ag malrach.
53   Féach Séamus Mac Con Iomaire, *An Stoc*, Meitheamh 1927, lch 6.
54   *Idem*.
55   Nó *pulleys*.
56   ['Neileach', *MMhS*, lch 54.]
57   Sean-Bhéarla *spreöt*, i.e. cleith, cuaille.
58   Nó *crow's nest*.
59   Féach *on the stocks*.
60   Le cur síos iomlán a fháil ar dhéanamh an bháid agus gach ball di, ní mór *Cladaí Chonamara* a léamh [lch 187-99].
61   Is cosúil gurb é sin a chiallaigh sé. Féach *ó drumlurgain co drum(sh)lait, SR*, l. 2454. Féach freisin l. 4272, 4892.
62   As faux-cílle?. 'Fáls-cílle' atá ar Loch Coirib.
63   [*AChG*, lch 130.]
64   Nó *waterline*.
65   'Neileach', *MMhS*, lch 53.
66   Nó an *forecastle*.
67   [*AChG*, lch 18.]

68 Féach *CC* [lgh 187-99].
69 Féach *bilge* sa mBéarla.
70 i.e. an t-íochtar.
71 *Claw.*
72 ['Seachrán Chearúill', *AChG*, lch 95.]

Caibidil 9 Seol an Fhíodóra

1 'An Fíodóir', *RAD*, lch 47.
2 Éamann Ó Máille, file a bhí i nDúiche Sheoigheach in aimsir Mhicheáil Mhac Suibhne (c. 1800-1829).
3 An Dr Conchobhar Mag Uidhir as Clár Chlainne Muiris a chuir chugam é (28-12-1919). Ó Mhicheál Seoighe as an bPoll Brachadh ('Maltpool') i bparóiste Theaichín in aice le Clár Chlainne Muiris a fuair sé é.
4 Tá an focal beo fós sa leagan 'bhí an bhean ina luí seoil', i.e. ag breith clainne.
5 Ó Anna Bean Uí Fhidhcheallaigh, seanbhean Ghleann Éada, Co. Liatroma, a fuair mé an t-amhrán seo.
6 Nó *ferry.*
7 Nó *pullies.*
8 [Féach *SCh*, 1, 412, 561.]
9 As Béarla *fettle?*.
10 *Brackers.*
11 Nó *pedals* [maide lústair = *treadle (of spinning wheel) FGB*].
12 Nó *rowel head*
13 Nó *ratchet* [= *pawl FGB*].
14 = *warping brush*, nó *pegs* [= *warp-frame FGB*].
15 Nó *twill*; tugtar fíochán na pluide ar *twill* freisin.
16 Nó *felloe.*
17 ['An Caisideach Bán', *Urlabh.* lch 183.]
18 Fuair mé roinnt eolais ar an líon ón tSr Berchmanns as an Daingean.
19 [*FGB seimide* 'rammer'; Ó Duinnín *seimdille: beetle, mallet.*]

Caibidil 10 Cnámha, Galair, etc.

1 Seo roinnt atá i gcló cheana. *Rosa Anglica*, (Irish Texts Society, 1929); *Regimen Saniatis* [*Regimen na Sláinte*, eag. S. Ó Ceithearnaigh (Baile Átha Cliath, 1942)]. Chuir iníon Wolfe giotaí eile i gcló in *Ériu*, [10 (1926), lgh 143-54; 11, (1932), lgh 176-81; 12 (1938), lgh 250-54] agus *Irish Texts*, 5, (Londain, 1934).
2 'Dochtúr' a thugtar i gcónaí sa gcaint air.
3 *Ir. Texte*, 1, lch 215 [*Serglige Con Culainn*, eag. Myles Dillon (Baile Átha Cliath, 1953); línte 347-54].
4 *Táin1*, l. 3189 ar lean.
5 Nó *spinal cord* [smior chailleach = *spinal marrow FGB*].
6 ['An tIolrach Mór', *AChG*, lch 68.]
7 P. Ó Meadhraigh, seanchaí.
8 Féach *sliasait* sa tSean-Ghaeilge [*DIL*, s.v.].
9 Nó an chnámh idir an rúitín agus an tsáil.
10 *Ecsait* sa Meán-Ghaeilge; féach *Auraic.*, l. 1854; *escat, ibid.*, l. 50, l. 35 [*DIL*, s.v. *escat*].
11 Sean-Tomás Breatnach ['Úna Bhán', féach *CO*, lch 5; *NDh*, 1, lch 72].
12 Nó *stroke* [leitís mharfach = *paralysis FGB*].
13 ['Amhrán an Phúca'], *MMhS*, lch 22.
14 ['An Coileach', féach *An Stoc*, Abrán 1925, lch 5.]
15 Thugtaí an *cholgóg* ar an gcorrmhéar, nó *forefinger*, sa Meán-Ghaeilge. Féach *CBM*, 1, lch 309.

16 ['Brighid Ní Ghadhra', *CO*, lch 87.]
17 Féach *as a shlúdraighibh* sa Meán-Ghaeilge. *CCath.*, l. 862, 4340. Féach *slúdraigh an talman*, *O'Cl.*, *luidreach* (leg. *lúidreach*); *O'R.*, 'hinges'.
18 ['Sealg mhór Lios Brandóige'] féach *Fil. Cais.*, lch 46.
19 Peadar Mhac Thuathaláin.
20 Féach 'gan dúd ná dád', *Duan an Bhainbh* [*Irish Texts*, 1 (Londain, 1931), lch 30].
21 Féach 'le caiseal agus caoingheal cnámh', i.e. caiseal na bhfiacal.
22 Maidir le téarmaíocht ag baint leis an teanga agus an píobán, féach *Urlabh.*, lch 3.
23 Ón bhfocal 'briot', i.e. duine as an mBreatain. Féach *got, god, Goth.*
24 Nó *windpipe* [*trachea closed in swallowing FGB*].
25 *Oesophagus*. Féach 'muineasc'.
26 ['Caitlín Triall', *ACh.*, lch 252.]
27 [slogaide: baininscneach in *FGB*, firinscneach in *FFG*.]
28 *Larynx* nó scóig [= *glottis FGB*].
29 Ina dhiaidh sin tá an driseachán.
30 Nó *sausage*. Tugtar caolán ar *tripe* freisin.
31 Féach *AMC*, línte 795, 1052, 1057 [*sausage* a bhrí sa téacs seo, áfach].
32 Nó *sweetbread* i mBéarla.
33 Nó *spleen*. Féach *in tsealg* [= spleen], *CBM*, 1, lch 225.
34 Féach *Táin1*, l. 2251.
35 Féach *gur theasc lúithech a choisi*, *Ir. Texte*, 3, lch 370, *Cóir A.*, uimh. 198.
36 Nó *pupil* (as *imb-léas*). Féach *di lessaib sell*, *Ériu*, 2, (1905), lch 110, §29.
37 Nó *focus, focussing power*. Féach 'tá súil an-bhiorach aige', i.e. súil ghéar.
38 'Máire Ní Eidhin', [*RAD*, lch 84].
39 'Meiriceá', [*AChG*, lch 136].
40 P. Mac Meanman, Baile Chruaich.
41 Ó Duinnín [s.v. *mogall*].
42 Nó faoi na malaí.
43 Nó *blear-eyed* [*bloodshot FGB*].
44 i.e. í a bheith dearg, nó uisce a bheith ag tíocht uaithi [*cataract, FGB*].
45 Féach *colmméne*, *Sg.*, 221 b 2, [(mar ghluais ar *neruus*). Féach *DIL*, 2 colum. *Nerves* an bhrí a bhí ag an Máilleach le 'coilmíní' sa ghluais a chuir sé leis an leabhar].
46 Nó *mucus* [= *marrow FGB*].
47 Tugtar **croincille** freisin air.
48 Dolaíocha a leithéid eile.
49 Féach an Laidin *auris* < *ausis* [a bhfuil gaol aige le 'ó'].
50 Féach *Hail Brigit*, *LL*, 7180-83.
51 i.e. aonach ard. Ba é an t-aonach ard an ghrafainn chapall a mbeadh an rí sa láthair aici.
52 'An raibh tú ar an gCarraig'.
53 Féach lch 230. Gruaig 'fheamainneach' an ghruaig 'thonnach'.
54 [*SCh*, 2, 3197].
55 ['An Gaibhrín Bainne', *AChG*, lch 38.]
56 ['Nuair a Théimse Amach', *AChG*, lch 135.]
57 Féach *Acall.*, l. 2414 *do gab an talamh trochull*.
58 ['Brídín Bhéasaí', *RAD*, lch 94.]
59 Chuirtí ar shop iad á níochán. Mná a bhíos le haghaidh clainne bíonn siad 'sna soip'.
60 Féach *caite agus báine inn éca*, *CCath.*, l. 4203.
61 Féach ainchinn, aincis, lch 134-35.
62 Bíonn a leithéid ag imeacht ar **mhaidí croise**.

63 'Risteard Seoighe' [*AChG*, lch 36].

64 Rud a bhíos mar ba cheart dó bíonn sé ar an gcóir.

65 *Complex, coimplex* a bhíos sna leabhair leighis dó seo.

66 Féach *faethugud, CBM*, 1, lch 246 = *crisis.*

67 *Ann. Ul*, AD 1328, *slaedan.* Féach *slaed*, i.e. galar, [*DIL*, s.v. *slaet*].

68 Ní dóigh liom go raibh aon bhaint aige le scafach iongan. [Féach *DIL*, s.v. *scamach*].

69 ['Pléráca Uí Anlaigh', *ACh.*, lch 268.]

70 As *cró-lighe*, nó luí cró (i.e. fola) a d'fhás sé seo.

71 Féach an focal *meadhbh* [> *meadhbhán* > *míobhán*], *ZCP*, 17 (1928), lgh 129-46.

72 Féach *Ir. Texte*, 1, lch 220 agus *ALI*, 6, lch 175, s.v. *cond.*

73 *SÉUC*, línte 841, 1012.

74 Nó *delirium tremens* [= *frenzy FGB*].

75 [Féach *abhlaithe* 'sochurtha chun feirge nó achrainn', *FFG; amhlaithe* 'cantalach, driseanta', *LFRM*.]

76 Nó *neuralgia.*

77 [*Sileadh seadháin* sa bhuntéacs. Féach 'sile síáin, tinneas éigin ar an sine siain', *FFG*, s.v. *sile*. 'Seile siáin', *RAD*, lch 123.]

78 [*Dindirect i. rith folo, Thes.*, 1, lch 498].

79 Ionann *aodh* agus 'tine' sa tSean-Ghaeilge. *Áed* an chuma is sine a bhí air. Féach *Ir. Texte*, 1, lch 210 agus *Corm. Y*, uimh. 33.

80 *Scurvy.* Féach **claimhe** a bhíos ar chraiceann na caorach.

81 [Féach *FFG*, s.v. *sáimhín*.]

82 Nó *tetanus.*

83 Nó *gangrene.* Féach *CBM*, 1, lch 213.

84 Nó *palsy.*

85 Nó *stroke* mar a thugtar sa mBéarla air. [leitís mharfach = *paralysis FGB*].

86 Nó *neuritis.* Féach driog, striog, i.e. braon beag.

87 ['An Draighneán Donn', *AChG*, lch 121.]

88 Mar 'deir' nó *herpes.*

89 ['Fiach Sheáin Bhradaigh', *RAD*, lch 123.]

90 Féach lionn rua.

91 *Empyema* a thugas RIA, 24 b 2, lch 189 uirthi.

92 Nó *abscess* a fhanas ag rith.

93 ['Fiach Sheáin Bhradaigh', *RAD*, lch 123.]

94 i.e. an sreabhann a bhíos ar an mbolg taobh istigh.

95 Féach RIA, 23 n 29, bileog 7.

96 [*Is fada ó'n chrécht in tionnrach*] *SG*, lch 246.

97 Nó *teno-synovitis.*

98 Is cosúil go bhfuil gaol aige le *rheumatoid arthritis*, murab é an rud céanna é.

99 Féach sceith ailt, lch 147.

100 Féach *AU*, AD 710. Tugann Ó Dubh Dábhoireann *bedhgach* ar 'dianbhás obann', *O'Dav.*, lch 243, uimh. 290. *Apoplexy* a thugas RIA, 24 b 2, lch 187 air.

101 Féach *Ir. Texte*, 1, lch 78: *do ro-dalus* [...] *in dig tonnaid dia n-erbal*: 'is dó a thug mé an deoch nimhe a chuir chun báis é.' *Cholera asiatica* a thugas RIA, 24 b 2, lch 187 ar 'tonn taosgach'.

102 Nó *convulsions.* [= *contraction FGB*].

103 *Aneurism.*

104 *Haematemesis.*

105 *Pneumonia.*

106 *Teething.*

107 *Colic.* Féach 'treaghd ort', i.e. mallacht.
108 *Gastritis.*
109 *Croup.*
110 *Dysentry.*
111 An rua.
112 *Hepatitis.*
113 *Pericarditis.*
114 [Féach *SCh*, 2, 3600.]
115 Sean-Ghaeilge *noídiu.*
116 Nó an fhad is atá sé ar an mbrollach.
117 *Lelab* sa tSean-Ghaeilge.
118 Féach 'mo leanbáinín cumhra bhí a' diúl ar mo chígh'.
119 [Féach *SCh*, 1, 298.]
120 Féach lch 225.
121 Ó Mháire Ní Thuathail a fuair mé é seo. [Féach *An Stoc*, Meadhon Foghmhair-Samhain 1923, lch 5].
122 As *bain-fheis.* Féach *banfeiss, TEmire*, lch 53.
123 Nó cairdeas.
124 [Féach *mailliúr, LFRM.*]

Caibidil 11 Caitheamh Aimsire

1   Tá na focail úd 'áin', 'táin', 'iomáin', 'tiomáin' gaolmhar ag a chéile. Is de bhunús aon chleite amháin iad.
2   ['Doraidh Braoin', *MMhS*, lch 67.]
3   ['Uaill-chumha Chearbhalláin os cionn Uaighe Mhic Cába', *ACh*, 163.]
4   As *to-cing, to-céim* a tháinig an seanfhocal seo. B'fhéidir freisin gur tugadh an 'tí' ar an líne seo.
5   [*SCh*, 1, 645.]
6   Féach P. Ó Direáin, *An Stoc*, Mí na Nodlag-Eanáir 1924, lch 6.
7   Féach *sgingeadóir, Ériu*, 9 (1921-23), lch 103 (*Irish Grammatical Tracts*), eag. Osborn J. Bergin, §50.
8   [*AChG*, lch 119.]
9   Féach *ic cúlshnámh agus ic taebhsnámh agus ic traigirsnámh, Acall.*, 3212.
10 Nó *ring of roses.*
11 [Maidir leis an rann seo, féach N. J. A. Williams, *Cniogaide, Cnagaide* (Baile Átha Cliath, 1988), lgh 161-62.]
12 [Féach *SCh*, 2, 4342.]
13 Féach Seán Mac Giollarnáth, *Saoghal Éanacha* (1925) agus *Ríoghacht na nÉan* (1935) [féach freisin *Éanlaith na hÉireann*, Cairde Éanlaith Éireann, (Baile Átha Cliath, 1988); *Éin*, M. Lambert & A. Pearson, (Baile Átha Cliath, 1996)].
14 [*SCh*, 1, 251.]
15 Tugtar cleas an láir bhán freisin air.
16 M. ó Flathartaigh.
17 Maidir le hiascaireacht (iascach) na farraige agus téarmaíocht ag baint léi, ní mór *Cladaí Chonamara* a léamh. Is iontach an lán eolais atá ann.
18 ['Cill Liadáin', *ADR*, lch 52; *RAD*, lch 45.]
19 Nó spóilín. Crann tocharda a bheadh ar a leithéid sa tseanaimsir.
20 A chuir Ó Domhnaill amach (eagrán 1828) lch 29, *Math.* 4:18, 20-21. [Féach freisin *An Bíobla Naofa* (Maigh Nuad, 1981) *Matha* 4:20-21].

21 Nó *hauling*.
22 ''Sé fáth mo bhuartha', [*AChG*, lch 31]. Deir daoine gurb é Riocard Bairéad a rinne é.
23 M[icheál] Mhac Concheanainn.
24 i.e. samh-bhlátháṅ.
25 [Féach *SGeimh.*, lch 72.]
26 Seo é, measaim, a dtugtar *salmon-trout* i mBéarla air. Níl idirdhealú anghlan idir iomán an-mhór agus bradán.
27 Micheál Mhac Concheanainn, Eanach Dhúin (nó an Móinteach).
28 B'fhéidir go raibh baint i dtosach aige leis an gcineál a dtugtar *grayling* sa mBéarla air.
29 [Féach *SCh*, 1, 985]. Is ionann ag meath agus am a chaitheamh le rud gan tairbhe: 'is mór an meath é', 'ní bheinn ag meath leis'. 'Cérbh áil liom a bheith ag meath 'do chionn' a dúirt an cailín ciallmhar úd fadó leis an stócach gan mhaith.
30 '*Election* na Gaillimhe', [*RAD*, lch 100. Maidir le cártaí féach freisin T. de Bhaldraithe, 'Foclóirín na gCearrúch', *Béaloideas*, 19 (1950), lgh 125-33].
31 Féach *trèfle* sa bhFraincis.
32 Féach Séamus Ó Grianna, *Caisleán Óir* [eag. nua (Baile Átha Cliath, 1976), lch 41].
33 [Féach *LFRM*, s.v. scuaibín]
34 Féach *TBFr.*, l. 122, [agus *DIL*, s.v.].
35 Tá duan deas don chláirseach i ls. Uí Chonchobhair Dhuinn. ['A Chláirsioch Chnuic Í Chosgair', le Gofraidh Fionn Ó Dálaigh. Féach O. J. Bergin, *Irish Bardic Poetry* (Baile Átha Cliath, 1970), lgh 66-69].
36 ['Mám an Cheo', *ACh*. lch 250.]
37 Focal nuachumtha, measaim, 'amhránaí'.
38 [*SCh*, 1, 832.]
39 [*AChG*, lch 120.]
40 'Doraidh Braoin', *MMhS*, lch 67.
41 'Fiach Sheáin Bhradaigh', *RAD*, lch 128, 'ar mhóin Lios an Lomtha fuair Véineas air ligean'.
42 'Amhrán an Tlú', [*AChG*, lch 50]. Is é punt an ghunna a bhun, agus eochairbhéal an ghunna an chuid a dtagann an t-urchar as.
43 *Ir. Texte*, 4, 2 (1909), lch 92.
44 Na cnoic atá ón gCaoláire Rua, i.e. an Caoláire go dtí Loch Measca agus Loch Coirib. De réir foirne, bhí na Beanna Beola agus na Cnoic Bhreaca isteach leo san Iomaire Rua.
45 'Brighid Ní Bheirn', *Fil. Cais.*, lch 60; *ACh*, lch 259.
46 Féach *drep(p)* sa tSean-Ghaeilge [*DIL*, s.v.].
47 Idir an Mám agus Dubhachta.
48 Nó fuatharcán(?).
49 Nó *grotto*.
50 Nó b'fhéidir go bhfuil baint ag an bhfocal le hairgneach, nó talamh dóite mar atá san Airgnigh i gCo. Liatroma.
51 Nó *jet*. [Féach *DIL*, s.v. *cir*]
52 *Crunching, grating, friction.*
53 i.e. *scree*.
54 Féach *Corm. Y*, uimh. 848.
55 'Cúl na Binn'', nó 'Coill(?) na Binn''; [*AGI*, lch 84].
56 Is cosúil gur as an mBéarla *gravel* a thagas sé, agus gur ceapadh go raibh baint aige le 'garbh'.
57 Féach téarmaí farraige: s-gaineamhán, lch 87.
58 Féach *sriball* ['stream', *DIL*, s.v.] sa Mheán-Ghaeilge.

Caibidil 12 An Teach agus a Ghnóthaí

1   Tá teach gaolmhar leis an Laidin *tego*. Féach tuí [<tuighe].

2   Féach *Thes.*, 2, lch 294. Bhí míthuiscint maidir leis an líne atá i gceist ansin ar E. Ó Comhraidhe. [*On the Manners and Customs of the Ancient Irish*, 3 (Londain, 1873), lch 34].

3   Féach Stokes, *Betha Mo-Ling* [The Birth and Life of St Moling (Londain, 1907), lch 27].

4   [*SCh*, 2, 2928, 4046. Maidir le Colm de Bhailís, féach *Amhráin Choilm de Bhailís*, eag. Gearóid Denvir, (Indreabhán, 1996].

5   Maidir le téarmaíocht ag baint le foirgníocht, féach *SR*, línte 4229-4373 [féach freisin Mícheál Ó Siadhail, *Téarmaí Tógála agus Tís as Inis Meáin*, (Baile Átha Cliath, 1978)].

6   Nó *parapet*.

7   Tá an focal iamh [<iadhadh], i.e. dúnadh, ag dul ar gcúl go mór as an gcaint, nó ag 'seargadh', ach amháin i leaganacha mar 'ní raibh iamh ná foras air' i.e. stad, 'diabhal iamh orm ach ag guí.' Duine iamhar duine nach maith leis a rún a ligean le duine ar bith.

8   *Féic* (*féig*) sa tSean-Ghaeilge.

9   Féach P. Ó Fatharta, *An Stoc*, Feabhra 1929, lch 8.

10   Féach lch 211.

11   *Airnis, airnisi, oirnis, oirnisi* atá sa bhFéineachas. Féach an ghluais (*ALI*, 6, lch 44, féach freisin *ALI*, 1, lch 124, agus *ALI*, 5, lch 16. [DIL, s.v. *airnis, oirnis*]. Rud nua-aimsireach an *l* atá i gcuid de na canúintí ('uirlis'). Ní hé sin atá i gConnachta ach an seanfhocal *oirnis, uirnís*, ach amháin go bhfuil síneadh ar an *i*.

12   'Aithrí an tSeoighigh', féach *ADCC*, 2, lch 86.

13   Tugann daoine ar 'éadan', nó barr an bhairille é.

14   Deirtear 'poll srathar' freisin.

15   Féach *MMhS*, lch 127 agus *ADR*, nótaí, [lch 278].

16   Féach *stúagach* sa tSean-Ghaeilge; lch 195.

17   [Maidir leis an laoi seo, féach *Éigse Suadh is Seanchaidh* (Baile Átha Cliath, 1910), lch 23.]

18   Tá *runcan* tugtha síos i seanleabhair mar fhocal ar phlána(?). Laid. *runcina*. [*DIL*, s.v. *runcan*].

19   [Féach *SCh*, 2, 4504.]

20   Nó *pitch pine*.

21   *Scotch fir*.

22   [Féach *SCh*, 1, 1244.]

23   [Féach *SCh*, 1, 355.]

24   *Fil. Cais.*, lch 24.

25   [Féach SCh, 1, 1707.]

26   Nó gléas riachtanach.

27   Maidir le hintreabh tí, féach *An Seanchas Mór* (*ALI*, 1, lgh 122, 124).

28   Chiallaigh *fuine* 'róstadh' freisin sa tSean-Ghaeilge: *oc funi in tuircc* [*Táin1*, l. 517].

29   [*SCh*, 1, 429.]

30   Féach freisin: *lainnim i. int slis in gretli .i. oc impud na bairgine .i. benas don gretil, ALI*, 1, lch 142.

31   Is dócha go raibh cosúlacht éigin aige le *margarine*.

32   Féach cuigeann.

33   [*SCh*, 1, 2027.]

34   Féach *An Stoc*, Iúl-Lughnas 1929, lch 7. [Féach freisin *Filíocht na gCallanán*, eag. Seán Ó Ceallaigh (Baile Átha Cliath, 1967) lgh 64-66].

35   [Féach nóta 19, Caibidil 9.]

36	Sórt smíste nó *pestle* é.
37	Féach *forcha* sa Meán-Ghaeilge ['a beetle, mallet', *DIL*, s.v.].
38	Féach *Thes.*, 2, lch 417.
39	[Féach *SCh*, 1, 588.]
40	As an Laidin *armarium* > *almarium* a d'fhás sé. 'Faithlios' focal eile air.
41	Nó *shelf*.
42	As *ind-treb*. *Treb*, i.e. teach.
43	Féach 'an seol', lch 106. Féach 'luí seoil' in *FGB*.
44	Maidir le téarmaí eile, féach *The Linguaphone Irish Course*, (Londain, 1928), lch 25.
45	Sórt *Turkish baths*. Ón Dr Mac Coisdealbha, Tuaim, a fuair mé an t-eolas seo.
46	Is ionann 'cragaire' in Árainn agus paiste beag talún. Mar a dúirt Séamas Ó Conchubhair: 'B'olc an chabhair dhamhsa, tráth m'anam a bheith dá sgiúirse, Cragaire den dúthaigh úd ar chonndar dhá bhfaghainn.' [Féach *LFRM*, s.v. cragaire].
47	['Cnocán an Eanaigh', *RAD*, lch 46.]
48	[Is dóigh, áfach, gurb é an gin. ua. den fhocal *ian* atá anseo ó cheart. Gearr atá an 'e'. Féach *DIL*, s.v.]
49	Laid. *scyphus*, cupán nó corn.
50	[*LL*, l. 7292.]
51	*ALI* 1, lch 134.
52	Féach *ALI*, 1, lch 124 [= stuach *FGB*].
53	*ALI*, 5, lch 104.
54	As *mazer* (Béarla).
55	[Féach *SCh*, 2, 3912.]
56	[Féach *SCh*, 1, 2223.]
57	*ALI*, 5, lch 386 [*GEIL*, lgh 139-40].
58	[Féach *SCh*, 1, 440.]
59	*Oidheadh Chloinne Uisnigh*, [*Irish Texts Society*, 56, eag. C. Mac Giolla Léith (Londain, 1993), línte 213-14].
60	Féach *CC*, lch 99 ar lean.
61	*MMhS*, lgh 25-26.
62	Féach *Ir. Texte*, 1, lch 220, *mná féta ic fleid*.
63	Féach *Ganse kleine* sa nGearmáinis.
64	Féach *AMC*, línte 795, 1052, 1057 ['sausage' a bhrí anseo, de réir K. H. Jackson].
65	[Eag. K. H. Jackson (Baile Átha Cliath, 1990).]
66	Bainne tairbh ainm eile air.
67	Nó *champagne*, i.e. fíon *sec*. Féach Béarla *sack*, Fraincis *vin sec*.
68	*SÉUC*, l. 1751.
69	[Féach nóta 2, Caibidil 9.]
70	[Féach *SCh*, 2, 3159.]
71	[Maidir lena bhunús seo, féach T. de Bhaldraithe, *Ériu*, 31 (1980), lgh 168-71.]
72	Féach M. Ní Thuathail in *An Stoc*, Meadhon Foghmhair-Samhain 1923, lch 5.
73	Féach *ACh*, lch 127.
74	Féach Peadar Ua Concheanainn, *An Stoc*, Iúl 1928 [lch 6].
75	[Féach *SCh*, 1, 1127.]
76	Mícheál Mag Ruaidhrí. [Féach *DIL*, s.vv. *suth* 'milk', *sod* 'bitch'].
77	['An Coileach', *An Stoc*, Aibreán 1925, lch 5; *Faoi Rothaí na Gréine*, eag. R. uí Ógáin (Baile Átha Cliath, 1999), lch 179.]

78 Nó éan gandail.
79 [Is cnuasainm é seo. Féach *LFRM*, s.v. *oirnis*.]
80 Féach *crand tochartaig* in *Irish Glosses*, W. Stokes, (Baile Átha Cliath, 1860), lch 23, l. 746 (nóta), lch 92.
81 *Timthacht óenaig* a bhí ar Chú Chulainn ag dul ag tochmharc Eimhire (*TEmire*, lch 23).
82 [Féach *SCh*, 2, 3390.]
83 Tugtar breacáin freisin ar mhionrudaí (*sundries*).
84 *MMhS*, lch 37.
85 Nó *Book of Kells*.
86 Féach M. Ní Thuathail, *An Stoc*, Meitheamh 1923, lch 5.
87 Gó, i.e. bréag, i.e. bréag-shnáithe.
88 Nó *pleats*, nó *tucks*.
89 Nó *tucks*.
90 Nó *herringbone [stitch]*.
91 Maidir le cniotáil, féach M. Ní Thuathail, *An Stoc*, Iúl 1923, lgh 4-5.
92 Féach *rosacht [roisid]* sa tSean-Ghaeilge.
93 'Murchadh Ó Maoláin', *MMhS*, lch 36.
94 Féach Béarla *[dress]improver [bustle]*.
95 As an bhFraincis *naperone*. Tá míroinnt ar an mBéarla *an apron* [i.e. *a napron > an apron*].
96 Féach Coim Acla agus 'com' nó 'cúm' ina lán áiteacha.
97 Féach *gipán* (= giobán) sa tSean-Ghaeilge (*Ir. Texte*, 3, lch 103, §193), i.e. casóg ghiortach an mharcaigh nó an mhanaigh.
98 Ó Cadhain a bhíos ag tuilleadh, ach ní mheasaim go raibh aon duine de mhuintir Chadhain san áit.
99 [Maidir leis an véarsa seo atá in 'Bríd Ní Ghadhra' agus 'Amhrán Mháinse', féach *CO*, lch 87, *An Stoc*, Eanáir 1925, lch 1 agus *NDh*, 3, lch 24.]
100 'Bean an Leanna', *ACh*, lch 241.

Caibidil 13 An Gréasaí
1 Ón bhfocal 'gréas', i.e. obair bhreachtnaithe (ornáideach).
2 Táthar ag ceapadh gur as tír Ghaillia [An Ghaill] a tháinig sé.
3 [*ALI*, 4, 86, 2.]
4 Nó *toe-cap*. Tugtar barraicín in áiteacha eile air.
5 [*RAD*, lgh 49-50.]
6 [*CO*, lch 5; *NDh*, 1, lch 72.]
7 P. Ó Meadhraigh.

Caibidil 14 An Gabha
1 As focal Béarla(?).
2 Féach lch 60.
3 Féach lch 213.
4 *Dross*. Deirtear 'd'éirigh dreas meirge dhe', le rud a bhíos ite le meirg.
5 [*AChG*, lch 48.]
6 Fráma trí chos, nó crannán a chuirtear faoi oigheann nó pota.
7 *Leg.* corthair.
8 RIA, 23 d 39, lgh 75-78, 83.
9 'i gcuideacht' i dtéacs Sh. Uí Ógáin, nóta 15 thíos.
10 i.e. spoir.
11 'arduidhe' sa gcóip.
12 'Fairge' sa gcóip.
13 'Bun speil' sa gcóip.

14 i.e. scian phóca.
15 Féach *An Stoc*, Deireadh Foghmhair 1926, lch 8. Fuair mé cóip eile ó T. Ó Raghallaigh [= 'Plancstaí an tSirideánaigh', *RAD*, lgh 51-53].

Caibidil 15 An Céachta
1 An chéacht a bhíos in áiteacha air, nó an céacht.
2 ['Béal an Átha Buí', *AChG*, lch 14.]
3 Tá an focal 'treabh' sna focail 'intreabh', 'caidreamh' (comh-treabh), etc. Féach Breatnais *tref*.
4 Ó Thomás Ó Raghallaigh a fuair mé an duan seo. [Féach freisin *SCh*, 1, 989].
5 Féach 'treabh romhat, a fhir na huaille': *carry on*.
6 Féach Plummer, *Ériu*, 9 (1921-23), lch 116.
7 *To-fo-ar*(?).
8 Féach M. Ó Dubhagáin, *An Stoc*, Meadhon agus Deireadh Foghmhair 1929, lch 2. Tá píosa d'amhrán a rinne Brian Ó Fearghail a bhfuil trácht ann ar an gcéachta sa *Stoc* céanna, lgh 5, 8. (Féach RIA, 23 o 35, lch 179).
9 Nó *Will of the Wisp*.
10 Nó *sole-plate*.
11 *ACh*, lch 250.
12 [*ACh*, lch 249.]

Caibidil 16 Cineálacha Daoine
1 [Féach freisin Tomás de Bhaldraithe, 'Ainmneacha ar chineálacha daoine', *Béaloideas*, 22, (1953), lgh 120-53.].
2 *RAD*, lch 81.
3 Féach seol an fhíodóra, lch 106.
4 [*RAD*, lch 210. Ní hé Raiftearaí, áfach, a chum seo ach Marcas Ó Callanáin agus é ag déanamh sciolladh ar Raiftearaí].
5 Is dócha gur ón bhfocal úll a d'fhás sé. An cleasaí a bhíodh ag caitheamh na n-úll sa spéir. An 'clown' mar dhóigh de. Féach *Toghail Bhruíne Da Dhearga* [eag. E. Knott (Baile Átha Cliath, 1936), l. 1165 ar lean.].
6 Nó *hypocrite*.
7 Féach *playock* sa mBéarla.
8 Nó *pedlar*, nó *hawker*.
9 Nó *hustler*.
10 *Restless, rushing*.
11 Nó *changeling*. Níl aon bhaint ag 'siabhradh' leis [féach *DIL*, s.v. *sídbrugach*].
12 Féach *stake* sa mBéarla.
13 *ADR*, lch 179.
14 ['An Draighneán Donn', *AChG*, lch 121.]
15 Nó *sallow*.
16 ['Bean an Fhir Ruaidh', *AChG*, lch 126.]
17 Nó *fair-cheeked*.
18 *RAD*, lch 136.
19 *RAD*, lch 92.
20 'An Breathnach', *ACh*, lch 214.
21 [*Fil. Cais.*, lch 56.]
22 ['Muiraéd Ní tSaibhne Bhán', *AChG*, lch 98.]
23 ['Brighid Óg na gCumann', *ACh*, lch 233]. Féach 'ceann dubh, dílis'.
24 ['Béal Átha hAmhnais', *ACh*, lch 261.]
25 *Ir. Texte*, 1, lch 71; [*SáS*, lch 111].
26 *TBFr.*, l. 199.

27   *ACh*, lch 213.
28   [*ACh*, lch 212. Le 'Mailréad Ní tSuibhne' a bhaineann na línte seo.]
29   ['Brighid Óg na gCumann', *ACh*, lch 233.]
30   Nó *wavy*. [= *tressed, ringleted FGB*].
31   'An Draighneán Donn', [*AChG*, lch 121].
32   ['Meadhbh Ní Mhaolmhuaidh', *ACh*, lch 229.]
33   ['An Corrshliabh', *ACh*, lch 244.]
34   ['An Gaibhrín Donn', *AChG*, lch 44.]
35   [Féach *SCh*, 2, 2501.]
36   B'ionann an dáimh sa tseanaimsir agus scata filí nó scata daoine.
37   Féach *LL*, l. 18490; Eoin Mac Néill, *Phases of Irish History* (Baile Átha Cliath, 1919), lch 290, etc.
38   Ó Phádhraic Mac Meanman, An Cloigeann, Baile Chruaich, a fuair mé é seo, agus ó Stiofán Ó Cuirrín an ceann roimhe.
39   Féach *ACh*, lch 267: 'ní áirighim uachaid a rachadh ó chrígh' ('Tír a Ruain').
40   As an tSean-Ghaeilge *líudh* a tógadh é seo. Féach *mo líud-sa for Cuirithir*. Féach *Liu Fáil*, I, (1926), lch 178, agus *lít forn* 'cuireann siad inár leith', sa tSean-Ghaeilge.
41   ['An Chúilfhionn', *AGCC*, lch 51.]
42   ['Brighid Ní Ghaora', féach RBÉ, 1722, lch 11; R. ní Fhlathartaigh, *Clár Amhrán Bhaile na hInse* (Baile Átha Cliath, 1976) lgh 21-23.]
43   As 'dí-shleachta'.

Innéacs

Liosta Plandaí

Gaeilge	Béarla	Laidin
adhann	coltsfoot	*Tussilago farfara*
ainleog	field bindweed	*Convolvulus arvensis*
airgead luachra	meadowsweet	*Filipendula ulmaria*
aorthann	bent-grass	*Agrostis stolonifera*
athair thalún	yarrow	*Achillea millefolium*
caisearbhán	dandelion	*Taraxacum officinale*
cáithleach	red alga	*Dilsea edulis*
cáithlíneach		*Callophyllis laciniata*
ceanna slat	oarweed	*Laminaria Cloustoni*
ceoltán		
cíb cheannbháin	deergrass(?)	*Scirpus cespitosus*(?)
cíb dhubh	common sedge	*Carex nigra*
cluanach dhearg		
créachtach	purple-loosestrife	*Lythrum salicaria*
crúba préacháin	pod-weed	*Halidrys siliquosa*
crúibín sionnaigh	fir clubmoss(?)	*Lycopodium selago*
crúibíní cait	melilot	*Melilotus*
dearglaoch	bogmoss(?)	*Sphagnum acutifolium*
drúchtín móna	sundew	*Drosera rotundifolia*
duán ceannchosach	self-heal	*Prunella vulgaris*
feamainn bhoilgíneach	bladder-wrack	*Fucus vesiculosus*
féar boilgíneach		
féar glúiníneach	knot grass	*Polygonum aviculare*
*féar na dtrí ribí		

fliodh	chickweed	*Stellaria media*
fothannán	thistle	*Cirsium*
fraoch	heather	*Calluna vulgaris/Erica*
fraoch Mhuire		
fraoch sneách		
fraochóg	bilberry	*Vaccinium myrtillus*
géinneach	wood rush	*Luzula*
inchinn sléibhe	bog jelly	
lasair léana	lesser spearwort	*Ranunculus flammula*
loime léan		
luachair	rush	*Juncus*
luibh na hurchóide	common milkwort	*Polygala vulgaris*(?)
mionfhraoch		
múrluachair		
neantóg chaoch	deed-nettle	*Lamium*
paoille	hyacinth(?)	
pearbán [fearbán]	creeping buttercup	*Ranunculus repens*
péine	pine	*Pinus*
railleog	bog myrtle	*Myrica gale*
ríseach	thongweed	*Himanthalia elongata*
ruabhéil [ruithéal] rí	herb Robert	*Geranium robertianum*
ruálach	sea-laces	*Chorda filum*
sailín cuach [sailchuach]	violet	*Viola*
seama na gcaorach		
seamair	clover	*Trifolium*
seamair chapaill	red clover	*Trifolium pratense*
seamair Mhuire	yellow pimpernel	*Lysimachia nemorum*
seamsóg	wood-sorrel	*Oxalis acetosella*
scéiteach		
sciúnach	wood rush	*Luzula*
seisc	sedge	*Carex*
slánlus	ribwort	*Plantago lanceolata*
sobhrach [sabhaircín?]	primrose	*Primula vulgaris*
spíonán	gooseberry	*Ribes uva-crispa*
sú craobh	raspberry	*Rubus idaeus*(?)
sú salún [talún]	strawberry	*Fragaria vesca*
tae an chnoic		
tae maide		
tarraingt ar éigean	heath-rush	*Juncus squarrosus*
*tris mhinleach		

*"Cineál féir ghairbh a fhásas go hiondamhail ar riasg nó portach. Tris mhinleach ainm eile ar an rud céadna. Deir siad gurb é an chéad fhéar a ghlacas an drúcht'. (*An Stoc*, Aibreán 1926, lch 6).